24种定量分析法，28种定性分析法，34个实用
组合应用，无限拓展，总有一种方法、一个点能助

在经济与商务活动中乘风破浪
在激烈竞争中立于不败之地

（日）中村 力 著
魏海波 赵静玮 赵力婷 译

魔鬼分析学

经济与商务
定量·定性分析法

上海遠東出版社

图书在版编目(CIP)数据

魔鬼分析学:经济与商务定量·定性分析法 /(日)中村 力著;魏海波,赵静玮,赵力婷译. —上海:上海远东出版社,2021
 ISBN 978-7-5476-1693-2

Ⅰ.①魔… Ⅱ.①中… ②魏… ③赵… ④赵… Ⅲ.①经济分析 Ⅳ.①F224.12

中国版本图书馆 CIP 数据核字(2021)第 007108 号

策 划	曹 建	
责任编辑	李 敏 陈 娟	
封面设计	陈奥林	

Businessdetsukaikonasu'teiryou · teiseibunseki'taizen
Copyright © C.Nakamura 2019
All rights reserved.
First original Japanese edition published by NIPPON JITSUGYO PUBLISHING Co., Ltd.
Chinese (in simplified character only) translation rights arranged with NIPPON JITSUGYO PUBLISHING Co., Ltd. through CREEK & RIVER Co., Ltd. and CREEK & RIVER SHANGHAI Co., Ltd.
本书中文简体字版由 NIPPON JITSUGYO PUBLISHING Co., Ltd.授权上海远东出版社独家出版。
未经出版者许可,本书任何部分不得以任何方式复制或抄袭。
上海市版权局著作权合同登记 图字 09-2020-164 号

魔鬼分析学:经济与商务定量·定性分析法

(日)中村 力 著 魏海波 赵静玮 赵力婷 译

出　　版	上海遠東出版社
	(200235 中国上海市钦州南路81号)
发　　行	上海人民出版社发行中心
印　　刷	上海信老印刷厂
开　　本	890×1240　1/32
印　　张	15.375
字　　数	350,000
版　　次	2021年6月第1版
印　　次	2021年6月第1次印刷
ISBN 978-7-5476-1693-2/F·668	
定　　价	78.00元

前言

距离《在商务中灵活使用的入门定量分析》与《在商务中灵活使用的入门定性分析》的出版已经好几年了。在这几年中,这两本书受到了众多读者的厚爱与肯定。

这次,我把这两本书的内容融合在一本中,作为作者,感慨颇深。

在这10年里发生了什么变化呢?

计算机性能提升,语言环境的简略化,机器学习、人工智能AI、数据科学市场活泛,电视新闻与新闻纸媒的形式越发丰富多样。

尤其是人工智能AI经历了第二波热潮后,现在正在迎来第三波。各国都在削尖了脑袋力争先于别国展现成果。日本也不例外,大力培养理工科的学生,热衷培养并雇佣越来越多的AI人才。

数据分析的基础是统计学,本书介绍了运用统计学知识的统计方法。此外,AI也是从统计学的方法中发端的。

本书中使用的案例分析包括当时书中的案例,但是当时使用的分析手法在现在看来并未陈旧、落后。这种分析手法的原点与基础就是统计学的方法,因此,决不能轻视它而直接跳进 AI 热潮中。

这本书,通过统计学的方法,将定量分析、定性分析与各种商业案例结合起来进行阐释,让读者能够从本质上理解。因此,这是一本注重实践的书。

由于整合成一本,所以可以整体地学习定量分析与定性分析。为了使内容简洁易懂,我也下了不少功夫。书中的内容既可以用作新员工的培训资料,也可以作为中层以上管理人员在学习分析知识的课后汇总资料,希望大家可以广泛地活用这本书中的内容。

就像本书中所写的那样,我希望各位能够活用定量分析与定性分析的方法,在商务工作中无论遇到何种局面都能靠这种思考分析法立于不败之地。作为作者,我希望自己的书能够为各位读者的发展有所助益。

中村 力

目录

第1章 定量分析与定性分析的关系 / 1
定量分析与定性分析在处理问题时的情形 / 2
定量分析与定性分析的优势与劣势 / 8
定量分析与定性分析可以组合使用 / 13
定量分析与定性分析分开使用的情况 / 16

第2章 定量分析和定性分析组合使用的案例 / 21
用定量分析与定性分析分析不同工种 / 22
企业分析中的定量分析与定性分析 / 32
　　案例　松下公司的定量分析与定性分析
　　　　（2008年6月27日的提交/显示情况） / 37

第3章 运用定量分析做决策的基本方法 / 43
各职务中有助于定量分析的指标 / 44
"决策结构"盈亏表 / 62
确定性高时的决策 / 65
存在风险时的决策 / 67
不确定时的决策 / 69

I

决策工具 1　分析损益分歧点
　　　　　　【主要用于确定性较高时做决策】　/　72

决策工具 2　现金流与净现值
　　　　　　【主要用于确定性较高时做决策】　/　79

决策工具 3　机会成本与沉没成本
　　　　　　【主要用于确定性较高时做决策】　/　86

决策工具 4　追加收益（边际效率）
　　　　　　【主要用于确定性较高时做决策】　/　90

决策工具 5　期望值定理
　　　　　　【主要用于存在风险时做决策】　/　93

决策工具 6　期望值与方差定理
　　　　　　【主要用于存在风险时做决策】　/　96

决策工具 7　极大似然估计定理
　　　　　　【主要用于存在风险时做决策】　/　100

决策工具 8　最低要求水平定理
　　　　　　【主要用于存在风险时做决策】　/　102

决策工具 9　拉普拉斯定理（可能性均等定理）
　　　　　　【主要用于不确定时做决策】　/　104

决策工具 10　悲观决策准则（Max-min 反映悲观态度的决定定理）
　　　　　　【主要用于不确定时做决策】　/　106

决策工具 11　乐观决策准则（Max-max 反映乐观态度的决定定理）
　　　　　　【主要用于不确定时做决策】　/　108

决策工具 12　赫维茨定理（包含悲观与乐观态度的一般性定理）
　　　　　　【主要用于不确定时做决策】　/　110

| 小知识 | 拉普拉斯与赫维茨是谁呢？ / 115 |

第4章　确定性高时运用定量分析做决策 / **117**

案例1　在面试兼职员工时应该选择谁
【加权得分】 / 118

案例2　应该接受国外企业的订单吗
【边界利润与损益分歧点】 / 121

案例3　伴随业务扩大是否应建新厂房
【现金流与NPV】 / 129

案例4　销售会议应该设定在工作时间还是加班时间
【机会成本】 / 135

案例5　应不应该重新买一辆二手陆地巡洋舰
【沉没成本】 / 142

案例6　新型业务部应当聘用几名有工作经验的人
【边际效率】 / 145

小知识　什么是层次分析法（AHP）？ / 153

第5章　存在风险时运用定量分析做决策 / **155**

案例7　3组会议中哪一组的效率最高
【方差与标准差】 / 156

案例8　便利店午餐便当的备货
【风险与收益】 / 162

案例9　高级红酒附近应当陈列哪些商品呢
【相关分析】 / 168

案例 10　大型家电商场的新店应该如何选址
　　　　【回归分析】／ 176
案例 11　向回转寿司连锁店推销新型高科技系统
　　　　【期望值定理】／ 184
小知识　什么是"数据挖掘"(data mining)？／ 191

第6章　不确定时运用定量分析做决策　／　**193**

案例 12　服装专卖店如何制定夏季衣料生产计划
　　　　【各种原理的正确使用】／ 194
案例 13　地质调查公司判断资源开采的盈利性
　　　　【敏感度分析】／ 202
案例 14　环保商品专卖店所关注的环保商品
　　　　【决策树(Decision Tree)与贝叶斯决策理论】／ 208
案例 15　如何投资初创企业
　　　　【实物期权】／ 223
案例 16　存在竞争关系的二手书店 S 店与 F 店如何
　　　　赢得客户青睐
　　　　【博弈论】／ 232
小知识　什么是情景规划(scenario planning)？／ 242

第7章　区分使用3种定性分析,有效解决问题　／　**245**

定性分析要用这 3 种思维方式　／ 246
3 种思维方式的优缺点　／ 252
3 种思维方式各自的定位图(positioning map)　／ 257
为什么单凭逻辑思维无法找到答案　／ 259

目 录

　　　　区分使用 3 种思维方式的观点　/　262

第 8 章　分解目标，锁定结论的"逻辑思维"　/　265
　　逻辑思维的大前提 MECE　/　266
　　借助逻辑树进行分析　/　269
　　思维架构的分类　/　272
　　把握商业外部环境大局的架构　/　279
　　把握商业外部环境与企业内部环境的架构　/　285
　　分析企业内部环境的思维架构　/　291
　　小知识　什么是"费米猜想"（Fermi estimate）？　/　315

第 9 章　从根本上拓展设想的创造性思维　/　317
　　创造性思维的实践要素　/　318
　　创意增量法　/　328
　　将思考过程"可视化"　/　332
　　小知识　什么是"数据科学家"？　/　336

第 10 章　阐明复杂因果关系的系统思维　/　339
　　理解"因果循环图"　/　340
　　掌握系统思维的"3 种固定模式"　/　352
　　灵活运用系统思维的 3 个视角　/　366

第 11 章　如何区分使用定性分析的"3 种思维方式"　/　371
　　运用逻辑思维的实例
　　　　【以绿町商店街的丰年酒铺为例】　/　372

V

运用创造性思维的实例
【以 K 中学的教育现状为例】 / 382
运用系统思维的实例
【以各种各样的升级案例(逐步扩展)为例】 / 389
同时运用逻辑思维与创造性思维的实例
【以办公用品制造商 F 公司为例】 / 394

第 12 章　结合定性分析的"3 种思维"解决问题 / 405

3 种思维方式的组合模式 / 406
逻辑思维与创造性思维组合使用的案例①
【以面向初学者、老年人群的手机为例】 / 411
逻辑思维与创造性思维组合使用的案例②
【以百货店、超市的生存游戏为例】 / 419
逻辑思维与系统思维组合使用的案例
【以全球金融危机为例】 / 427
创造性思维与系统思维组合使用的案例①
【某拉面店复兴计划的案例】 / 435
创造性思维与系统思维组合使用的案例②
【某游戏软件厂商克服危机的案例】 / 446

附　录　定量分析与商务数学 / 453

什么是商务数学 / 454
什么是商务数学检定考试 / 456
运用 5 种商务数学能力来解决问题 / 458
定量分析(决策)与商务数学检定考试的结合点 / 461
商务数学检定考试的样题【出题篇】 / 462

商务数学检定考试的样题【解析篇】 / 467
运用财务函数计算 NPV 净现值 / 472
有关定量分析的参考文献 / 474
有关定性分析的参考文献 / 477

第 1 章

定量分析与定性分析的关系

定量分析与定性分析在处理问题时的情形

定量分析的情形

定量分析和定性分析究竟是什么呢？首先，我们来看一下，用它们处理问题的情形分别是什么样的。

首先，我们说说**定量分析**。定量分析处理问题的情形如图1-1，需要根据分析目的来收集定量信息（数据）。虽然分析的目的有很多，但是在图1-1中清楚地呈现了几种典型的分析情形。

1. 比较指标的大小

根据分析的目的，比较算出的指标的大小。在企业财务分析中，根据不同目的计算各种指标，比如分析收益性或分析增长情况等等，比较常见的是比较并分析算出的指标。

在第3章讲述的决策中，先算出盈亏表，再根据实际情况进行决策。盈亏表可以呈现采用某种方案后会产生的利润与成本。指

定量分析与定性分析的关系

```
        定量信息（数据）
              ↓
         明确分析目的
              ↓
          定量分析
    ┌─────────┼─────────┐
```

①比较指标的大小

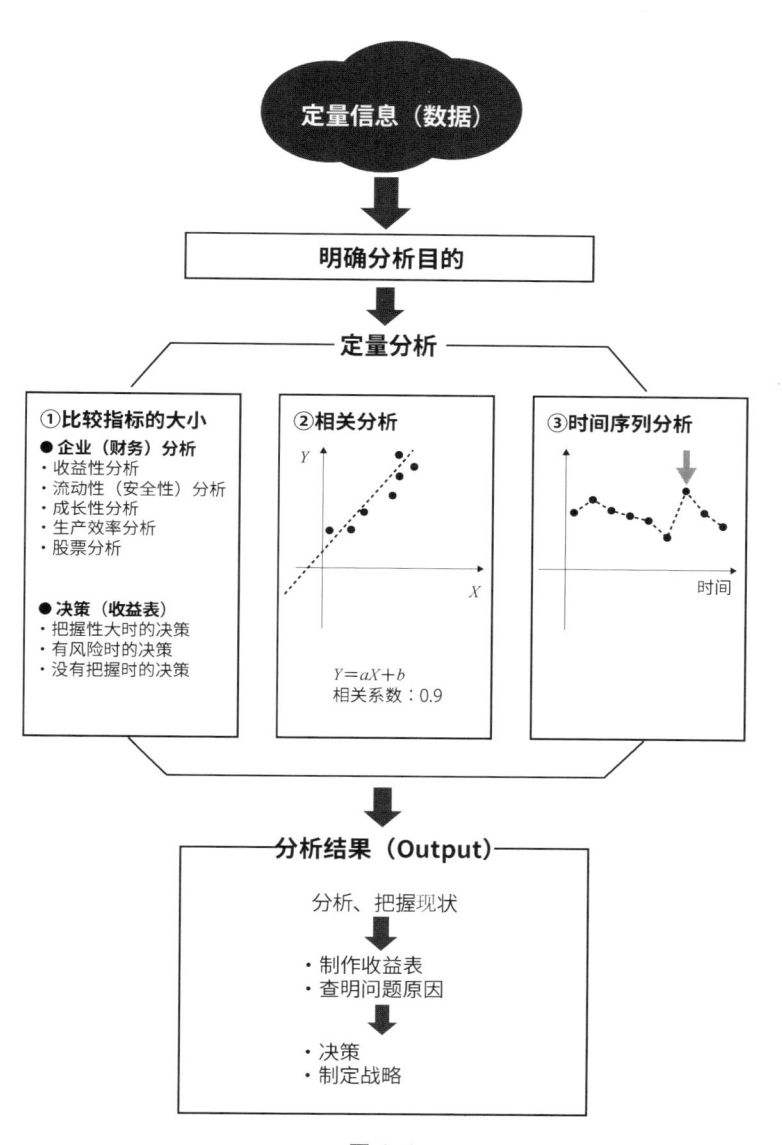

● **企业（财务）分析**
・收益性分析
・流动性（安全性）分析
・成长性分析
・生产效率分析
・股票分析

● **决策（收益表）**
・把握性大时的决策
・有风险时的决策
・没有把握时的决策

②相关分析

$Y = aX + b$
相关系数：0.9

③时间序列分析

（时间）

```
              ↓
        分析结果（Output）
```

分析、把握现状
↓
・制作收益表
・查明问题原因

↓
・决策
・制定战略

图 1-1

标之所以能进行比较,是因为指标本身就是数字,存在大小之分,这就是定量分析的基本特点。

2. 相关分析

X 与 Y 是两个变量,当 X 增大时 Y 也增大;当 X 减小时 Y 也减小,像这样表示 X 与 Y 的变化在多大程度上保持一致的情况就叫作"相关分析"。如果一致程度较高,即相关系数越大,那么 Y 就可以用 X 的一次函数表示,即通过 X 就能算出 Y 的值。当 X 表示气温,Y 表示啤酒销量时,如果 X 与 Y 呈较高相关性,就能通过气温 X 预测啤酒的销量 Y。

3. 时间序列分析

时间序列分析可以分析某企业的股价或销售额等在不同时间的变化情况。某变量呈减少趋势还是增长趋势,能否预测到未来的情况,这些都可以被分析。此外,在发生剧变的情况下,也可以分析其背后的意义以及未来趋势。

通过定量分析,可以根据目的得到分析结果(Output),做出合适妥当的战略决策。

定性分析的情形

接下来我们看一下**定性分析**。定性分析的处理情形可以参考图1-2。与定量分析相同,需要根据分析目的来收集定性信息(数据)。在图1-2中呈现了多种典型的分析情况。

定量分析与定性分析的关系

```
        ┌─────────────────┐
        │  定性分析（数据） │
        └────────┬────────┘
                 ↓
        ┌─────────────────┐
        │  明确分析目的    │
        └────────┬────────┘
                 ↓
         ───── 定性分析 ─────
```

① 结构型分析 ── 分层式

```
       要素1
      ／ │ ＼
   要素2 要素3 要素4
```

② 结构型分析 ── 矩阵式

要素1	要素2
要素3	要素4

③ 扩散型分析

```
  要素1         要素2
     ＼       ／
        要素
     ／       ＼
  要素4         要素3
```

④ 因果关系分析

```
                  要素3
                ↗
  要素1 → 要素2
                ↘
                  要素4
```

分析结果（Output）

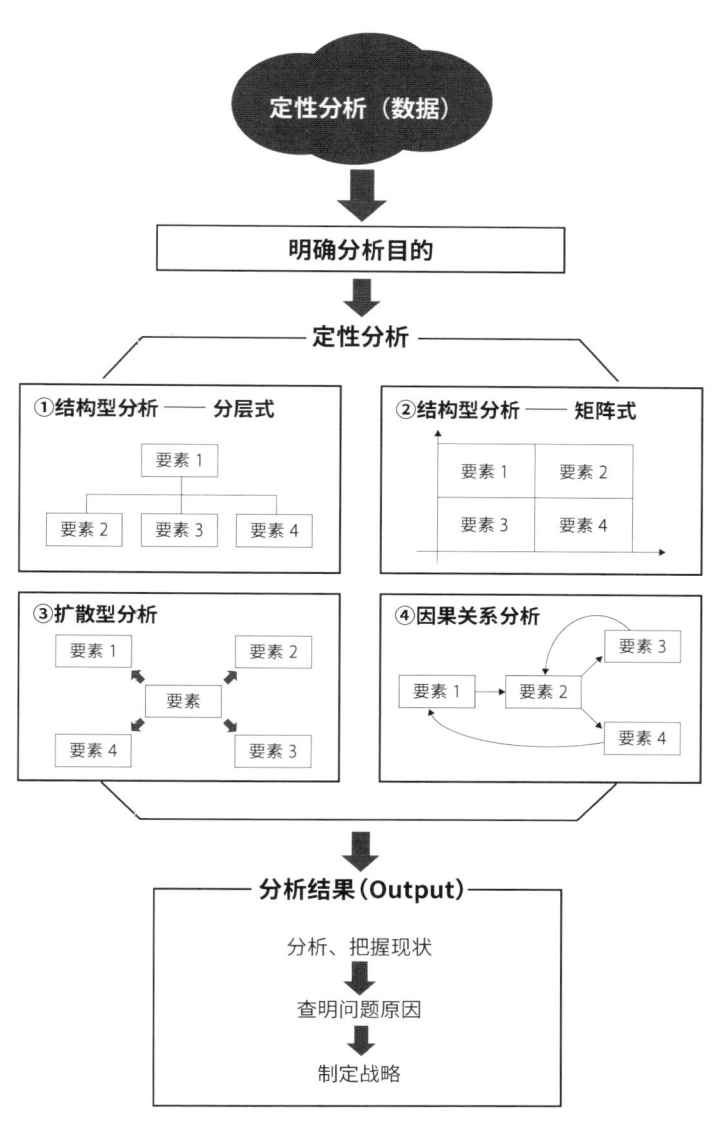

分析、把握现状
↓
查明问题原因
↓
制定战略

图 1-2

定性信息（数据）并非数值，无法比较大小。因此，定性分析有以下几种特有的分析方法。

1. 结构型分析——分层式

把某种事物分解成多个要素，分析它由哪些要素构成，由哪些层级构成，这就是定性分析的基本概念。

2. 结构型分析——矩阵式

与平面分层式一样，矩阵式也是分析结构，但是这里不是分析层级，而是在坐标轴上进行分析。后面我们还会讲到，在SWOT分析法（第288页）中也会使用。

实际上，在后面我们会提到分层式和矩阵式都是**逻辑思维**（第247页）定性分析中常用的基本工具，其中，分层式类似于逻辑树，矩阵式类似于结构框架。

3. 扩散

扩散就是从一个要素中诞生出一个个其他要素，出现新的点子与想法。后面会讲到以**创造性思维**（第250页）为基础的定性分析。

4. 因果关系

分层式和矩阵式是没有时间变化的、静态的（static）要素之间的分析，但是因果关系分析中所说的是存在时间变化的、动态的（dynamic），而且是存在因果关系的要素之间的分析。有时也会遇到复杂难以厘清的因果关系，这可以和后文的**系统思维**（第250页）

的处理情形对应起来。

　　与定量分析相同,定性分析的结果就是根据目的得到分析结果(Output),查明问题的真正原因,帮助做出战略决策。

定量分析与定性分析的优势与劣势

本小节我们谈一谈定量分析与定性分析的优势,也比较一下它们各自的劣势。

定量分析的优势

首先,我们来看一下定量分析的优势。对于这一点,有以下几个方面要注意。

1. 可以分析数值化的信息和数据

这是定量分析的定义,可以比较定量分析得出的结果,即数值指标的大小及分析变化的相关性。

2. 有助于保持客观态度,减少误判

这是定量分析的独特魅力,也是它的一个卖点。当依据数值指标做决策时,它可以将客观依据清晰地呈现在你眼前。

3. 可以快速处理大量数据，可以通过图形图表表示结果

使用统计解析等分析工具时，可以通过计算机进行大量的数据分析，还可以用图形或图表的形式实现数据的"可视化"，清晰易懂。

此外，定性分析，还有分析框架以及其他定性分析专用的分析工具会在第 8 章详述。

4. 可以增强沟通或演讲的说服力

在公司内部提交书面申请时，可以附上数值依据。在制定决策时，也可以将它视为判断指标。

5. 反映了过去实际情况的信息或数据

这既是定量信息与数据的优点，也是它的缺点所在。需要注意的是，定量数据和信息是对过去实绩的反映，而定性数据和信息则包含了对未来的意向，二者存在差异。

定量分析的劣势

定量分析虽然是个非常有效的分析方法，但也有劣势。

1. 很可能无法处理宏观灵活的信息

虽然数据意味着客观指标，但是如果单纯依靠它，那么很可能无法使用通过定性分析得出的宏观信息。

2. 只能在过去的实际信息或数据的基础上进行分析

换句话说，在分析未来的情况时，如果单纯依靠定量分析的话，就很可能局限于只能分析过去的信息，导致有效性不足。因此，这时就要用包含现在与未来情形的定性分析来弥补它的不足。

3. 在定量数据与信息中潜藏问题

在使用定量分析时，要注意避开以下风险与陷阱。是否使用了没有可信度的奇怪数据？是否对定量分析的结果做出了歪曲的解读？是否故意传达错误信息？我们必须要小心谨慎地使用定量分析。

定性分析的优势

接下来我们要说定性分析，并列举了它的几个优势。

1. 可以分析无法用数值表达的信息或数据

这也是定性分析的定义，其中包含了语言或态度方面的感性信息。与使用数值的定量分析不同，它探究的是定性信息之间的层级性、因果关系、对立性等结构。

2. 可以从宏观视角俯瞰并找出整体的问题与论点

它还有一个优势就是可以从整体上把握问题，从俯瞰的角度找到问题所在。不必担心"一叶障目不见森林"。

3. 不拘泥于数值，能从多方面进行灵活分析

虽然有时会陷入一种错觉——过分关注细节数值，认为定量分析是万能的，但是也要积极使用定性分析，发挥其多面灵活的优势。

4. 包含了企业的愿景和展望等关于未来规划相关的内容

定量分析使用的信息和数据，基本上是实测时点的，也就是相对于现在来说已经是过去状态的内容了。但是，定性信息和数据中不仅包含了过去的内容，而且还包含了现在的信息以及对未来的展望等等，即包含了从现在到未来的整条时间轴上的信息。换句话说，如果要对未来进行预测，一定要积极地运用定性分析，因为它包含了有关未来的信息。

5. 富有主观性、探索性

含有主观要素，这既是定性分析的缺点，同时也是它的优点。后面讲它的缺点时再详说。另外，所谓探索性，指的是带着强烈的试错态度去探索问题原因。

定性分析的劣势

定性分析有以下劣势。

1. 缺乏客观性

由于定性分析并非建立在数据基础上，因此它的分析缺乏客观依据和基础，很可能会掺入分析者的主观意愿（bias）。

2. 不得不考虑评价风险

由于缺乏客观性，因此需要全面考虑定性分析的评价风险。这是定性分析的决定性极限，因此需要建立在数据基础上的客观分析，即定量分析。

定量分析与定性分析可以组合使用

定量分析与定性分析不是各自为营、孤军奋战的，而是能在相辅相成中得到更加合理的结果。换句话说，定量分析与定性分析是互补的，把它们结合起来才能得到精确度更高的分析结果。

虽然，定量指标的客观性已经赋予了它很高的分析价值，**但是想要洞察那些隐藏在定量数据背后的问题的构造与机制，就少不了定性分析的助力**。此外，只依靠定性分析就可以在宏观上把握问题的构造与本质，例如定量分析可以得出指标数值比平均值大还是小；如果有时间性的数据，就可以知道同前期比较是增加了还是减少了。**如果有这样的数值根据的话，决策的客观性就会增加**。

定量分析与定性分析的关系，就像一辆车的两个轮子。换句话说，如果一辆车不配齐两个轮子就没办法正常前进；如果两个轮子不平衡，车子就会朝错误的方向前进。**只有使两个轮子平衡，也就是掌握了定量分析与定性分析的平衡，才会真正朝着问题解决的正确方向前进，并制定出正确合理的战略决策**。

也可以把定量分析与定性分析的关系看成是两只眼睛的关系。只用一只眼睛去看物体，看到的是平面的，看不到物体的远近，感受不到立体感和距离感。当左右两眼视力达到正常平衡的时候,就能正确把握物体的远近与距离。只有在找到了定量分析与定性分析之间的平衡点时,才能立体地看到隐藏在分析对象背后的真正问题。

让我们来思考一下,如何用定量分析和定性分析来分析某一个企业的问题,也就是企业分析或者经营分析。

在做企业分析时,运用定量分析的场合主要是使用财务报表进行财务分析。但是,如果单单依靠定量信息来判断企业经营情况的话,往往有一定的风险。举个例子,财务报表中有个表叫作盈亏计算表(P/L)销售利润加销售外利润减掉销售外支出,可以算出当期税前利润总额。

表1-1是从A公司的盈亏计算表中截取的一部分。对于一个不熟悉定量分析的人来说,看到当期税前利润总额为2 400万日元时,很有可能就判断A公司的经营非常健康,没有问题。但是,稍微懂一点财务分析人就会注意到销售利润有5 000万日元的赤字,他们会马上说"等一下",然后提出疑问。

表 1-1

单位:万日元

销售利润	−5 000
销售外利润	8 000
销售外支出	600
当期税前利润	2 400

带着疑问,他们会检查销售外利润与销售外支出。于是,就会发现公司在变卖有形固定资产或有价证券后,获取了8 000万日元

的销售外利润。经过分析他们,得出,A公司可能是销售情况不佳,所以采用了这样的资金周转方式。因此,A公司目前正处于经营低谷期。

然而,用定性分析法分析A公司,竟然能得到以下信息。

- 在日元急速增值和经济减速的影响下,业内以数码家电为主要产品的××公司,虽然由于海外市场与出口业务低迷导致销售利润赤字,但是加上销售外利润后,确保了税前当期纯利润的最终盈余。

那么,从这个分析中可以得到什么结论呢?

定量分析得出的结果可能会与定性分析得出的结果相悖。反过来,在定性分析的信息中,虽然可以从宏观上掌握A公司的销售业务、主力产品、所处的外部环境以及收益情况的现状,但是从定性分析中得到的信息很有可能和使用盈亏计算书(P/L)进行定量分析的结果相反。

刚刚只是单纯找了一个企业分析的例子,但是我希望各位能够理解,如果能把定量分析和定性分析结合起来,把各自得出的信息对比、综合运用,那么就可以从相悖的结果中得到统一精确的分析结果。

换句话说,通过对定量分析和定性分析相互辅助式的运用,得到相互对应的结论或验证,要比单纯使用一种分析方法更能精确地得到分析对象的实际情况。在报告最终的分析结果时,会更具说服力。

定量分析与定性分析分开使用的情况

从上一节的内容，大家应该可以理解，当定量分析和定性分析互补使用时，比单独使用其中任何一种得到的分析结果的精确度都要高，能得到更合理的分析结果。

在这一节中，我要讲一下它们单独使用的情形，重新思考一下各自的分析特长。

只使用定量分析的情形

1. 在已经知道了问题的结构或希望分析的内容，只是想算出数值指标形式的调查结果时

虽然已经得到了定量数据和信息，但目的是算出一般指标，比如前面提到的景气动向指数 DI 和 CI。

2. 对于定性分析得出的信息，使用定量分析对其进行验证，使其更加客观

在这里，就像前面所说的那样，希望大家注意，**由于定量分析和定性分析的对象数据和信息时间轴是不一样的，所以存在分析判断结果不同的可能性。**

虽然我反复说，定性分析使用的信息包含了从过去到未来的信息，但是定量分析是基于过去的实际数据。如果情况变化没那么快的话，那么各自的分析结果就不会相差太大，也可以彼此验证或支撑对方的分析结果。但是，**近年来的经营环境变化太快了，在这种不确定和不透明的环境下，定量分析和定性分析各自得出的分析结果很有可能不一致。为了避免这种现象，应当学会如何让两种分析方法相辅相成，发挥作用。**

像这样，发挥定量分析和定性分析各自的特长，通过二者有效地相互结合，就可以得到一个对将来性分析的面向未来的时间轴观点（图 1-3）。

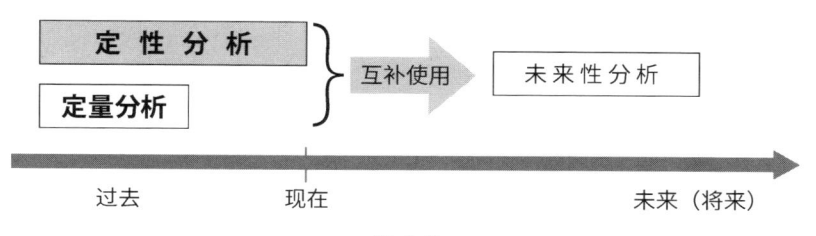

图 1-3

只使用定性分析的情形

1. 希望先从大局角度多方面地看问题时

这是定性分析的一大特长,因此一上来就用定性分析来把握大局的实际案例也很多。

2. 希望笼统地把握现状

因为从听证会、访谈、问卷调查中得到的定性数据和信息是新鲜的原始数据,所以当你希望大致了解目前的情况时,这些数据使用起来就非常方便。

另一方面,定量数据和信息基本上都是收集当时有的,也就是过去的信息,不可能马上就公布,比如财务报表。在日本,会计年度是从每年的 4 月开始,有很多公司的会计年度是半年甚至一年,所以在公布财务报表时,其中的财务数据其实已经过去一段时间了。

要想了解最近的景气情况是好还是坏,可以通过景气动向指数 DI(Diffusion Index)或 CI(Composite Index)指标来综合判断或预测景气情况,还可以将多个指标的改善、无变化、恶化情况结合起来,计算出综合指标。如果计算结果大于 50% 就意味着景气上行,如果小于 50% 就是景气下行。DI 是广为人知的定量分析指标,但是从分析到公开要花费很长一段时间。

如果使用另一种方式,例如通过向 100 名上市企业的社长开展问卷调查的方式进行定性分析,就可以在相对较短的时间内得到结果并公开。假设调查问卷里的答案有 5 个选项,分别是①非常景气,②景气还可以,③一般,④景气稍差,⑤景气恶化,他们就会思考目前的状况并做出回答。通过简单的计算,准确来说,通过简单的数据收集,就可以知道从①到⑤选择各项的人分别占百分之几。如果选⑤景气恶化的人达到了93%,就可以公开带有新闻性的消息了——"我们询问了100名上市公司的社长,其中有93%的人认为景气恶化。"

问卷调查的对象可以是中小企业的社长,也可以是以主妇群体为中心的消费者,调查视角丰富多变,非常有趣。无论怎样,在实施问卷调查中,可以得到当下最新的信息和数据。在这个结果中,每种调查都会听到不同的意见与声音,但这样反倒增加了现实感和说服力。也许这就是定性分析的魅力与卖点所在吧。

第 2 章

定量分析和定性分析组合使用的案例

用定量分析与定性分析分析不同工种

接下来我们就从定量分析和定性分析组合使用的角度,概述职业技能的分析案例。

这里介绍的职业是销售和生产。

销　　售

市场营销中的 4P 分析(第 307 页),指的是对产品(Product)、价格(Price)、渠道(Place)、促销(Promotion)4 个要素的分析,由于这 4 个单词以 P 开头,因此标为 4P 分析。在向顾客提供产品或服务时,这是 4 个重要的切入口。其中,价格设定是对产品市场、企业的销售额与利润产生直接影响的重要元素,我们分别从定量分析与定性分析这两个角度来看。

1. 定量分析

基于顾客调查结果来设定产品价格的方式叫作"**价格敏感度测**

试"(PSM：Price Sensitivity Measurement)。

可以通过图 2-1 来看设定的价格，其中有一个幅度，叫作"价格区间"或"价格带"。

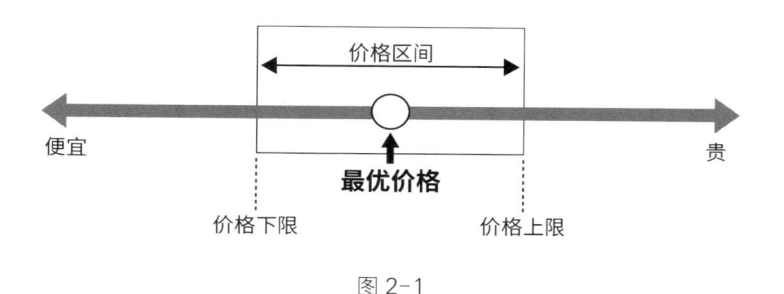

图 2-1

例如，对于新产品的价格，面向 100 位顾客，提出以下 4 个问题：

① 什么价格让我开始觉得有点贵
② 什么价格让我开始觉得有点便宜
③ 什么价格太贵了我不会买
④ 什么价格太便宜了我不会买

经过收集并整理出了表 2-1，数字代表有效回答人数。例如，开始觉得贵的价格，在 1 000 日元到 2 000 日元这个区间里有 0 人，2 500 日元的有 7 人，3 000 日元的有 25 人，4 500 日元的是全员 100 人。

表 2-1

人数＼日元	1 000	1 500	2 000	2 500	3 000	3 500	4 000	4 500	5 000
这个价格让我开始觉得有点贵	0	0	0	7	25	39	79	100	100
这个价格让我开始觉得有点便宜	100	100	95	55	30	5	0	0	0
这个价格太贵了我不会买	0	0	0	0	5	20	69	100	100
这个价格太便宜了我不会买	100	55	10	2	0	0	0	0	0

表 2-1 的结果也可以用图 2-2 表示。

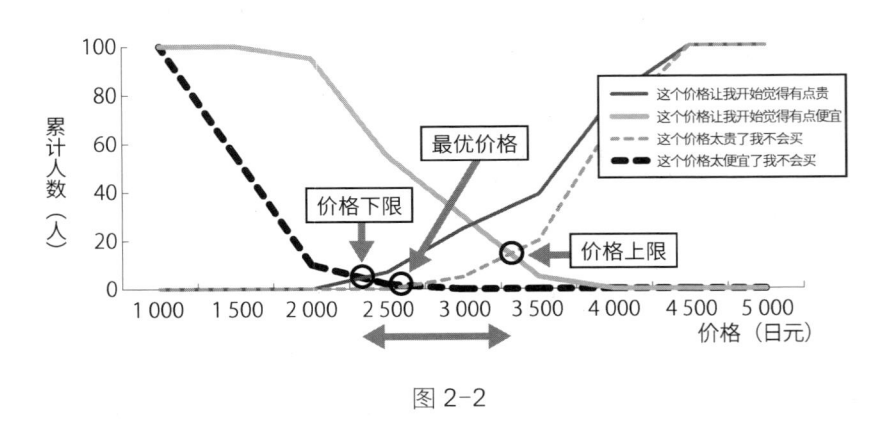

图 2-2

下限价格是"这个价格让我开始觉得有点贵"与"这个价格太便宜了我不会买"两条线的交点，如果在这个下限价格以下的范围定价，那么商品就卖不出去。在图 2-2 中，就是圈了圆圈的 2 300 日元。

上限价格是"这个价格让我开始觉得有点便宜"与"这个价格太贵了我不会买"两条线的交点,如果在这个下限价格以上的范围定价,那么商品就卖不出去。在图 2-2 中,就是圈了圆圈的 3 300 日元。

最优价格是"这个价格太便宜了不会买"与"这个价格太贵了我不会买"两条线的交点,即此案例中的 2 800 日元。

从价格敏感度测试(PSM)的结果可以判断,新产品的价格区间在 2 300 日元到 3 300 日元之间,最优价格在 2 800 日元上下。在实际定价时,一定会在这个区间内定价。如果更看重利润的话,就会定一个接近 3 300 日元的价格;如果目标是开拓市场的话,那么最好就定一个接近 2 300 日元的便宜价格。

2. 定性分析

如果按照定性分析的方法来定价,那么有以下 3 种定价方式。

① 在成本的基础上加上一定的利润,即"成本加成定价法"

这种方法是企业单方面的定价方式。花费成本越高,产品价格自然也会升高,这是成本导向型定价法。这种定价方法适用于企业垄断了某种商品市场的情况,是卖方市场时的定价方式。在过去,这种定价法能行得通,但是放到今天就不太适用了。

② 在意识到市场行情的基础上定价,即"市场定价法"

这是目前常用的方法,一种以竞争对手或顾客,也就是市场(market)中竞争产品的价格为基准来决定的竞争导向型定价方式。这种方式比较简单,虽然是一种依靠外部情况的被动方式,但是很少出差错。

③ 基于顾客调查的"价格敏感度测试"法

这是一种顾客导向或者叫需求导向的定价法。当新产品在市场上没有很多类似竞争产品的时候，要先做市场调查，判断把价格设定在什么水平才会有人买。

这种方法需要进行"价格敏感度测试"（PSM：Price Sensitivity Measurement）分析，必要的调查相对容易些，分析时只需要用 Excel 表格简单操作就可以完成。价格敏感度测试属于定量分析，前面已经讲过。

还有一种方法，将已经定好价格的商品投入市场，等待顾客的反应，这种分析顾客心理的原理叫作"创新扩散理论"。

来自斯坦福大学的罗杰斯（E.M. Rogers）教授提出的这一理论，是从消费者购买产品时的快慢态度，将消费者分为 5 个类型，即按照购买新产品时从快到慢的顺序排列如下：

A. Innovator＝创新者
B. Early Adopter＝早期少数采用者
C. Early Majority＝早期众多跟进者
D. Late Majority＝后期众多跟进者
E. Laggard＝滞后者

在新产品投入市场后，第一批客户就是对任何新事物都抱有好奇心的 A，然后依次才是 B，C……他们的消费慎重程度逐渐增加。

美国咨询专家杰弗里·摩尔（Geoffrey Moore）认为，B 和 C 之间，也就是早期少数采用者与早期众多跟进者之间有一条鸿沟（CHASM），如果无法跨越这条鸿沟，就无法从市场中获得大的收益(图 2-3)。

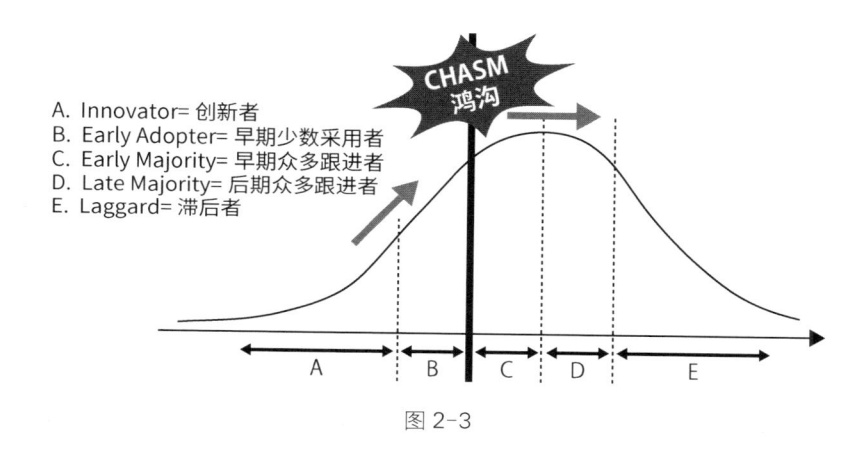

A. Innovator= 创新者
B. Early Adopter= 早期少数采用者
C. Early Majority= 早期众多跟进者
D. Late Majority= 后期众多跟进者
E. Laggard= 滞后者

CHASM
鸿沟

图 2-3

在这些理论的基础上，对于向市场投放新产品，有两种考虑方式。

【鸿沟战略】

在图 2-3 中，面向那些对新产品抱有强烈好奇心的顾客层(A＋B)，可以把价格定得高一些，以求实现获得短期利润的战略。

但是，虽说是创新者与早期众多跟进者，但他们也不会无论什么新产品都买。他们有点儿宅，见识多眼光高，如果不是技术优秀的产品，他们可能看不上。因此，"鸿沟战略"适用于那些希望在短期内获得利润的尖端科技企业。

【渗透战略】

这是一种可以将跨越了鸿沟的顾客层(C＋D)都包含在内的战略，定价时稍微低一些，为的是开拓较为广阔的市场。但是，无论价格定得有多低，也未必能跨越鸿沟。在获得利润之前也许要经历一番持久战。这种战略适用于能够承担大规模投资负担的大企业，如果不是的话就不行。

生　产

所谓生产，指的是使用劳动力或机械，将原材料等生产要素变换成产品或服务的过程。生产，换句话说就是"制造"。在生产中，有"预测生产"和"接单生产"两个切入口。接下来我们就从定量分析和定性分析的角度来看一看这两个切入口。

1. 定量分析

以材料或零部件的库存为例，以入库和出库带来的库存量的变化为分析对象，把库存量这一累计量的时间变化情况清晰地呈现出来的方法就叫作**"流动量分析"**。

图 2-4 就是一个流动量分析图，横轴代表时间，纵轴代表货物的累计量。在这个折线图中，入库量的累计线叫作入库线，出库量的累计线叫作出库线。在某个时间点，入库线和出库线之间的差（垂直高度差）就是当时的在库量。

在某个时间点，在入库线上的某一点画一条水平直线，这条直线与出库线相交，中间的线段就是这个在库量的滞留时间。

"预测生产"和"接单生产"的流动数据分析情况，分别可以用图 2-5 和图 2-6 来表示。

图 2-5 表示的是预测生产的分析情况。在时间轴上，先有累计

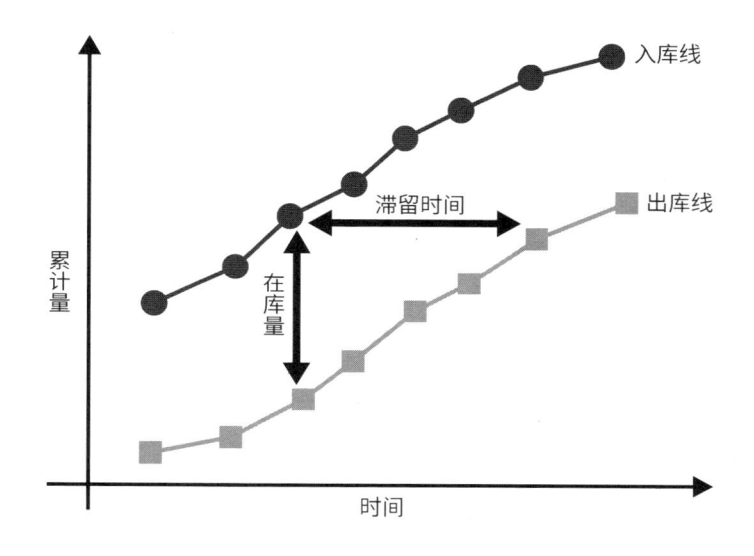

图 2-4

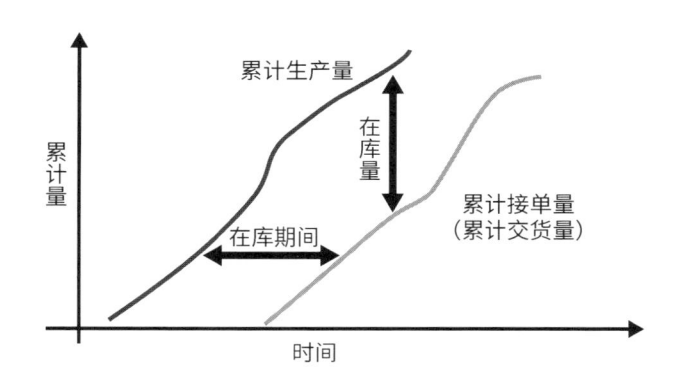

图 2-5 预测生产

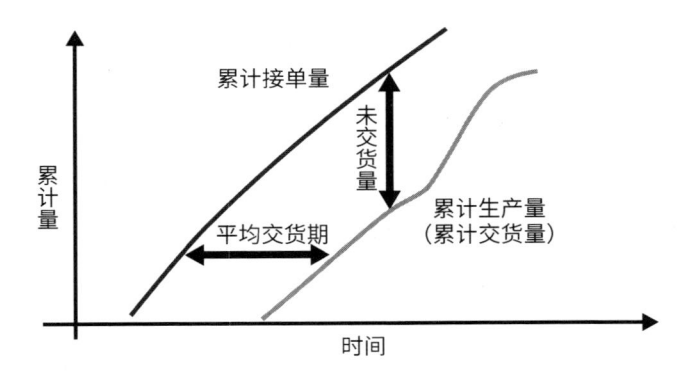

图 2-6　接单生产

生产量这条线，再有累计接单量（累计交货量）的这条线。时间上的差就是"在库期间"，累计生产量和累计交货量的差就是"在库量"。

图 2-6 表示的是接单生产的分析情况。在时间轴上，先有累计接单量这条线，再有累计生产量（累计交货量）的这条线。时间上的差就是"平均交货期"，累计接单量和累计生产量的差就是"未交货量"。

对流动线的分析，可以实现在接单时间的基础上，定量地安排交货日程和生产日程。

2. 定性分析

顾客在店铺里马上可以购买的商品是"预测生产"的产物。在顾客下单前就已经生产出来的商品，只需要在店铺里等待顾客上门购买就可以了。从店铺的角度来看，这些商品需要占用店铺的库存。"预测生产"商品的特征是顾客群比较广泛，生产成本也相对低廉，可以大批量生产。

然而,"接单生产"是在顾客下单后才开始生产,并在指定的日期交货。"预测生产"的产品的款式大多是由顾客指定,也就是定制产品,生产需要花费一定的工夫,生产成本相对较高。

把这些生产过程"可视化"地表示出来,就是图2-7a的("预测生产")和图2-7b的("接单生产"),二者差别一目了然。

设计 ▷ 采购 ▷ 生产 ▷ 接单 ▷ 交货、发售 ▷

图2-7a 预测生产

接单 ▷ 设计 ▷ 采购 ▷ 生产 ▷ 交货、发售 ▷

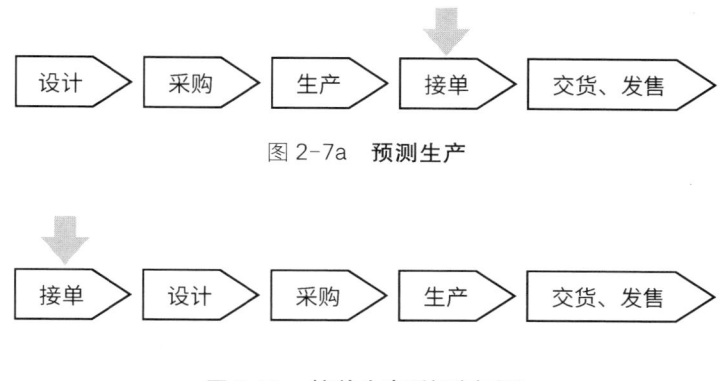

图2-7b 接单生产(特别定制)

图2-7b展示的是在接单生产中的一种特殊情况,即在接单后从设计开始准备的特别定制的情况。

在接单生产中,还有一种情况——先完成设计,再从接单的时刻开始生产的情况,也就是规格商品的生产(图2-7c)。

从图2-7a到图2-7c,在"设计➡采购➡生产➡交货、发售"的流程中,"接单"的时间点不同,生产方式也会发生变化。

设计 ▷ 接单 ▷ 采购 ▷ 生产 ▷ 交货、发售 ▷

图2-7c 预测生产(规格商品)

企业分析中的定量分析与定性分析

接下来,我们看一下在企业分析中组合使用定量分析与定性分析的案例。

如果要用定量分析和定性分析分别分析一个企业的状况,**定量分析**表现为使用财务报表进行财务分析,而**定性分析**主要是分析企业的内外部环境(图2-8)。

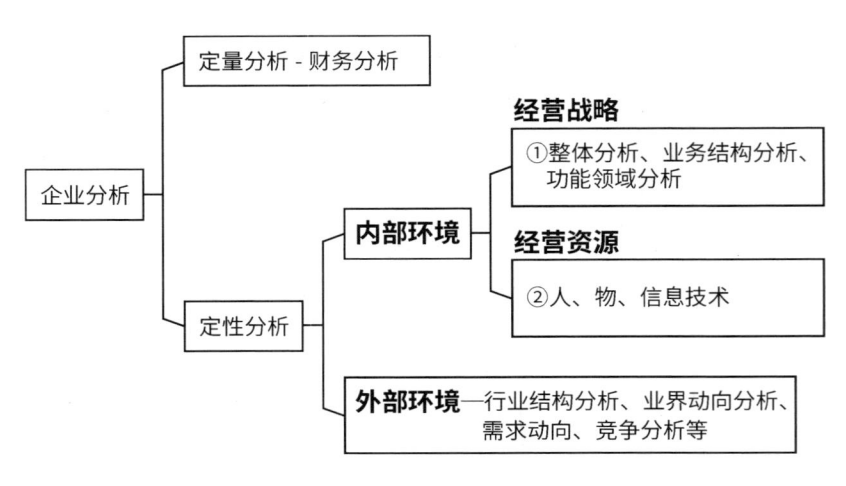

```
企业分析 ┬ 定量分析 - 财务分析
         │
         └ 定性分析 ┬ 内部环境 ┬ 经营战略
                   │          │  ①整体分析、业务结构分析、
                   │          │   功能领域分析
                   │          │
                   │          └ 经营资源
                   │             ②人、物、信息技术
                   │
                   └ 外部环境——行业结构分析、业界动向分析、
                              需求动向、竞争分析等
```

图 2-8

企业的内部环境，从经营战略或经营资源的角度还可以进一步分类。如果分析经营战略，就像①那样，可以分析公司的整体、业务结构、功能领域；如果要分析经营资源，就可以以人、物、信息技术为切入点来进行分析。如果要分析资金，当然是用定量分析中的财务分析。

用定量分析进行财务分析时，主要分析财务报表上的数据和信息，但是，定性分析会用到哪些信息和数据呢？让我们一起来看看。

从有价证券报告书中获取定量信息和定性信息

要想了解一个公司的经营情况（定量信息和定性信息），可以从多个信息源获取信息。其中，有价证券报告书就是个不错的选择。2004年，西武铁道公司的有价证券报告书造假事件让更多普通民众开始认识有价证券报告书这个东西。

有价证券报告书就是日本金融商品交易法中规定的，每个财年制作的向企业外部公示的资料，简称"有报"（后文中均以"有报"简称）。如果重视信息的新鲜度，那我建议你看"决算短信"。

此外，还可以通过公司简介、企业官网、日经新闻等新闻经济媒体或者"公司四季报"来获取相关信息。建议根据不同的目的，区分使用。

在表2-2中对获取的企业信息工具作了比较。看完之后你就会发现有价证券报告书要比其他的工具有更多的信息量，具备更高的可信度，参考价值也无可比拟。

在这里让我详细介绍一下"有报"的内容吧。**"有报"中的主要**

内容是财务报表等体现过去实绩的信息,但是其中也包含了现在以及未来的信息。这些是新闻记者和投资专家的关注点。

表 2-2

	信息量	可信度	公开速度	获取难易度
有价证券报告书	◎	◎	△	○(※使用 EDINET)
决算短信	○	○	◎	○
报纸经济杂志			○	◎
企业官网	△		◎	○
"企业四季报"等	△		○	○

※EDINET(Electronic Disclosure for Investors' NETwork)是在日本金融工具与交易法下的电子披露系统,可以通过这个系统轻松地阅览、获取企业的有价证券报告书等公开信息。

"有报"主要由"第一部分　企业信息"和"第二部分　担保公司的保险公司等信息"两大部分组成。

我们来仔细看一看"第一部分　企业信息"。建议各位在阅读时最好能打开电脑边看企业的"有报"边读这部分内容,能帮助加深理解。

第 1　企业概况

1. 主要经营指标的推移　←定量分析的信息源
2. 发展变迁史
3. 业务内容
4. 关联公司的状况
5. 员工状况

在"第1　企业概况"中可以获取企业的大致信息。如果赶时间的话，只看这一部分就可以大致了解企业的状况。

下面逐个来看，"1.主要经营指标的推移"，记载了近5年的主要经营指标，可以迅速掌握企业最近的业绩情况。由于是财务报表的概括，所以在这里也可以进行粗略的定量分析。详细的财务报表在后文"第5　财务状况"（第37页）里有详细记载。

在"3.业务内容"这一部分，记载了企业由哪些公司集团构成，具体有哪些业务。"4.关联公司的状况"记载了关联公司的具体业务内容。

第2　业务状况

1. 业绩等概要　◀定性分析的信息源
2. 生产、接单、销售情况　◀定性分析的信息源
3. 应当解决的问题　◀定性分析的信息源
4. 业务风险　◀定性分析的信息源
5. 重要经营合约
6. 研究开发活动
7. 财政状态与经营成绩的分析

在"第2　业务状况"中可以获取现在以及将来企业集团的整体动向。

逐一来看，"1.业绩等概要"显示了公司所处的环境以及公司对此采取了何种对策。"2.生产、接单、销售情况"显示了当期的生产、销售的实绩。"3.应当解决的问题"记录了公司正面临的问题、采取的对策方针以及想要达到的目标。"4.业务风险"记录了公司所处

环境的外部风险等。

像这样,从"1.业绩等概要"到"4.业务风险",依次记录了企业所处的外部环境与面临的风险,记录了企业内部的业绩,这是一个重要的获得定性分析资料的信息源。

第3 设备状况

1. 设备投资概要
2. 主要设备情况
3. 设备更新、淘汰等计划

"第3 设备状况"记录了企业现有设备以及未来设备投资相关的信息。

第4 母公司概况

1. 股份情况
2. 库存股票的收益情况
3. 投资股票的收益情况
4. 分配政策
5. 股价的推移
6. 董事成员的情况
7. 其他持股对象的情况

从"第1 企业概况"到"第3 设备状况"记录了相关联的信息,但是到了"第4 母公司概况"就开始记录母公司单独的信息了。

逐个来看,在"1.股份情况"中,记录了股票的种类、可发行股票数量、已发行股票数量,在"5.股价的推移"中记录了最近5年的最高股价和最低股价。

> **第 5　财务状况**
> 1. 联结财务报表　←定量分析的信息源
> 2. 财务报表　←定量分析的信息源

在"第 3　设备状况"和"第 4　母公司概况"里，根据不同情况可能会包含企业分析所必要的信息，但是基本上来说并没有很重要的信息。

在"第 5　财务状况"中，记录了联结财务报表和公司个体财务报表。这里的信息对于定量分析来说非常重要。

既然我们已经大致了解了"有报"的各大项目，接下来就通过具体企业的实际"有报"来进行大致的企业分析。

案例　松下公司的定量分析与定性分析

（2008 年 6 月 27 日的提交/显示情况）

在我根据"有报"，试着对大型电机厂商松下株式会社（P 社）进行企业分析（定量分析与定性分析）吧。希望大家能够通过简易的分析来感受一下商业分析的魅力。

由于这里的目的是阐述定量分析与定性分析的区别，所以希望大家要知道以企业分析为目的的定量分析或定性分析很可能会缺少一定的严密性。

这份"有报"是 P 社在 2008 年 6 月 27 日向关东财务局提交的，由于是多年前的数据，所以现在看来，有些数据难免与现实情况不符，这一点请提前知晓。

1. 定量分析

首先,从"有报"的"第1 企业概况"中的"1.主要经营指标的推移"来进行定量分析。我从"有报"中过去5个年度的联结数据中摘取了一部分主要经营指标的内容做成了表2-3。

从表2-3中可以看出,P社的销售额在2007年度下滑,但是在过去的5年中都是持续增长的,尤其是从当期净利润的增加中可以看出增长非常快,2007年度相对前一年度增长了30%,也就是2 818亿日元,刷新了最高额记录,这在"有报"中也有记录。

表 2-3

联结经营指标等　　　　　　　　　　　　　　　　　　　　　部分摘取

决算年度	2003年度	2004年度	2005年度	2006年度	2007年度
决算年月	2004年3月	2005年3月	2006年3月	2007年3月	2008年3月
销售额(百万日元)	7 479 744	8 713 636	8 894 329	9 108 170	9 068 928
当期净利润(百万日元)	42 145	58 481	154 410	217 185	281 877
股东权益(百万日元)	3 451 576	3 544 252	3 787 621	3 916 741	3 742 329
资产总额(百万日元)	7 438 012	8 056 881	7 964 640	7 896 958	7 443 614
股东权益比率(%)	46.4	44.0	47.6	49.6	50.3
净资产收益率(%)	1.3	1.7	4.2	5.6	7.4
市盈率(倍)	88.59	61.99	37.64	23.87	16.25

财务安全性指标,也就是股东权益比率(%)在过去的5年里呈现增长态势,超过30%就属于比较安全的范围了,P社的股东权益比率(%)在2007年度已经超过了50%。

再来看一下体现收益性的指标,也就是净资产收益率,也叫股东权益收益率,简称ROE(Return on Equity),计算方法如下:

股东权益收益率(%)＝当期净利润÷股东权益×100

分母是股东权益,在过去 5 年里逐渐增加,但是分子,也就是当期净利润受到分母即股东资本增加的影响,ROE 也呈现增加的趋势。从这个收益性角度来看,P 社可以说是个非常优秀的企业了。

接下来我们看看体现股价高低的有名指标,即市盈率(PER：Price Earnings Ratio),计算方法如下：

市盈率(%)＝股票每股价格÷每股当期净利润

市盈率在过去 5 年里呈现下降态势,股价偏低。这是因为作为分子的每股价格的增长倾向远不及作为分母的每期当期净利润,导致计算结果是市盈率持续下降。

单从这种简单粗暴的定量分析结果来看,过去 5 年里,当期净利润显著增加,公司经营可谓顺风顺水。从定量分析的结果来看,如果硬是要找出不乐观的信息,就是以下这两个：

① **2007 年度开始,销售额开始减少**
② **市盈率(PER)在这 5 年里持续下降**

① 从 2003 年度到 2006 年度,销售额一直是增长趋势,但是在 2007 年度开始减少。无法预测这只是暂时性的下降还是持续下降的开始。

② 股票价格本身的实际浮动情况如何呢？在 P 社的案例中,

从通过分析母公司的市盈率（PER）来看，2007年度高达45.68%，东证一部上市的同行业的电机厂商的平均PER只有17%～18%的水平，因此P社的情况不算坏。在"第4　母公司情况"中，从"4.股价的推移"中只能看到最近5年里的最低股价和最高股价，无法断定股价是下跌的。从这些分析结果来看，单纯看P社这一家公司，第②条并不足以说明公司存在问题。

2. 定性分析

接下来我们来看定性分析。定性分析是个框架结构，这一点我们会在第8章详细解说，但是在这里我们可以用**PEST分析方法**来进行定性分析。

所谓PEST分析，指的是把对市场产生影响的宏观的外部环境用以下4个观点进行分析的框架。

① **政治因素（Political）**
② **经济因素（Economic）**
③ **社会因素（Social）**
④ **技术因素（Technological）**

PEST分析法，可以分析出外部环境中对企业会有哪些机会（chance）和威胁（risk），进而分析出应当采取的战略对策。

正如前面说明的那样，"有报"的"第2　业务情况"中的"1.业绩概要"到"4.业务风险"，大量记录了与外部环境有关的信息，但是在这里用PEST分析出的结果，以及对策与战略，可以参考表2-4。

表 2-4

4大因素	分析内容
政治因素(Political)	■ 海外政治动荡 ■ 进出口限制与外汇限制的变化 ■ 税制与税率的变化
经济因素(Economic)	■ 次贷危机问题的波及 ■ 原油等资源能源价格飙升 ■ 外汇变动风险 ■ 股价暴跌
社会因素(Social)	■ 人才竞争激烈 ■ 雇用剩余带来的雇佣调整
技术因素(Technological)	■ 技术革新竞争激烈 ■ 规格、标准化竞争的激烈

【总括】世界经济未来的不透明感、出乎意料的股价下跌，美日两国房地产市场的长期低迷风险带来的无法预判的未来形势。

从表 2-4 的分析结果中，可以看到外部环境的不透明、次贷危机引发的金融危机。P 社的确受到了世界经济大环境带来的冲击，感受到了危机，并采取了应对战略。

对策·战略

◎ 将成长纳入正轨，强化收益体质。

◎ 强化各业务的商品力，同时互相联手以求扩大相乘效果。

◎ 把 5 年后、10 年后的发展放在视野中，建成面向下一个时代的组织结构。在强化现有商品、现有业务的基础上，致力于开拓新的业务。

但是，前面提到的定量分析中，在经营上并没有发现什么问题，2007年度的销售额虽然略微减少，但是从净利润来看，过去5年里持续增长，可以说是一帆风顺了。

在这里我想提醒大家，用定量分析对进行企业分析时，使用到的财务数据都是过去的实绩。这是定量分析的一个弱点。**单纯靠定量分析过去的数据会有损时效性，可能会导致做出不符合当下实际情况的判断。**

那么，让我们通过P社的案例，再次见识一下定量分析和定性分析互补使用的重要性。只通过定量分析得出某企业经营没有问题的结论，但在定性分析的情况下可能会产生完全不同的结论。当外部环境敲响警钟时，就不得不根据外界情况进行适当的战略调整。

定量分析的数据来自过去，如果外部环境变化没有那么激烈的话就还好，如果在现在这样的商业环境，即既不透明又剧烈变化的情况下，恐怕单靠定量分析只能分析出过去的遗物了。在这里，包含了现在和未来的定性分析就变得尤为重要。**通过同时使用定性分析，能够让单纯靠定量分析所看不到的背后风险浮出水面。**

当然，反过来说，单靠定性分析也不可能分析出所有的问题及原因。定量分析可以对客观指标进行分析，对定性分析得出的结论进行验证，因此非常重要。定量分析的结果是解决问题或做出决策时的重要判断指标。

在本小节，虽然举了一个企业的实际案例来进行说明，但是在这里，我想再次强调一下，定量分析和定性分析并不是独立的，二者一定要同时使用，是相辅相成的。

第 3 章

运用定量分析做决策的基本方法

各职务中有助于定量分析的指标

在本小节里,主要介绍公司内各部门和各职务中常用的,并且在全球化经济中对定量分析具有实际作用的各种商务指标。正如图 3-1 所示,对于那些数值化的指标,有多种决策方法与技巧(会在第 4 章加以说明),并在最终做决策之前形成一个完整的流程。

在做定量分析时,商业指标非常有用。在实际做决策时(定量分析),很多时候只需要一部分的商业指标就足够了。但是,如果能提前掌握各种商业指标,那么,即使遇到难以决策的情况,只要从已知的指标中抽几个进行几次定量分析或模拟,基于分析结果很有可能会找出今后的发展方向或发现更多的选择。

商务指标,也可以称为商务数字。佳能(Canon)公司会长,前日本经济团体联合会的会长御手洗富士夫先生曾经说——数字是商务人士的最高语言。

"数字能力,是商务人士的必修科目。公司的经营,最终都要归结于数字,所以数字是能够概括全部经营行为的语言。"

例如,下属来向你汇报销售收益,他只会说,"比上个月稍微增加了",或者"比上个月增加了很多"。但可惜的是汇报内容仅限于

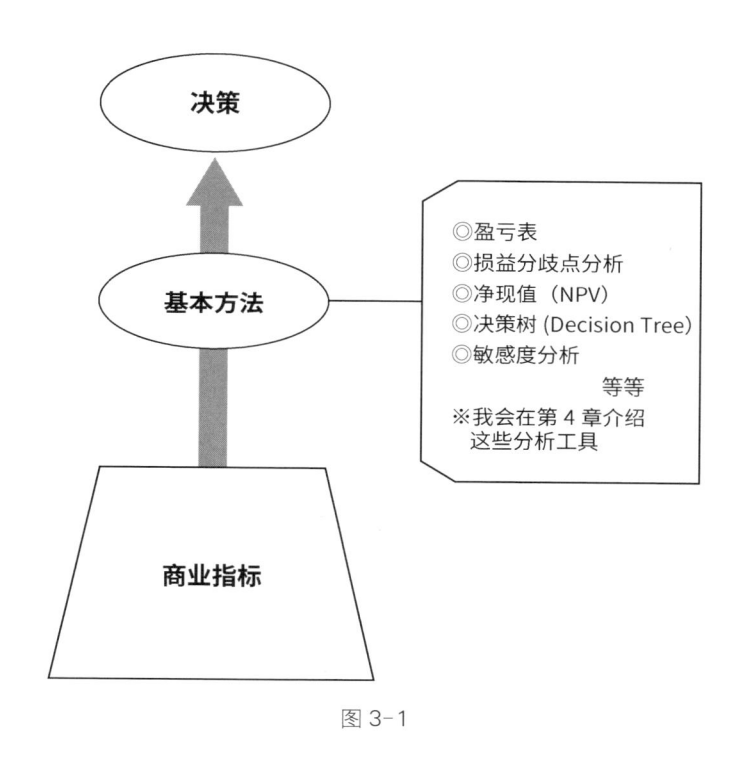

```
        决策
         ▲
         │
       基本方法 ─────── ◎盈亏表
                      ◎损益分歧点分析
                      ◎净现值（NPV）
                      ◎决策树 (Decision Tree)
                      ◎敏感度分析
                              等等
                      ※我会在第4章介绍
                       这些分析工具

       商业指标
```

图 3-1

此,没有更多详细信息了。你肯定会不由自主地去看下属的脸吧——这就完了。

但是,如果他能说出具体的数字,例如利润比上个月提高了10%,那么说服力就大大增强了。

像这样活用数字,就可以在做决策时,提高采用策略的精准度,那么最终获得成功的概率也会提高很多吧。

接下来,我向大家介绍的以下几个商业指标,是大家一定要知道的。

1. 与市场营销相关的指标

① 市场占有率	
指标公式或定义	市场占有率(%) = $\dfrac{\text{自家公司的销售金额(数量)}}{\text{市场整体的销售金额(数量)}} \times 100$
从指标中可以得出	自家商品在目标市场中所占的份额水平。

解析

市场占有率是一个做未来业务计划（预测销售额）时常用的指标。

市场占有率越高，意味着自家公司或自家品牌在竞争市场中的地位就相对越高。结果就是，更容易在行业内建立可信度，更容易开拓新客户，签订新合约等等，在市场中处于领先位置。

② 客单价	
指标的公式或定义	客单价 = $\dfrac{\text{销售额}}{\text{成交顾客数量}}$
从指标中可以得出	每一个顾客购买商品的平均金额。

解析

客单价是一个讨论提高销售额的重要指标。

要想提高客单价，就要提高分子也就是销售额的数值。因此，考虑到**销售额＝商品单价×商品购买数量**，所以，要么提高商品单价，要么提高商品购买数量。

另外，**销售额＝客单价×顾客数量**，要想提高销售额，既可以提高客单价，也可以提高顾客数量。

另外，还可以从 **利润＝(客单价－单客成本)×顾客数量** 来考虑。在这里，单客成本指的是，①获取顾客时需要花费的广告宣传等成本；②向顾客提供服务时产生的成本(例如材料费等变动费用、劳务费等固定费用)。

与客单价类似的指标有 *PI* 值。商品 **PI 值＝销售数量÷顾客数量×100**，表示每 100 名顾客会购买多少件商品。

③ 顾客满意度（CS）

指标的公式或定义	顾客购买企业提供的商品后所感受到的满意程度
从指标中可以得出	企业提供了多少令顾客满意的商品或服务。

解析

　　这个指标越高，在 KUCHIKOMI（译者注：口コミ，类似于国内的"大众点评"）上就越容易帮助店家获取更多的新客。

　　满意度是一个看不见也测不出的东西，它是与顾客心理和感觉相关的。在调查满意度时，一般会面向消费者采用问卷调查的形式，收集调查结果，并对数据进行整理和分析，计算出顾客满意度。

　　与顾客满意度类似的指标还有**顾客忠诚度**。另外，关于企业中雇员的满意度也有一个叫作**员工满意度（ES）**的指标。

④ 毛利率

指标的公式或定义	毛利率（%）$=\dfrac{销售额－生产成本（或采购成本）}{销售额}\times 100$
从指标中可以得出	商品的收益率，即商品卖出后获得的收益的占有比率。

解析

　　一种商品无论毛利率有多高，但如果卖不出去的话，总收益就不会有较大增长，因此会常用**交叉比率（毛利率×商品周转率）**。一个商品的交叉比率越高，它的获利效率就越高。

⑤ 单位面积销售额	
指标的公式或定义	单位面积销售额 = $\dfrac{\text{店铺销售额}}{\text{店铺面积(平方米)}}$
从指标中可以得出	店铺每平方米的销售额。这个指标是衡量店铺空间是否被有效利用的判断基准。

解析

这个指标用来判断和比较各家店铺的空间利用率。尤其是像便利店这种只有有限面积的店铺,如何有效利用店铺空间? 如何提高销售额? 这对运营商来说是非常重要的指标之一。

⑥ 员工单人销售额	
指标的公式或定义	员工单人销售额 = $\dfrac{\text{店铺销售额}}{\text{销售人员数量}}$
从指标中可以得出	店铺销售人员的工作效率。这个数值越高意味着销售人员创造的销售额越高,换句话说就是工作效率高。

解析

和前面⑤单位面积销售额一样,这个指标是在考虑店铺的面积、制定店铺人员计划时非常重要的指标之一。

⑦ 价格弹性	
指标的公式或定义	价格弹性 $= \dfrac{(Q_1-Q_0) \div [(Q_1+Q_0) \div 2]}{(P_1-P_0) \div [(P_1+P_0) \div 2]}$ Q_0——价格变动前的销售数量 Q_1——价格变动后的销售数量 P_0——变动前的价格　P_1——变动后的价格
从指标中可以得出	商品价格发生变化导致的销售数量的变化。它是调整商品售价的一个判断指标。

解析

一般来说，商品价格与销售数量的关系是：如果价格上升，销售数量就会下降，反过来，价格下降，销售数量就会增加。有关价格弹性，需知以下几点。

- 日用品的价格弹性低于1（**低弹性**）。
- 奢侈品的价格弹性高于1（**高弹性**）。
- 还有另一种方法来表示价格弹性，p 代表价格，q 代表销售数量

$$价格弹性 = -\dfrac{p}{q} \times \dfrac{\mathrm{d}q}{\mathrm{d}p}$$

（$\mathrm{d}p$，$\mathrm{d}q$ 代表 p，q 各自变化的量，$\mathrm{d}p = P_1 - P_0$，$\mathrm{d}q = Q_1 - Q_0$）

⑧ 商品损耗率	
指标的公式或定义	商品损耗率(%) $= \dfrac{商品损耗总额}{销售额} \times 100$
从指标中可以得出	无法销售（损耗）的商品的数量。

解析

这个指标越高，表明无法销售的商品就越多。这也是导致盈利恶化的直接原因。

导致商品损耗的原因有很多，主要有以下几种情况：

- **废弃损耗**。生鲜商品新鲜度下降（过期）或未跟上潮流导致的损耗。
- **不良品损耗**。其中有生产厂商的责任，但是也不排除店员或消费者因不良操作损坏商品的情况。
- **丢失损耗**。因盗窃带来的损耗，损失的是进货原价，因此是损耗情况中损失最大的一项。

⑨ 商品周转率

指标的公式或定义	商品周转率(次) = $\dfrac{店铺销售额}{库存金额}$
从指标中可以得出	商品的销路如何,即现有商品卖出了几次(进货几次)。

解析

如果这个指标较高,那么意味着库存低,采购和库存管理都严格执行。反过来,如果指标数值低,那么意味着并没有掌握畅销货,而且有太多无效库存。

提高商品周转率固然重要,但是周转率较高的商品很有可能会引起缺货的风险,从而影响销售,这一点必须注意。

⑩ 广告费占销率

指标的公式或定义	广告费占销率(%) = $\dfrac{广告费}{销售额} \times 100$
从指标中可以得出	在整体预算中投入了多少广告宣传费用。

解析

当你想了解广告宣传对商品销售情况产生的效果时,这个指标非常有用。

由于广告宣传提高了某商品在顾客群中的认知程度,因此可以期待能够有稳定的销路。因此,很多企业在商品投放市场时,会在广告宣传上投入大量资金,广告费占销率有增加的倾向。

2. 与人事劳务相关的指标

① 平均工作时间	
指标的公式或定义	平均工作时间＝$\dfrac{(一定时间内)全体员工的总工作时间}{员工总人数}$
从指标中可以得出	员工的平均工作时间、工作负荷、工作效率。

解析

　　众所周知，近几年有工作时间减少的倾向。为了控制每个员工的工作时间（以及工资），**工作分摊(Work sharing)** 引起了人们的注意。

　　所谓工作分摊(Work sharing)，就是将现有的岗位和工作内容分摊给多个人，减少各自的工作时间。

　　此外，**Work-life balance(工作和生活平衡)** 这种趋势在未来也会很倡导。

② 员工平均营业额	
指标的公式或定义	员工平均营业额＝$\dfrac{销售额}{员工数量}$
从指标中可以得出	员工平均贡献的销售额。可以知道企业员工的整体生产率。

解析

　　如果这个指标比同行业的其他公司高，就意味着本公司员工的工作生产率和工作效率都较高。

　　在企业中，除了正式员工，还有合同工、外派员工、兼职员工等非正式员工，在和其他公司作比较时也请注意这一点。

③ 正式员工占比率

指标的公式或定义	正式员工占比率 $= \dfrac{\text{正式员工人数}}{\text{员工总人数}} \times 100$
从指标中可以得出	在调整劳务费时,尤其是讨论削减劳务费支出、降低管理成本时,可供参考。

解析

在最近的雇佣环境中,正式员工比率降低,兼职等非正式员工的比率增加的倾向非常明显。

在这种背景下,可以看到企业的意图。他们会根据经营状况的变化迅速进行人员调整,控制劳务费用。

④ 员工平均年龄

指标的公式或定义	员工平均年龄 $= \dfrac{\text{员工年龄总和}}{\text{员工数量}}$
从指标中可以得出	可以看出企业的活力程度和员工的年龄层情况。

解析

平均年龄越年轻的企业,就会有更多机会让年轻人施展才能,企业也充满活力,但是会缺乏年轻且能够做出高瞻远瞩经营判断的人才。

因此,在雇佣人才和制定雇佣战略时也请考虑这个指标。

⑤ 员工平均工资

指标的公式或定义	员工平均工资 = $\dfrac{\text{工资总额}}{\text{员工总数}}$
从指标中可以得出	企业的薪资待遇水平、优势以及员工的满意度。

解析

　　这个指标既可以呈现平均每名员工一年的总收入,也可以呈现企业的薪资水平和员工的满意度。

　　这个指标越高,就越容易确保优秀人才不流失,并可以判断这是一个员工工作意愿很强的企业。

　　反过来,由于劳务费用等固定费用较高,有必要考虑一下合适的薪资水平。

⑥ 离职率

指标的公式或定义	离职率(%) = $\dfrac{(\text{一定时间内})\text{离职人员总数}}{\text{员工总数}} \times 100$
从指标中可以得出	根据离职人员的占比可以推测出员工的职场满意度,也可以看出企业的薪资待遇水平、优势及员工的满意度。

解析

　　通过这个指标可以掌握企业内离职人员的占比和国内人力市场流动变化的实态。

　　这个指标的数值较高时,则表明在招聘新人、培训、业务与人才配置的调整上很可能要花费过高的成本。

　　与离职率相对的是**入职率**,体现了一定时间内新入职员工的比率情况。

3. 与财务、投资相关的指标

① 安全界限率

指标的公式或定义	安全界限率(%) $=\dfrac{实际销售额-损益分歧点销售额}{实际销售额}\times 100$ $=100-损益分歧点比率(\%)$
从指标中可以得出	在不发生收益或损失状态下的销售额(损益分歧点销售额)比实际销售额要高了多少。

解析

指标越高,经营的稳定性越高。

损益分歧点销售额指的是边际收益(=销售额-变动费),是刚好可以收回固定费的销售额,而且是无收益无损失的平衡状态。

安全界限率越高表明经营就越稳定,所以损益分歧点销售额的理想状态是比较低一点的。

希望大家掌握以下几个公式:

- 损益分歧点销售额 $=\dfrac{固定费}{1-\dfrac{变动费}{销售额}}=\dfrac{固定费}{1-变动费率}$

  $=\dfrac{固定费}{边际利润率}$

- 边际利润=固定费+利润=销售额-变动费

- 边际利润率 $=1-变动费率=1-\dfrac{变动费}{销售额}$

- 损益分歧点比率(%) $=\dfrac{损益分歧点销售额}{实际销售额}\times 100$

- 安全界限率+损益分歧点比率=100

② 净现值（NPV）

指标的公式或定义	NPV＝投资产生的现金流的现值 　　　－初期投资额的现值
从指标中可以得出	投资项目或保有资产的现值。在衡量是否采用新的投资方案或决定投资优先顺序时可以用到这个指标。

解析

　　如果投资带来的现金流的现值要比初期投资额更高，那么就可以判断这个投资方案是合理的。换句话说，如果 NPV（Net Present Value）≥0 则方案可行，如果 NPV＜0 则方案不可行。这就是 **NPV 法**。

　　如果有多个投资项目，例如现在有 3 个投资项目，那么也可以通过分析 NPV，按 NPV 从大到小的顺序来安排投资计划。

　　此外，NPV 法也被称作 **DCF 法（现金流量贴现法，Discounted Cash Flow Method）**。

③ 自有资本比率

指标的公式或定义	自有资本比率(%)＝$\dfrac{\text{自有资本（股东资本）}}{\text{资产总额}}\times 100$
从指标中可以得出	企业财务的稳定性（安全性）。

解析

　　自有资本比率可以通过财务报表（资产负债表）算出。

　　自有资本比率较高的企业的优势：在收益上比较有利；经营环境和经营方针也较为安定；应对外部环境剧变的免疫性较高。

　　自有资本也叫作股东资本，所以自有资本比率也叫**股东权益比率**。

④ ROA 与 ROE

指标的公式或定义	总资产收益率： $$\text{ROA}(\%) = \frac{\text{当期利润(税后利润)}}{\text{总资产}} \times 100$$ 净资本收益率： $$\text{ROE}(\%) = \frac{\text{当期利润(税后利润)}}{\text{自有资本(股东权益)}} \times 100$$
从指标中可以得出	企业的综合性收益。

解析

ROA(总资产收益率, Return On Assets) 是用当期税后收益除以资产总额得出的数值,用来评估公司总资产的盈利能力。

ROE(净资产收益率, Return on Equity) 是用当期税后收益除以自有资本(股东权益)得出的数值,用来评估股东投资的收益情况,是投资专家做投资判断时的指标。

在日本,股东在重视经营的同时,也开始重视 ROE 的重要性了。

⑤ 毛收益率与销售收益率

指标的公式或定义	$$\text{毛利润率}(\%) = \frac{\text{总利润(毛利润)}}{\text{销售额}} \times 100$$ $$\text{销售利润率}(\%) = \frac{\text{销售利润}}{\text{销售额}} \times 100$$
从指标中可以得出	与 ROE 和 ROA 相同,可以看出企业的收益。这个指标体现了一定销售额产生的收益。

解析

"毛收益率"体现了销售额的收益能力,"销售收益"体现了销售活动贡献的收益,一般来说这两个指标越高越好。

⑥ PER 与 PBR

指标的公式或定义	市盈率：$PER(倍) = \dfrac{股价}{EPS(每股收益)}$ 市净率：$PBR(倍) = \dfrac{股价}{BPS(每股净资产)}$
从指标中可以得出	投资家在购买股票时要用到的判断资料。

解析

PER(市盈率，Price Earnings Ratio)等于股票价格除以每股的收益。PBR(市净率，Price Book-value Ratio)等于股票价格除以每股净资产。

PER 和 PBR 类似，可以作为判断股价高低的一般性数据，还可以与同行业其他公司比较并判断股价高低。此外，还可以作为今后收益预测或成长性的判断基准。

⑦ 股息率

指标的公式或定义	股息率$(\%) = \dfrac{(每股)分红金额}{股价} \times 100$
从指标中可以得出	股东可以看出分红金额的高低。

解析

对于股东来说，股息率越高，吸引力越大。

与股息率类似的指标还有"分红率"。

$$分红率(\%) = \dfrac{(每股)分红}{(每股)利润} \times 100$$

如果股息率和分红率都较低，那么就容易被认为是不够重视股东。但是，如果数值过高，就表明公司外流的资金过多，今后的发展就没有充足的资金，所以必须要对这个指标做出合适合理的调整。

⑧ 平均股价	
指标的公式或定义	表示股价动向的指标。具有代表性的是日经平均股价与东证股价指数（TOPIX）。
从指标中可以得出	日本经济的景气动向或企业的经营与财务动向。

解析

◎ **日经平均股价**

从东京证券交易所上市的股票中选出 225 家最具代表性的股票的平均价格。

虽然是 225 家的平均价格，但是会根据必要做出调整。在发生合并或退市时会调整股票价格，以保证前后的连续性。

◎ **东证股价指数（TOPIX）**

以在东京证券交易所市场一部分上市的所有日本企业为对象的市价总额型股价指数。

在股价指标的历史上，日经平均股价的历史更长，但是由于它的样本数量过少，曾经发生过股价偏离市场整体水平的事件。

相对于日经平均指数，TOPIX 的构成股相对更全面，能够更加准确地反映出日本股票市场的动向。

4. 与外部经济环境相关的指标

① 国内生产总值（GDP）	
指标的公式或定义	一个国家一年内生产出的财产或服务的总额（国内总生产）
从指标中可以得出	国内的经济活动水平。GDP 的增长率就是经济的增长率。

解析

以前用国民生产总值（GNP）来表示经济增长情况，但是现在多用 GDP。

GDP 包含了在本国境内外国人的生产，不包含本国人在国外创造的价值。

下面两个指标非常重要：

◎ **人均 GDP**

用 GDP 总额除以总人口得出的数值。表现国内消费者的消费意愿与消费能力。

◎ **GDP 平减指数（通货膨胀率）**

$$\text{GDP 平减指数} = \frac{\text{名义 GDP}}{\text{实际 GDP}} \times 100$$

考虑了通货膨胀率的 GDP 叫作**实际 GDP**，不包含通货膨胀率的叫作**名义 GDP**。

例如，名义 GDP 为 120 兆日元，当通货膨胀率为 10% 时，实际 GDP 会较低，即 120 兆日元÷1.1＝109.9 兆日元。

② 消费者物价指数（CPI）	
指标的公式或定义	反映消费者购买商品的零售价格（物价）变动的指标。
从指标中可以得出	衡量经济景气动向，反映通货膨胀或通货紧缩的指标。

解析

在消费者购买的商品或服务中挑选出约600个品类作为物价变动的代表，根据物价的变动，了解购买这类商品或服务的费用发生了怎样的变化，进而设定一个数值为100的基准年平均基数。

基准年平均数和其他指数相同，会在公元年份末尾为0和5的年份，也就是每5年调整一次。

③ 企业商品交易价格指数（CGPI）	
指标的公式或定义	反映企业间批发商品的交易价格变动的指标。
从指标中可以得出	和②CPI同样，是衡量经济景气动向，反映通货膨胀或通货紧缩的指标。

解析

其前身是"批发物价指数"，与消费者物价指数类似，都是具有代表性的物价指数。

④ 失业率

指标的公式或定义	失业率(%) = $\dfrac{\text{失业者}}{\text{劳动力人口}} \times 100$
从指标中可以得出	失业者在劳动力人口中的占比。用于推测目前的经济景气情况、雇佣情况以及个人消费。

解析

所谓失业者，就是拥有工作的能力和意向，而且本人正在求职中，但是并未获得就业机会的人群。

关系如下：

$$15\text{ 岁以上人口}\begin{cases}\text{劳动力人口}\begin{cases}\text{就业者}\\\text{失业者}\end{cases}\\\text{非劳动力人口}\end{cases}$$

下面两个指标也很重要。

$$\text{劳动力参与率}(\%) = \frac{\text{劳动力人口}}{15\text{ 岁以上人口}} \times 100$$

$$\text{有效求人倍率} = \frac{\text{劳动力市场需求人数}}{\text{求职人数}}$$

如果有效求人倍率高于 1，那么就意味着劳动力市场需求人数大于求职人数，对于求职者来说，可以有更大选择的空间，也就是**卖方市场**。

"决策结构"盈亏表

不能稀里糊涂地或者凭借直觉和经验做决策,而是要仔细地评估各种做法会带来的好处及需要付出的成本。

举个例子,Y公司为了促进无纸化,正在讨论导入办公软件。根据不同的订单规模,在筛选供应商的时候,通常的做法是看看各家供应商的报价。目前有3家供应商,他们的报价情况如表3-1所示。

表 3-1

	报价金额
A公司	1 250 万日元
B公司	1 500 万日元
C公司	1 100 万日元

由于Y公司急着导入新软件,可能也会衡量供应商的交货期和诚信度,但是这次优先考虑报价低的公司,所以毫不犹豫地选择了C公司。

还有另外一个案例。N 先生目前只在银行办理过定期存款,他正在考虑退休后如何好好地打理自己的资产。N 先生在考虑 1 年后是买股票呢,还是买债券呢?选择的依据是 1 年后的预期回报率,换句话说,衡量的指标就是投了这些钱进去,能赚回来多少。

这个指标和刚才的报价金额是不一样的,回报率受企业收益甚至世界经济形势的影响,比较复杂。N 先生认为自己做不出明智的判断,于是委托投资咨询公司来帮他调查。调查结果是,在未来有可能发生的 3 种情况下,回报率如表3-2所示。

表 3-2

	经济上行	经济持平	经济下行
股票	4%	3%	2%
债券	4%	5%	4%
外汇投资	5%	3%	2%

也就是说,在经济上行、经济持平、经济下行 3 种情况下,预期回报率是不一样的。

如果能够确定 1 年后经济上行,那么参照上表,就应该选择回报率最高的外汇投资;如果经济下行,就选择债券。但是,1 年后经济究竟是上行、持平还是下行呢?谁都不敢保证,就算知道,也不清楚它们的概率分布。

让我们再来看一下表 3-1 和表 3-2 吧。这张表是做决策时必备的一张非常重要的表,叫作**"盈亏表"**(payoff table)。Payoff 是对收益和成本的评估,表的内容如果记录了收益之类的数据,那就是**收益表**,如果记录了成本等损失的数据,就是**负债表**。盈亏表是做

决策分析时的框架基础。

接下来我们把盈亏表简化一下,即表 3-3。现在,我们把 m 种行动方案的选项($D_1 \sim D_m$)和未来可能会发生的 n 种情况($S_1 \sim S_n$)相对起来,把收益或成本填进去,做成表 3-3。

表 3-3

		将来可能会出现的情况				
		S_1	S_2	S_3	...	S_n
可以选择的做法	D_1					
	D_2					
	D_3					
	⋮	⋮	⋮	⋮	⋮	⋮
	D_m					

在这里,将来可能出现的 n 种情况($S_1 \sim S_n$),如果知道有一个是必然要发生的,那么就会变成表 3-1 的形式,这就是**确定性高时的决策**。

但是,将来发生的情况可能不止一种,这在残酷的商业环境中非常正常且相当常见。像这样,能够料到有多个情况发生时的概率分布(客观或主观)的时候,就叫作**存在风险时的决策**。此外,当完全不知道概率分布的情况时,叫作**不确定时的决策**。

从下一节开始,我们参照盈亏表来简要学习一下这 3 种情况下如何做决策,或者说选择行动代替方案的基本技巧。

确定性高时的决策

在表 3-3 中,在已简化的盈亏表中,在未来有可能会发生的 n 种情况($S_1 \sim S_n$)当中只有 1 种情况确定会发生,这种时候的决策就叫作**确定性高时的决策**。与它相对应的是表 3-4 这张盈亏表,表中只有 1 列内容。

表 3-4

		将来可能会出现的情况
可以选择的做法	D_1	
	D_2	
	D_3	
	⋮	⋮
	D_m	

将来可能会出现的情况只有一种!

像这样在确定性比较高时的决策,在表3-1中也有提及,比较报价时可根据实际数字,一目了然,所以就选择了最低的报价,比较轻松简单地做出了选择。

例如,有70%的概率是100万日元,30%的概率是70万日元,一般来说供应商不会提出这样的报价来,报价一定是一个确切的数字。

在确切情况下的决策常用在损益分歧点分析或现净值分析等经济分析中,具体的方法会在第72页之后讲到。

另外,在第4章的案例分析(第118页)中,在兼职员工的面试环节,要从多名应聘者中选出最合适的,需要用到打分表,但是这也属于确定性高时决策的范畴。

存在风险时的决策

在表 3-3 简化的盈亏表中,当你知道未来有可能会发生的 n 种情况($S_1 \sim S_n$)的概率分布时,这种时候的决策就叫作**存在风险时的决策**。

确定性高时,100%确定的情况有 1 种,换句话说就是盈亏表中只有 1 列内容,但是当存在风险时,就像表 3-5 所示,对于有可能发生的情况用一定的概率(**发生概率**)来表示。

表 3-5

	将来可能会出现的 n 种情况 (S)				
	S_1	S_2	S_3	…	S_n
	(0.1)	(0.2)	(0.3)	…	(0.1)
可以选择的做法 D_1					
D_2					
D_3					
⋮	⋮	⋮	⋮	⋮	⋮
D_m					

可以知道概率分布(**发生概率**)!

在表 3-5 中,将来有可能发生的情况 S_1 的概率是 0.1,也就是 10%,这叫作概率分布。举个例子,凭借经验可以判断工厂里系统故障的概率,明天的天气预报也给出了客观的天气概率,这都叫作**客观风险**。

当找不到客观概率时,只好设定主观概率,这种叫作**主观风险**。

虽然叫作主观,但并不是随心所欲,而是在一定程度上参考了经验和实绩的。但是无论是客观还是主观,在将来可能发生的情况的概率分布已经设定好的情况下,就叫作存在风险时的决策。

存在风险时的决策和发生概率与盈亏表的数值(收益和成本)信息可以结合使用,具体方法会在第 93 页之后讲到。

不确定时的决策

在表 3-3 简化的盈亏表中,当你知道未来有可能会发生的 n 种情况($S_1 \sim S_n$)的概率分布时,无论是主观还是客观都找不到发生概率的时候,也就是完全用不上概率的时候,这种情况下的决策就叫作**不确定时的决策**。

这时,盈亏表如表 3-6 所示,完全没有包含概率的信息。

表 3-6

可以选择的做法	将来可能会出现的情况 S				
	S_1	S_2	S_3	⋯	S_n
	?	?	?	⋯	?
D_1					
D_2					
D_3					
⋮	⋮	⋮	⋮	⋮	⋮
D_m					

完全不知道概率分布(**发生概率**)!

因为完全无法预料未来会发生什么,所以,不得不放弃使用概率分布的数值来做决策。

换句话说,就是单纯依靠盈亏表中的收益和成本信息来进行决策。具体方法我会在第 104 页之后说明。

现在我们一起来看一下 3 种决策。

① 确定性高时的决策
② 存在风险时的决策
③ 不确定时的决策

总体来看,根据对未来发生情况的信息掌握的完整性和不完整性,可以把信息做成图 3-2 的形式。

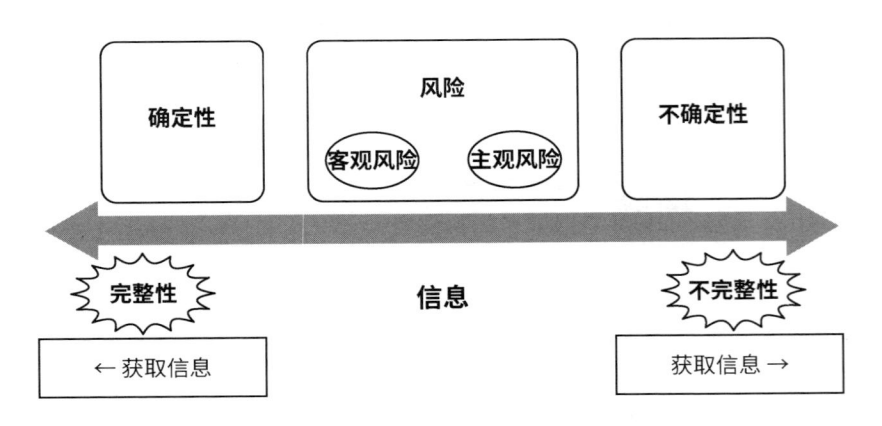

图 3-2

信息量或正确性越接近"完整",那么就属于①确定性高时的决策;越不完整,就属于③不确定时的决策。②是介于①和③之间存在风险时的决策。

从下一节开始,我会把这 3 种决策的具体方法(工具)介绍给大家。

决策工具1 分析损益分歧点
【主要用于确定性较高时做决策】

在确定性较高时，**分析损益分歧点**的思考方法和技巧非常重要，大家一定要理解这一点。

首先，让我们认识一下损益分歧点的概念。听起来有点难，但内容其实很简单。下面的关系（1）在商业中太常见了，所以我们就不细说了。大前提是，企业如何提高销售额（投资回报），控制费用（成本），大幅提高收益。

$$利润＝销售额－费用 \quad ➡ \quad (1)$$

损益分歧点上的收益为0，也就是说，销售额＝费用，也就是说支出和收益是相抵的状态。每个企业都希望销售额高于损益分歧点，获得高的经济收益。

现在我们来考虑一下费用。各位要知道，费用由固定费和变动费构成。换句话说就是，

$$费用＝固定费＋变动费 \quad ➡ \quad (2)$$

固定费与销售额或作业量的增减没有关系,它是固定发生的费用。比如劳务费(正式员工)或折旧费就属于固定费。但是,变动费是随着销售额或作业量的不同而按比例增减的费用,例如直接材料费、劳务费(兼职员工)。前者是无论生产作业与否都会固定发生的费用,后者是只有进行了生产作业才会产生的费用。

分析损益分歧点,在决定如何提高收益时非常有用。

那么,就从(1)和(2)的关系中,计算一下损益分歧点销售额吧。

利润＝销售额－费用＝销售额－(固定费＋变动费)　➡　(3)

损益分歧点上收益＝0,也就是(3)的时候,

销售额－固定费－变动费＝0　➡　(4)

$$销售额 - 固定费 - \left(销售额 \times \frac{变动费}{销售额}\right) = 0$$

在这里,如果 $\dfrac{变动费}{销售额}$ ＝变动费率,那么

销售额(1－变动费率)＝固定费

也就是说,损益分歧点上的销售额(＝损益分歧点销售额)是

$$损益分歧点销售额 = \frac{固定费}{1-变动费率} \quad ➡ \quad (5)$$

(5)是非常重要的公式,大家要记牢。

从(1)和(2)的公式可以推导出(4),我想用图来说明一下。

首先是费用,用图表示出固定费和变动费,如图 3-3 所示。

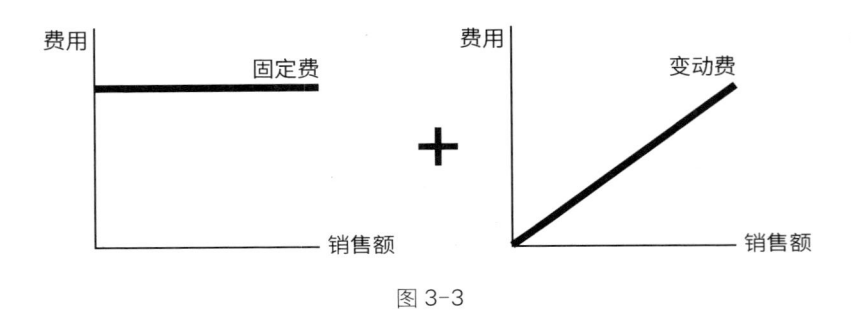

图 3-3

由固定费和变动费组成的总费用用折线图来表示,就是图 3-4。

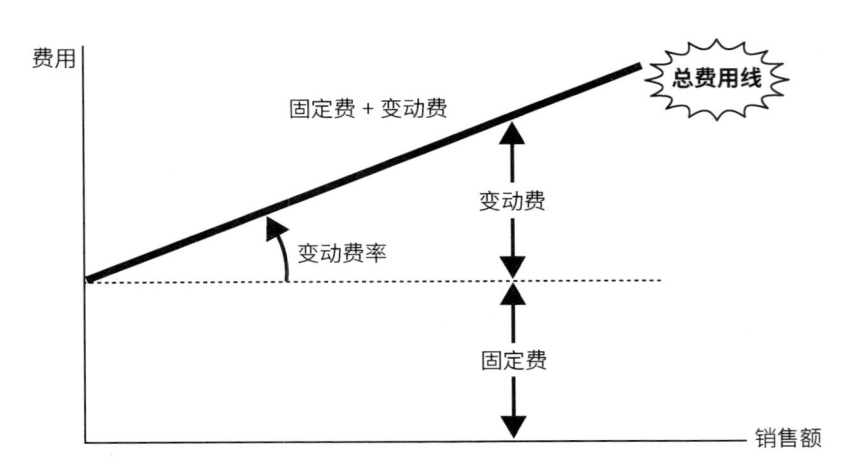

图 3-4

运用定量分析做决策的基本方法

损益分歧点可以从图 3-5 上看，总费用线和销售额线相交的点，就是没有收益也没有损失的状态。高于这个点，就表示销售额增加，会带来收益。

如果没有达到损益分歧点，那么企业就要为获得收益再加把劲了。

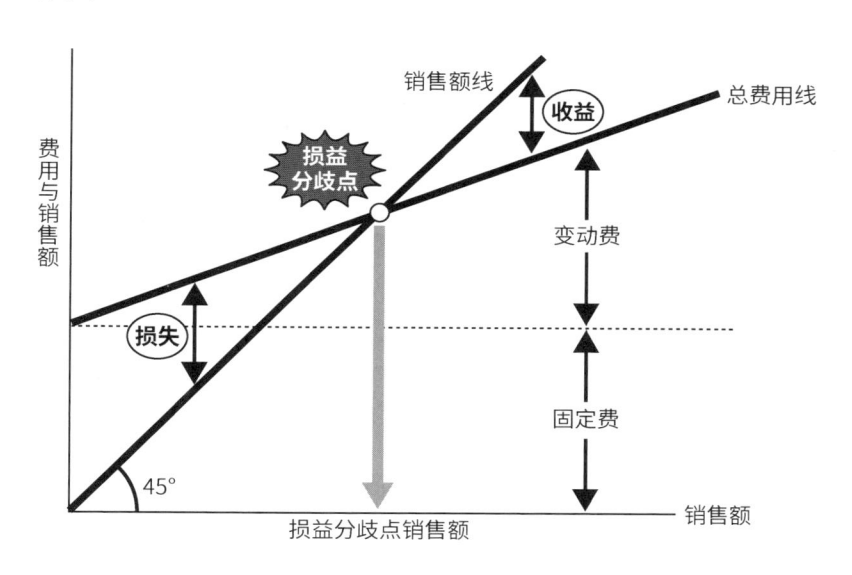

图 3-5

图 3-5 中，销售额线倾斜 45°是因为横轴销售额与纵轴销售额相同，变动率（倾斜度）＝1，也就是 45°。

如果**损益分歧点的销售额较低，那么这家企业就拥有即使销售额不高也可以获得收益的体质**。那么要怎样做才能降低损益分歧点的销售额呢？我们来看一下公式（5）。

有以下两种方法。

① 降低（分子）固定费

也就是说，减少正式员工的数量从而降低劳务费用。具体的做法是，对于临时员工、兼职员工、派遣员工，实行更加有弹性的雇佣制度，甚至可以采用外包的做法。看了图 3-6 应该就容易理解了。

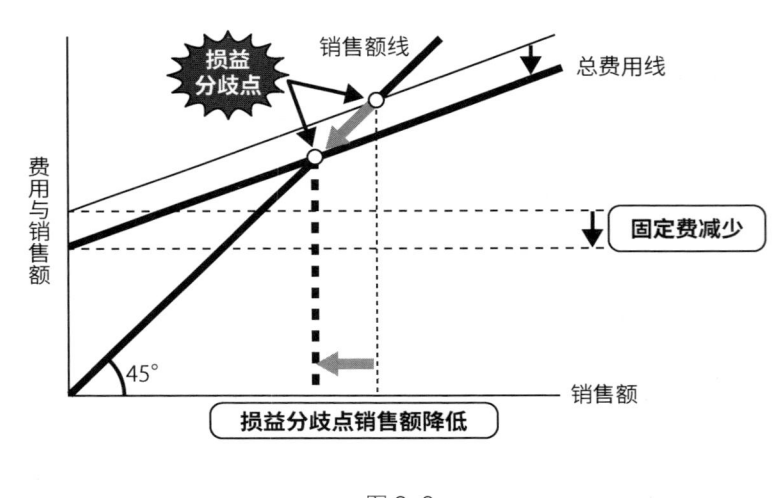

图 3-6

② 减少（分母）变动费率$\left(=\dfrac{变动费}{销售额}\right)$

结果就是分母变大，损益分歧点销售额降低。具体做法有削减材料费、物流费等，可以通过图 3-7 辅助理解。

最后，我再说明一下**边际收益**这个概念。

边际收益由销售额减去变动费得出，也就是

$$\text{边际利润} = \text{销售额} - \text{变动费} = \text{固定费} + \text{利润} \quad \Rightarrow \quad (6)$$

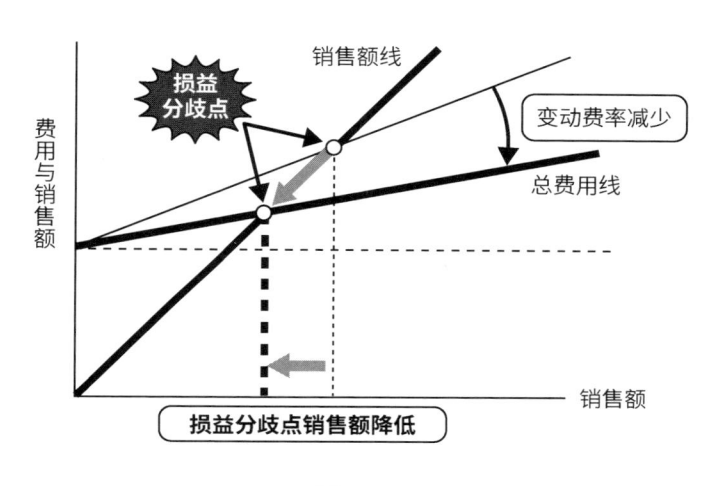

图 3-7

由于损益分歧点上的收益＝0，因此从公式（6）可以推导出

损益分歧点销售额－损益分歧点销售额×变动费率＝固定费

损益分歧点销售额×边际利润率＝固定费

$$\left(※边际利润率＝\frac{边际利润}{销售额}＝1－变动费率\right)$$

于是，公式（5）就可以表示为下列公式。

$$损益分歧点销售额＝\frac{固定费}{边际利润率} \quad \rightarrow \quad (7)$$

通过导入边际收益，可以用图 3-8 表示图 3-5 的内容。

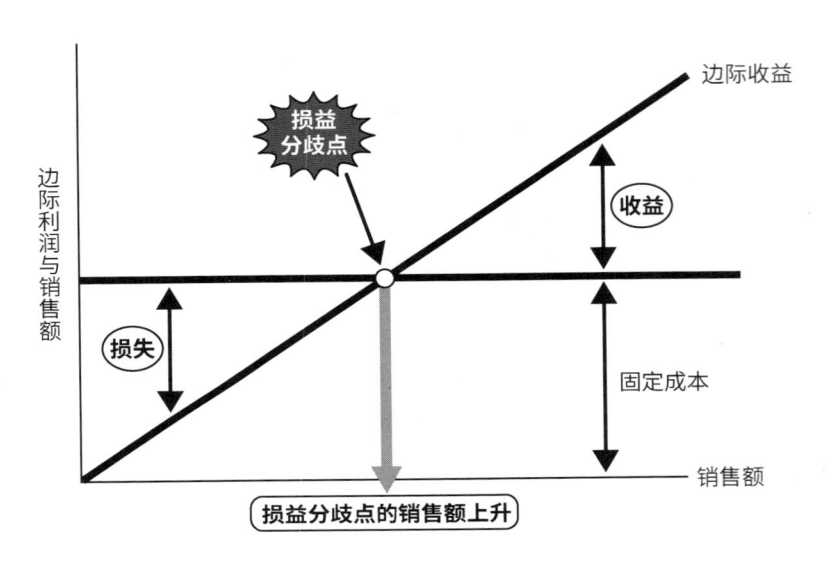

图 3-8

图 3-8 中，损益分歧点是固定费和边际收益的交点，换言之，用边际收益回收固定费，金额足够支付固定费。

如果边际收益不是正值（PLUS），那么就不足以支付固定费，使用损益分歧点做决策的案例分析会在第 4 章中的案例 2（第 121 页）中进行说明。

决策工具 2
现金流与净现值
【主要用于确定性较高时做决策】

在确定性高的基础上进行决策,可以把资金资产换算成"现在"的价值,尤其是在做投资决策时,非常重要。

希望大家能够理解资金资产的时间价值。例如,现在的 100 万日元和 1 年后的 100 万日元,哪个价值更高呢?最近,虽然利率偏低,但是在银行里存 100 万日元,利率 3%,一年后就可以得到 103 万日元。

也就是说,现在的 100 万日元在 1 年后的价值等同于 103 万日元,比 1 年后的 100 万日元价值要高一些。同样是 100 万日元,在不同的时间,对它的价值评判也不同。另外,1 年后的 103 万日元,除以利率 3%,即 103 万日元 ÷ (1+0.03) = 100 万日元,就能得出现在的价值。

像这样,可以用图 3-9 来表示资金的现值与数年后的将来价值的关系。

也就是说,当利率为 3% 的时候,

- 如果现值为 100 万日元,那么 5 年后的未来价值是

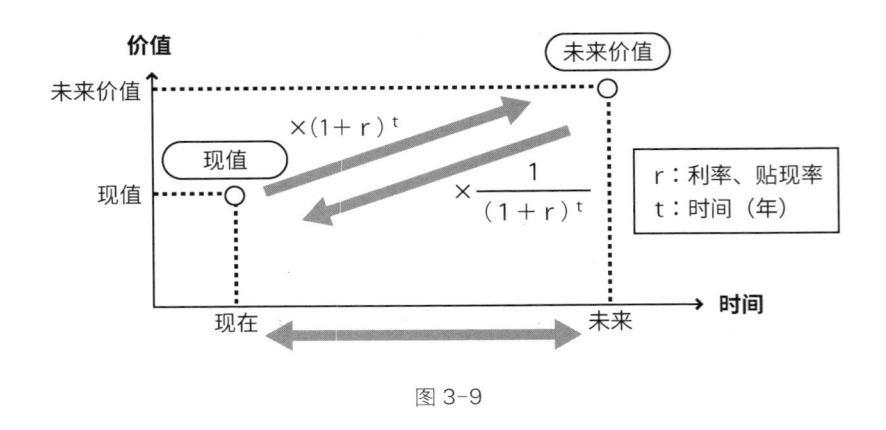

```
         价值
                                      ┌──────┐
未来价值 ┈┈┈┈┈┈┈┈┈┈┈┈┈┈┈┈┈┈┈┈○│未来价值│
                ×(1+r)ᵗ            └──────┘
         ┌────┐ ━━━━━━━━━━➤
         │ 现值│           1         ┌─────────────┐
   现值 ┈┈○┈┈┈ ◀━━━━━━━━━ × ─────    │r：利率、贴现率│
                          (1+r)ᵗ    │t：时间（年）  │
                                     └─────────────┘
         ┊                         ┊
         ┊                         ┊           时间
         ━━━━━━━━━━━━━━━━━━━━━━━━━━━━━━━━━━━━━━━━━━➤
         现在                      未来
```

图 3-9

$$100 \times (1+0.03)^5 \approx 115 \text{ 万 } 9\,000 \text{ 日元}$$

● **5 年后 100 万日元的未来价值,换算成现值就是**

$$\frac{100}{(1+0.03)^5} \approx 86 \text{ 万 } 3\,000 \text{ 日元}$$

希望大家理解,**现值和未来价值是可以互相换算的**。

接下来说一下"**净现值**"的概念。

净现值,英文叫 Net Present Value,简称 NPV。如果 1 年后、2 年后、3 年后的现金流分别是 20 万日元、30 万日元、50 万日元,贴现率为 10%,那么,净现值分别是：

● **1 年后 20 万日元现金流** ➡ 现值是 $\frac{20}{1+0.1}$ 万日元 ≈ 18 万 1 800 日元

- 2年后30万日元现金流 ➡ 现值是 $\frac{30}{(1+0.1)^2}$ 万日元 ≈ 24万7 900日元

- 3年后50万日元现金流 ➡ 现值是 $\frac{50}{(1+0.1)^3}$ 万日元 ≈ 37万5 700日元

把3个现值加起来，得出未来3年的净现值

$$181\ 800 + 247\ 900 + 375\ 700 = 80\ 万\ 5\ 400\ 日元$$

可以用图3-10来表示。

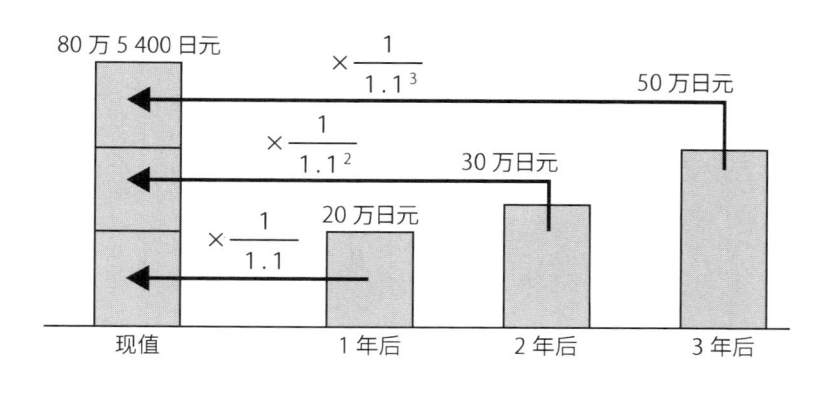

图 3-10

现在介绍下面的例子，可能计算起来有点复杂。

如果初期投资额是180亿日元，期待1年后、2年后……10年后每年能固定有20亿日元的回报。如果贴现率是3%，那么现金的收入和支出情况可以用图3-11来表示。

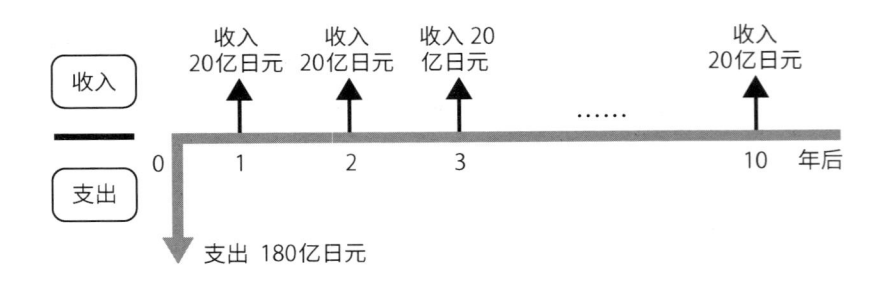

图 3-11

用表 3-7 来表示净现值的计算。

表 3-7

	现金流	收入与支出	现值
0 年后	180 亿日元（初期投资）	支出	180 亿日元
1 年后	20 亿日元	收入	$\dfrac{20}{1+0.03}$ 亿日元
2 年后	20 亿日元	收入	$\dfrac{20}{(1+0.03)^2}$ 亿日元
3 年后	20 亿日元	收入	$\dfrac{20}{(1+0.03)^3}$ 亿日元
⋮	⋮	收入	⋮
10 年后	20 亿日元	收入	$\dfrac{20}{(1+0.03)^{10}}$ 亿日元

运用定量分析做决策的基本方法

　　初期投资额因属于支出部分,所以是负值,但是之后会持续得到正值的投资回报现金流。最终的净现值,加上现值,

$$\frac{20}{1+0.03}+\frac{20}{(1+0.03)^2}+\frac{20}{(1+0.03)^3}+\cdots+\frac{20}{(1+0.03)^{10}}-180$$

$$=\frac{20}{1.03}+\frac{20}{1.03^2}+\frac{20}{1.03^3}+\cdots+\frac{20}{1.03^{10}}-180$$

$$=20\left(\frac{1}{1.03}+\frac{1}{1.03^2}+\frac{1}{1.03^3}+\cdots+\frac{1}{1.03^{10}}\right)-180 \quad \Rightarrow \quad (1)$$

在这里,括号内(　)是

$$\frac{1}{1.03}+\frac{1}{1.03^2}+\frac{1}{1.03^3}+\cdots+\frac{1}{1.03^{10}}$$

将在 10 项相加,也可以用 Excel 的函数(第 472 页)。

　　乍一看可能会有点疑惑。也许是计算本身有点复杂,但是这个程度的计算请一定要理解。

　　当然,也可以使用计算器逐一算出 $\frac{1}{1.03}$,$\frac{1}{1.03^2}$ 每项的值,最后把 10 项加起来。此外,还可以用 Excel 函数计算。

　　在这里,我来介绍一个简洁的数学公式。只要理解了它们,就能在多种情况下应用。并不是什么难的东西,也可以借助计算器进行运算。

　　现在,用 r 表示贴现率(前面的例子中是 0.03),用 t 表示项数(相当于 10 年),公式如下

$$\frac{1}{1+r}+\frac{1}{(1+r)^2}+\frac{1}{(1+r)^3}+\cdots+\frac{1}{(1+r)^t}$$
$$=\frac{1}{r}\times\left(1-\frac{1}{(1+r)^t}\right) \Rightarrow (2)$$

现在,将 $r=0.03, t=10$,带入公式(2)计算

$$\frac{1}{1.03}+\frac{1}{1.03^2}+\frac{1}{1.03^3}+\cdots+\frac{1}{1.03^{10}}$$
$$=\frac{1}{0.03}\times\left(1-\frac{1}{1.03^{10}}\right) \Rightarrow (3)$$

用计算器计算出 $1.03^{10}\approx1.344$,
最终,算式(3)会变成

$$=\frac{1}{0.03}\times\left(1-\frac{1}{1.344}\right)=8.53$$

换句话说,现在求出来的净现值是,回到算式(1),

$$20\times8.53-180\approx171-180=-9\text{ 亿日元} <0$$

可以这样计算出来。

计算出的净现值是负值。也许是计算失误了。

但是,计算并没有错误。这就是站在现在的基点上计算出的10年后到手的现金流,总体来说是负值,这可能无法填补初期投资

额的坑。

像这种情况,在投资中并不奇怪。也就说是,可以判断出哪些项目不值得投资。反过来,如果净现值是正值,那么就应该投资。**这就是根据净现值(NPV)法做出的决策。**

作为参考来说,在算式(2)中,t 有 10 年,是不是有点太长了呢?

例如,有个不说永远但也长达几百年的投资项目,可以用以下方式计算。

$$\frac{1}{1+r}+\frac{1}{(1+r)^2}+\frac{1}{(1+r)^3}+\cdots=\frac{1}{r} \quad \blacktriangleright \quad (4)$$

将(4)代入(1),

$$20\div 0.03-180\approx 667-180=487 \text{ 亿日元} > 0$$

此时的净现值是正值。

如果是半永久的现金流回报,那么净现值必然会转化为正值。

最后,我们来了解一下贴现率吧。

在前面的计算中,我们设定贴现率为 3%,但是在实际情况中,根据未来现金流的风险,具体贴现率应当由企业的决策者来决定。

如果判断未来风险较大,那么就可以通过设定稍高的贴现率,从而抑制现金流的现值。

决策工具 3
机会成本与沉没成本
【主要用于确定性较高时做决策】

费用（成本）是伴随生产和交易等经济活动而支出的金钱，还有一种是我们为了达成目的，在选择合理的行动时所做出的"牺牲"。

在做决策时，如果没能充分考虑**机会成本**和**沉没成本**，可能会做出错误判断。接下来我们就来看看什么是机会成本和沉没成本。

机会成本，如图 3-12 所示，例如有 3 个选项（A，B，C），在其中只能选 1 个的时候选择了 A，那么就失去了选择 B 或 C 后得到回报的机会了。这个失去的机会（回报）就叫作机会成本。

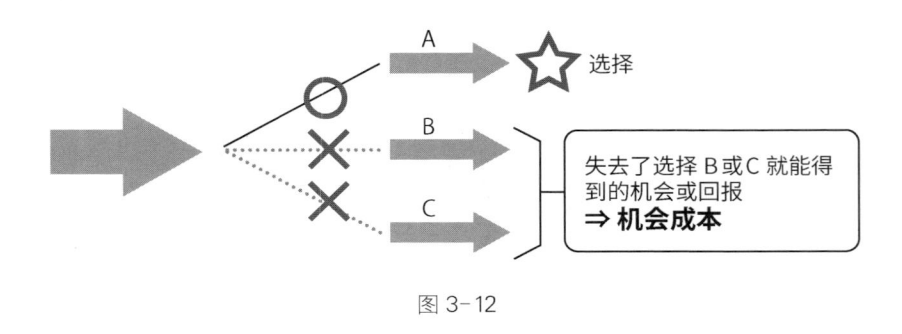

图 3-12

首先，我们来看一个关于**机会成本**的案例。在公司上班的 N

先生,为了考取某个证书,决定在接下来的半年里每个周末都去备考学校里学习。半年似乎比较长,但是考虑到自己的未来,N 先生还是和家人谈了谈,获得了他们的理解。

N 先生已经向学校交纳了 30 万日元的学费,但他支付的实际费用真的只有向学校支付的 30 万日元吗? 当然不止,上学还会产生交通费,但幸运的是在公司上班购买的定期票可以省掉一部分交通费。

仔细思考了一下,N 先生去学校学习的半年里,会导致他失去好几样东西,例如以下几项。

① 平日里因为工作堆积的疲劳,在周末想让身体和精神都有时间放松一下,但是这个机会没有了。

② 虽然家人表示理解,但是他失去了在周末和家人一起去看电影或去游乐园等为家庭付出的时间。假设 N 先生单身,那么他就失去了在周末和女朋友约会的时间,很可能会让他延迟结婚。

③ 很有可能会失去打高尔夫或旅行之类的与公司同事拉近关系的机会。和公司同事间的交流,不仅是为了拉近彼此关系,而且是信息互通的重要途径,这个时间很重要。

④ 在这半年里,如果有演讲会或有人委托他执笔写书,那么他就不得不拒绝委托或者让对方推迟计划。

这样看来,在 N 先生为了考取证书选择在周末去学校学习的过程中可以找出好几个机会成本。**换句话说,N 先生支付的实际成本,并不只有已经付掉的 30 万日元学费。**

考虑到①—④的机会成本,应该可以做出最终的决策了。
一般来说,可以用下面的公式来分解机会成本。

机会成本＝直接支出的金钱成本＋间接支出的金钱成本

N 先生的情形是,直接支出的金钱成本是情况④,间接支出的是①②③。后者并不能用具体的金钱来衡量,会因个人主观认识存在差异。

再来看一看**沉没成本**,英文为 **Sunk Cost**。它是由以前的决定已经支付掉的成本,现在已经收不回来了。我们应该如何看待它呢?

到目前为止,由于决策 A 而产生了已支付的沉没成本。现在,在图 3-13 中,出现了比 A 更加有魅力的方案 B 和方案 C。如果把方案更换成 B 或方案 C,那么 A 产生的沉没成本就太浪费了。很可能就忍耐下去一直持续方案 A 吧。

沉没成本已经无法回收了,因此应当抱着积极的心态,忽略沉没成本,专心思考接下来的决策。

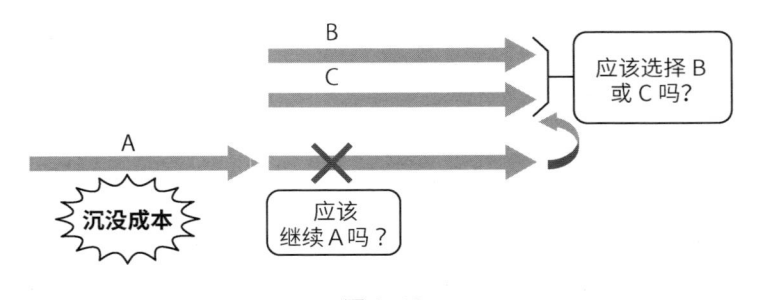

图 3-13

最近，在日本，"太浪费了"这句话被认为是美德的象征与体现。但是在商业世界里，要把它视为沉没成本，无情且迅速地舍弃。

我们再来看看 N 先生的情况。

N 先生已经交纳了 30 万日元的学费。在上了 1 个月的课之后，N 先生发现实际授课内容和他一开始想象的差距相当大。在交费的时候也同意了"已交纳费用恕不返还"的协议书，现在想要回学费，是不可能的了。

他非常后悔，如果当初能够慎重行事就好了，但是既然已经交了 30 万日元，今后还是忍耐着上课吧，努力考出资格证来。这个判断正确吗？

准确地说，是错误的。

对于已经支付的 30 万日元学费，它是沉没成本，应该直截了当地忽视它。也许能找到比 A 更有吸引力的 B 或 C 资格证书，因此**应当把沉没成本通通忘掉，只考虑未来的事情，做出最后的决策。**

企业在从已经开展的业务中退出的时候，如果错过了退出的最佳时机，就会导致企业承受巨大的损失。

已经投出去的钱既然变成了沉没成本，那么就不要再想它了。与其纠结过去，不如思考一下未来的路。例如把积压在库的产品降价出售，收回一些资金，或者与其他企业 M&A 合作尽早开发新产品等等。要向前看，找对策。

决策工具 4
追加收益（边际效率）
【主要用于确定性较高时做决策】

在制定人员计划时，要确定雇佣几个人，这时可以用到追加收益（边际效率）的方法。

举个例子，某补习班正在制作夏季集中补习的计划。在补习期间，应当聘用几名新讲师呢？他们希望至少1人最多3人。

究竟聘用几人最好呢？补习班老板正在发愁。好的情况下，聘用新人可以带来巨大收益，但是要付给讲师的劳务费会增加，那么聘用几人最合适呢？

首先，将过去讲师的招聘实际数据制成表 3-8。但是，夏季补习期间，要支付给每名讲师的平均劳务费就有 30 万日元。

表 3-8

	补习班的讲师人数	未减去劳务费时的收益
D_1 方案	1 人	95 万日元
D_2 方案	2 人	140 万日元
D_3 方案	3 人	160 万日元

如表 3-8 所示，未减去劳务费时的收益，指的是补习班从补习中获取的收益减去资料费、房屋租金等各种费用后的大致收益，暂时还未减去向讲师支付的劳务费用。

作为补习班老板，应当以什么标准在 3 个方案中做出选择呢？毫无疑问，一定是选择**净收益**最高的方案。

接下来计算一下各个方案的净收益。

◎ D_1 方案的净收益＝95 万日元－30 万日元×1 人＝65 万日元

◎ D_2 方案的净收益＝140 万日元－30 万日元×2 人＝80 万日元

◎ D_3 方案的净收益＝160 万日元－30 万日元×3 人＝70 万日元

由此可见，净收益最高的是 80 万日元的 D_2 方案，比起聘用 1 名或 3 名讲师，收益最高的是聘用 2 名。

用图 3-14 来表示这个结果并思考——如果多聘用 1 名讲师，那么来看一下"未减去劳务费时的收益"数值。

◎ 从 0 人增加至 1 人
  ➡ 95 万日元（－0）＝95 万日元
◎ 从 1 人增加至 2 人
  ➡ 140 万日元－95 万日元＝45 万日元
◎ 从 2 人增加至 3 人
  ➡ 160 万日元－140 万日元＝20 万日元

未减去劳务费时的收益：万日元

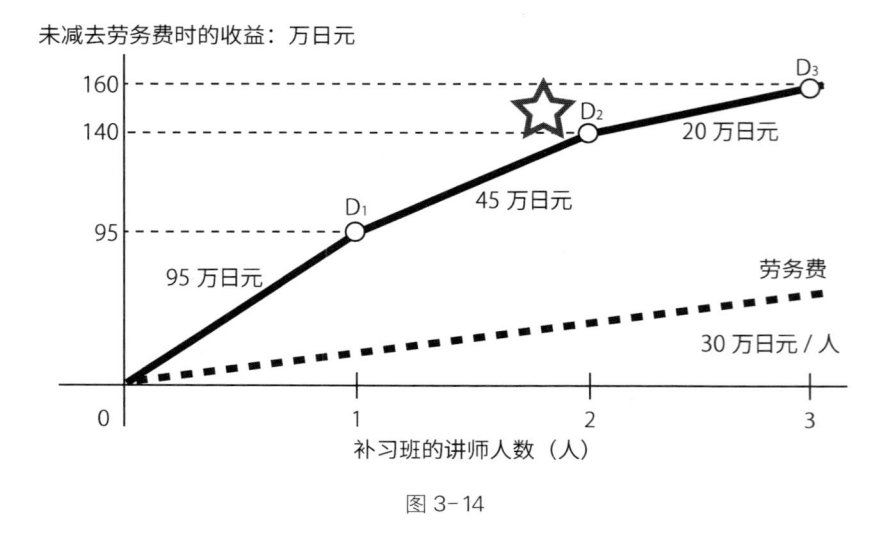

图 3-14

从原点出发，把表示各方案（$D_1 \sim D_3$）未减去劳务费时的收益点连接起来，折线的倾斜表示的各方案中每增加 1 名讲师时的**追加收益率**，也叫作**边际效率**。

这条折线的倾斜度，从比表示劳务费的虚线的倾斜度更大变到比虚线的倾斜度更小的状态，这就表明在画星星图标的那一点，也就是 D_2 方案处，出现了最大净收益。

像这样，可投入资源（这里是补习班讲师）的单位增长而带来的收益增加（边际效率）的方法叫作**追加收益法（边际效率法）**，常用于**从多个方案中选出一个的情况**。

在前面提到过制定人员计划或在开店计划中选择店铺面积的问题，追加收益法（边际效率法）也可以应用于此。

决策工具 5
期望值定理
【主要用于存在风险时做决策】

接下来说一说,在有风险的情况下做决策时用到的期望值定理法。

首先,先介绍一下**期望值**的概念。一般来说,**期望值是在未来有可能发生的情况下,收益(成本)与发生概率相乘的总和**。

$$S_1 \text{的}(\text{利润} \times \text{发生概率}) + S_2 \text{的}(\text{利润} \times \text{发生概率}) + \cdots$$

像这样来计算。

在这里,有 3 个行动方案($D_1 \sim D_3$),它们各自的情况($S_1 \sim S_3$)的盈亏表。

表 3-9 也是一个盈亏表,记录了投资回报收益情况,单位是万日元。如果表中数值是负数,那么就表示出现了亏损。

这时,可以得出在有风险的前提下有可能发生的 3 种情况的概率,例如,情况 S_1 的发生概率为 0.3,S_2 是 0.5,S_3 是 0.2。

表 3-9

可选方案	将来可能发生的情况	S_1	S_2	S_3
	发生概率	0.3	0.5	0.2
D_1		−10	100	30
D_2		30	50	10
D_3		90	40	5

3 种可能发生情况的概率总和为 1,请各位先确认好。

$$0.3+0.5+0.2=1 \ \blacktriangleright \ 没错!$$

这时,方案 D_1 的期望值可以这样计算

$$(-10)\times0.3+100\times0.5+30\times0.2=-3+50+6=53 \text{ 万日元}$$

同理,可以计算出方案 D_2 的期望值

$$30\times0.3+50\times0.5+10\times0.2=36 \text{ 万日元}$$

同理,可以计算出方案 D_3 的期望值

$$90\times0.3+40\times0.5+5\times0.2=48 \text{ 万日元}$$

从计算的结果可以看出,方案 D_1 的期望值是 53 万日元,是最

高的，所以应当选择 D_1。

像这样，**选择有望获得最高收益方案的定理叫作"期望值定理"**。

期望值定理是选出各方案中最大期待收益的简单易懂的定理。

我们来仔细看一下方案 D_1 在盈亏表中的数值吧。

最大值为 100，最小值为 -10，二者的差为 $100-(-10)=110$。

同样，计算方案 D_2 和 D_3 最大值和最小值的差，分别是 40 和 85。

方案 D_1 的收益浮动太大，不稳定。无论期望值有多高，没人会喜欢承担收益不稳定的风险。**收益的浮动可以用"方差"这一指标来表述**，方差越小越讨人喜欢，这个思考是非常全面且有效的。

这种不仅考虑期望值，而且把风险也考虑进去的决策原理就是期望值与方差定理。我们会在下一节详细叙述。

决策工具 6
期望值与方差定理
【主要用于存在风险时做决策】

在上一节已经讲述过,在存在风险的前提下做决策,可以运用期望值定理。**不仅用到了期望值,而且还涉及方差的定理,这就叫作"期望值与方差定理"**。首先,风险这个概念常常出现在商业分析中,希望各位能理解它的基本概念。

表 3-10

可选方案 \ 将来可能发生的情况 发生概率	S_1	S_2	S_3	
	0.3	0.5	0.2	
D_1	−10	100	30	←期望值 53 万日元
D_2	30	50	10	←期望值 36 万日元
D_3	90	40	5	←期望值 48 万日元

在盈亏表表 3-9 的基础上,根据期望值定理已经算出了各个方案($D_1 \sim D_3$)的期望值(平均),把结果用表 3-10 表示。这里不仅算出了期望值,还可以算出方差。方案 D_1 的期望值是 53 万日元,**实**

际值与期望值之差的平方的平均值叫作"方差"。方差的算术平方根叫作"标准差"。

下面让我们用具体的数值来讲解。

根据表 3-10 的数据,计算方案 D_1 的方差

$$(-10-53)^2 \times 0.3 + (100-53)^2 \times 0.5 + (30-53)^2 \times 0.2$$
$$= 1\,190.7 + 1\,104.5 + 105.8 = 2\,401$$
$$标准差 = \sqrt{2401} = 49$$

同理,计算方案 D_2 的方差,期望值为 36 万日元,

$$(30-36)^2 \times 0.3 + (50-36)^2 \times 0.5 + (10-36)^2 \times 0.2$$
$$= 10.8 + 98 + 135.2 = 244$$
$$标准差 = \sqrt{244} \approx 15.6$$

同理,计算方案 D_3 的方差,期望值为 48 万日元,

$$(90-48)^2 \times 0.3 + (40-48)^2 \times 0.5 + (5-48)^2 \times 0.2$$
$$= 529.2 + 32 + 369.8 = 931$$
$$标准差 = \sqrt{931} \approx 30.5$$

方案 D_1 的方差(以及标准差)是三个方案(D_1,D_2,D_3)中最大的。也就是说,方案 D_1 的收益浮动最大,收益性不稳定,风险较大。**期望值和方差定理不仅考虑了收益的期望值,还考虑了投资**

风险。

即使期望值再大,也没有人喜欢承担风险,因此有效的判断基准是,高期望值,低方差。

可以利用期望值与方差(还有标准差)组合起来的指标,例如,可以算出下面两种指标,并选择结果更大的一种。

指标①:$\dfrac{期望值}{标准差}$

指标②:期望值－标准差

根据指标①,

方案 D_1　　$53 \div 49 = 1.1$

方案 D_2　　$36 \div 15.6 = 2.3$

方案 D_3　　$48 \div 30.5 = 1.57$

最大值是方案 D_2 的 2.3。

根据指标②,

方案 D_1　　$53 - 49 = 4$

方案 D_2　　$36 - 15.6 = 20.4$

方案 D_3　　$48 - 30.5 = 17.5$

最大值是方案 D_2 的 20.4,和指标①的结果相同。

在前面一节里,只依据期望值定理所以选出的最佳方案是 D_1,但是运用期望值与方差定理分析后,选出的最佳方案是 D_2。在期望值与方差定理中,如果期望值相同,那么就应当选择方差更小的方案(意味着风险更低)。此外,如果方差(风险)相同,那么就应当选择期望值更大的方案。

决策工具 7
极大似然估计定理
【主要用于存在风险时做决策】

接下来对**极大似然估计定理**进行说明。所谓极大似然估计,听起来有些陌生,其实主要的意思是,**只关注最有可能发生的状态,对其他情况选择无视,从选出的一种情况中,再找出最大的值进而行动**。

表 3-11

↓ 发生概率最大

可选方案 \ 将来可能发生的情况 发生概率	S_1 0.3	S_2 **0.5**	S_3 0.2	
D_1	−10	**100**	30	←选择它
D_2	30	50	10	
D_3	90	40	5	

表 3-9 中发生概率最高的是 S_2,达到了 50%。在 S_2 的情况下,方案 D_1 的数值最大,达到了 100,所以就选择方案 D_1,可以参照图表 3-11。

极大似然估计定理的说服力在于只有 1 次选择,不需要重复筛选，只需要挑出概率最高的那一项即可。在这个例子中，S_1 是 0.3，S_2 是 0.5，S_3 是 0.2，尽管 S_2 的概率并没有高于其他两项太多，但是这样选择是基于极大似然估计定理。

举个例子，某公司销售部的一位上司，希望把机会给新人或工作热情不高的下属，即把自己负责的任务分配给他们。

这位上司这个时候要给他们分配什么样的任务呢？

为了让新人或下属获得成功的体验从而变得自信，恐怕是先给他们一些肯定能拿到订单的案子吧。

像这样，由上司选择并决定把拿单率最高的案子交给新人或下属来做的做法，就是根据极大似然估计定理做出的分配方法。

结果就是，可喜可贺，新人或下属获得了自信，今后会向着更高难度的销售案子努力。这名上司也很会照顾人，下属一定会记得他的好，向他报恩。

但是这种尝试不要做很多次，只给一次就够了。如果尝试好几次的话，新人或下属就会总是期望有这种简单的任务，久了就会养得很刁很懒。这种思考方式是由极大似然估计定理"只有 1 次"的特点决定的。

决策工具 8
最低要求水平定理
【主要用于存在风险时做决策】

接下来讲讲最低要求水平定理。**"最低要求水平"指的是对于做出决定的事情,希望至少要达到的最低水平。**

选择达成可能性最大的方案叫作"最低要求水平定理"。

如表 3-9,假设最低要求是 40 万日元,也就是说,只要能获得 40 万日元的收益就没问题。此时,表 3-12 中灰色底纹的格子都达到了这个要求。

表 3-12

可选方案 \ 将来可能发生的情况 发生概率	S_1 0.3	S_2 0.5	S_3 0.2
D_1	−10	100	30
D_2	30	50	10
D_3	**90**	**40**	5

←选择它

在方案 D_1 中,S_2 情况已经超过了最低要求,

$$0.5 = 50\%$$

方案 D_2 中，S_2 情况也是

$$0.5 = 50\%$$

方案 D_3 中，S_1 和 S_2 加起来

$$0.3 + 0.5 = 0.8 = 80\%$$

换句话说，方案 D_3 中 80% 最大，所以按照最低要求水平定理，在表 3-12 中，选中的方案是 D_3。

设定最低要求水平的行为，既主观又模糊。人类的要求和欲望是无穷的，所以在设定最低要求水平的时候不要忘了这一点。

举个例子，我正在考虑买新的空调，但最近空调的功能非常丰富。如果只考虑空调的价格和影响范围（例如 20 平方米）来选择空调的话，其实没那么麻烦，但是现在越来越多新的机型有许多新功能，例如加湿除湿，净化空气，自动清洁，甚至还有节能运行的新功能。

让消费者发愁的是，一台空调到底要达到怎样的最低要求才可以下单呢？但是，有一个非常现实的问题，人们不得不向预算妥协，然后购买。

先考虑预算的做法就属于"最低要求水平定理"的做法。

决策工具 9
拉普拉斯定理（可能性均等定理）
【主要用于不确定时做决策】

在不确定时做决策，对于未来会发生什么一无所知，也就是完全得不到发生概率的信息。接下来我会介绍在这种情况下做决策的几种方法。

请看表 3-13 的盈亏表。由于没有发生概率的信息，所以只记录了以下两项。

表 3-13

可选方案 \ 将来可能发生的情况	S_1	S_2	S_3
D_1	−10	100	30
D_2	30	50	10
D_3	90	40	5

拉普拉斯定理就是，虽然不知道未来各种情况的发生概率，但还是会有办法把概率的信息抽出来的苦肉计。为此，**要把各个情况设定成同样的发生概率**。

举个例子,我想知道明天的天气,但是现在无法通过电视或收音机来获取天气预报的信息,所以不得不把晴天、阴天、雨天的概率各自设定为 1/3,这种做法就是拉普拉斯定理的做法。

以表 3-13 为例,未来可能会发生这 3 种情况,把它们各自发生的概率定为 1/3,于是就可以计算出各个方案的期望值了。

◎ 方案 D_1

$(-10 \text{ 万日元}) \times \dfrac{1}{3} + 100 \text{ 万日元} \times \dfrac{1}{3} + 30 \text{ 万日元} \times \dfrac{1}{3} = 40 \text{ 万日元}$

◎ 方案 D_2

$30 \text{ 万日元} \times \dfrac{1}{3} + 50 \text{ 万日元} \times \dfrac{1}{3} + 10 \text{ 万日元} \times \dfrac{1}{3} = 30 \text{ 万日元}$

◎ 方案 D_3

$90 \text{ 万日元} \times \dfrac{1}{3} + 40 \text{ 万日元} \times \dfrac{1}{3} + 5 \text{ 万日元} \times \dfrac{1}{3} = 45 \text{ 万日元}$

最终选择的是期望值最高的方案 D_3。

决策工具 10
悲观决策准则（Max-min 反映悲观态度的决定定理）
【主要用于不确定时做决策】

接下来说明一下悲观决策准则（Max-min），这个词由 max（最大）和 min（最小）组成。

在表 3-13 中，先计算出各方案的"**最低收益**"，然后从中选出"**最高收益**"，这就是悲观决策准则的做法。

结果请看表 3-14，其中记录了各方案的最低收益，其中方案 D_2 的最低收益是 10，也是所有方案中最大的，所以选择方案 D_2。

也就是说，"悲观决策准则"从计算"**最低收益**"开始。换句话说，**先考虑最坏的情况，再从中挑选出"最优收益"（最高收益）的定理**。

悲观决策准则是一种悲观的消极的思考方式，换言之，是个慎之又慎的决定。

在盈亏表中，在没有收益只有"**损失**"的情况下，各方案中先找出"**最大损失**"，在从中找出"**最小损失**"，这个行动方式也是遵循了"**悲观决策准则**"的做法。

有关"悲观决策准则"的例子，我能想到的是人寿保险中伤害保险的例子。没有人会希望遇到伤害身体的事故，但是也要考虑到

表 3-14

可选方案 \ 将来可能发生的情况	S_1	S_2	S_3	
D_1	−10	100	30	
D_2	30	50	10	←选择它
D_3	90	40	5	

最低收益	
−10	
10	←最大值
5	

最坏的情况,在其中找到最优的并做出选择。

悲观决策准则(Max-min)和最小最大定理(Min-max)都是统计学家 A.瓦尔德(A. Wald)提出的理论。在对未来不确定时要先考虑最坏的情况。

决策工具 11
乐观决策准则（Max-max 反映乐观态度的决定定理）
【主要用于不确定时做决策】

接下来说明一下乐观决策准则（Max-max）。在表3-13 中，先计算出各方案的"**最高收益**"，再从中选出"**最高收益**"，这就是乐观决策准则的做法。

结果请看表 3-15。其中记录了各方案的最高收益，其中方案 D_1 的最高收益是 100，也是表格中众方案中最大的，所以选择方案 D_1。

也就是说，"乐观决策准则"从计算"最高收益"开始。换句话说，先考虑最好的结果，再从中挑选出"最优收益"（最高收益）的定理。

乐观决策准则是一种乐观的积极的思考方式，可以说是个有点自负的选择方式。

有关"乐观决策准则"的例子，我能想到的是买彩票和买金条还有购买期货，这些都是追求高回报的投机性的投资。

此外，当盈亏表中没有收益只有"**损失**"的时候，可以从各方案中选取"最低损失"，再从中找到"最低损失"，这种方法叫作"**最小最小定理**"。

表 3-15

可选方案 \ 将来可能发生的情况	S_1	S_2	S_3
D_1	－10	100	30
D_2	30	50	10
D_3	90	40	5

←选择

最高收益
100
50
90

←最大值

决策工具 12
赫维茨定理（包含悲观与乐观态度的一般性定理）
【主要用于不确定时做决策】

最后，介绍一下"赫维茨定理"。前面介绍过悲观决策准则（Max-min）和乐观决策准则（Max-max），它们都是由 min（最小）或 max（最大）合成的，但是**赫维茨（L. Hurwicz）定理结合了悲观决策准则（Max-min）和乐观决策准则（Max-max）的理论。**

无论是悲观决策准则还是乐观决策准则，二者都是很极端的思考方式。那赫维茨定理是如何将它们统一起来的呢？

在悲观决策准则和乐观决策准则之间导入"乐观系数 α"。

这个系数 α 的取值范围是 0 到 1。在盈亏表中，用各方案的最高收益乘以 α，用最低收益乘以 $(1-\alpha)$，再求它们的和，得到**"决定系数"**，然后选择决定系数最高的方案。

听起来可能有点抽象，有点烦琐，让我们来仔细看看内容吧。

再次强调，赫维茨定理的计算公式是

$$决定系数 = 最高收益 \times \alpha + 最低收益 \times (1-\alpha)$$

选择决定系数最大的那个方案。

当 $\alpha=0$ 时,决定系数意味着什么呢?

决定系数就会单纯变成最低收益。选择这个值最大的定理是什么呢? 就是悲观决策准则,大家一定要马上想到。

当 $\alpha=1$ 时,会怎样呢?

这个时候,决定系数就会单纯变成最高收益。选择这个值最大的定理就是乐观决策准则。

综上所述,赫维茨定理导入的乐观系数 α,

当 $\alpha=0$ 时,表示悲观决策准则
当 $\alpha=1$ 时,表示乐观决策准则

α 的值在 0 到 1 之间,越接近 0 就越悲观,越接近 1 就越乐观。

通过导入乐观系数 α,把处在两个极端的悲观决策准则和乐观决策准则结合起来,具有划时代的意义。

用赫维茨定理表示前面盈亏表,如表 3-16 所示。

表 3-16

	S_1	S_2	S_3	最高收益	最低收益	决定系数
D_1	−10	100	30	100	−10	$100\times\alpha+(-10)\times(1-\alpha)$
D_2	30	50	10	50	10	$50\times\alpha+10\times(1-\alpha)$
D_3	90	40	5	90	5	$90\times\alpha+5\times(1-\alpha)$

我们来计算一下各方案的决定系数。

◎ 方案 D_1　　$100 \times \alpha + (-10) \times (1-\alpha)$

◎ 方案 D_2　　$50 \times \alpha + 10 \times (1-\alpha)$

◎ 方案 D_3　　$90 \times \alpha + 5 \times (1-\alpha)$

当 $\alpha = 0$ 时,决定系数的值是多少呢?

即在方案 D_1 中,决定系数等于 -10;在方案 D_2 中,决定系数等于 10;在方案 D_3 中,决定系数等于 5,得到的都是最低收益,在其中选取最大值,结果与"悲观决策准则"的结果(方案 D_2)相同。

当 $\alpha = 1$ 时,可以简单验证,与"乐观决策准则"的结果(方案 D_1)相同。

最后,再来看一下,当 α 在 0 到 1 之间取值时,例如 $\alpha = 0.3$ 时,会有怎样的结果呢?

我们来实际计算一下。

◎ 方案 D_1　　$100 \times 0.3 + (-10) \times 0.7 = 30 - 7 = 23$

◎ 方案 D_2　　$50 \times 0.3 + 10 \times 0.7 = 15 + 7 = 22$

◎ 方案 D_3　　$90 \times 0.3 + 5 \times 0.7 = 27 + 3.5 = 30.5$

可以选出决定系数最大的方案 D_3。

在赫维茨定理中,乐观系数 α 发生变化时,决策方案也会发生变化。

根据乐观系数 α 的变化,决定系数的值会出现怎样的变化呢?可以参考图3-15。

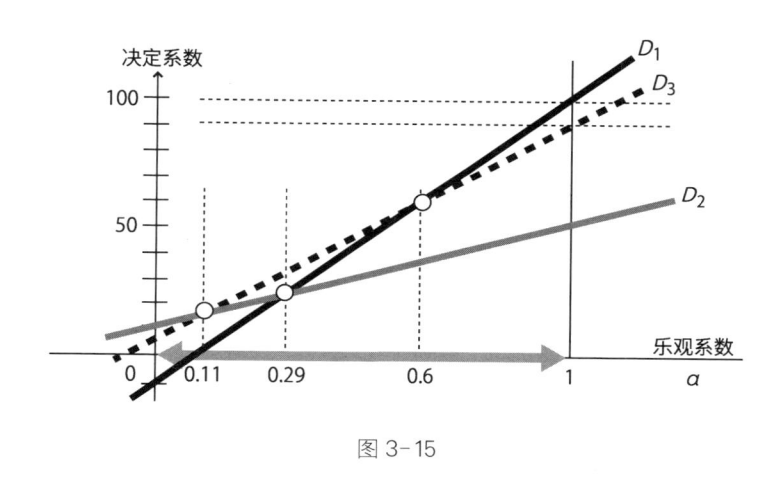

图 3-15

从图中我们可以得出以下结论。

◆当 α 大于 0 且小于 0.11(=1/9)时,方案 D_2 的决定系数最大。

◆当 α 大于 0.11 且小于 0.6 时,方案 D_3 的决定系数最大。

◆当 α 大于 0.6 且小于 1 时,方案 D_1 的决定系数最大。

由此可以得出,当乐观系数 α 的值发生变化时,拥有最大决定系数的方案会不同,但是当 α=0.3 时,可以从图中确认,方案 D_3 的决定系数最大。

"赫维茨定理"借助乐观系数 α 将悲观决策准则和乐观决策准则结合起来,理论意义深远,那么在实际运用中是什么情况呢?

$α$ 的值会改变应当选择的方案。这时,应当怎样选择的 $α$ 值呢?

在不确定时做决策导入乐观系数 $α$,理论上可能比较有趣,但是在实用层面上确实增加了不透明度。

希望各位都能注意,要选择更加合理的乐观系数 $α$。

小知识

拉普拉斯与赫维茨是谁呢？

在"拉普拉斯定理"这一节登场的拉普拉斯，对于那些对理科或自然科学感兴趣的人来说，肯定马上就能想到这个人。皮埃尔-西蒙·拉普拉斯（Pierre-Simon Laplace，1749—1827），是法国的数学家，代表性著作有《天体力学》和《概率分析理论》。

本书中涉及的拉普拉斯定理与概率论的知识也有关系，在对将来要发生的事情的概率毫不知情时，就把所有的情况都认定为有相同的发生概率。

他也是在机器人等工程控制理论中适用的拉普拉斯变换的发明者。此外，还有个很有名的词叫作拉普拉斯的恶魔。他还以拉普拉斯的星云理论而闻名。

他就是一个在自然科学和工学领域频繁登场的著名学者。

"赫维茨定理"中提到的人物莱昂尼德·赫维茨（Leonid Hurwicz），生于1917年8月21日，是美国经济学家、数学家。

赫维茨定理发表于1950年，其目的在于导入"乐观系数α"，将悲观决策准则和乐观决策准则结合起来。作为一个数学理论，实在是异常巧妙。

2007年，诺贝尔经济学奖授予莱昂尼德·赫维茨等3名美国经济学家，当时90岁的赫维茨也是史上年纪最大的诺贝尔奖得主。

第 4 章

案例研究 1

确定性高时运用定量分析做决策

案例 1
在面试兼职员工时应该选择谁
【加权得分】

在一家印刷公司,有一名担任会计工作的员工,因为家庭原因突然要离职。这名员工的离职很可能会影响月末结算,所以公司老板 J 先生在报纸的折页上刊登了紧急招聘的消息。

幸运的是有 5 人前来应聘,但是从经营的角度考虑只能录用 1 人。J 先生应当通过面试选择谁呢?

决策的方法

公司应当基于对应聘者的要求来决定评价的项目。因为是会计类型的事务工作,所以首先要求必备会计知识和技能,实际工作经验也非常重要。

此外,不仅要考察工作执行力;还要考察人品;偶尔还需要与客户接触,所以也要求良好的个人形象。用人方(公司或雇主)的要求,要列举的话,会多到说不完。

对于应聘者来讲,如果知道公司对自己有那么多要求,一定会

确定性高时运用定量分析做决策

感到压力山大。

基于这样的情况,最好的办法就是让 J 先生制作一张类似于表 4-1 这样的面试评价表,帮助自己做出客观、理性的评价和选择。

我们把前来面试的 5 人,分别以 A，B，C，D，E 来指代,评价项目有 4 项,分别是①专业知识,②经验年数,③人品,④仪容仪表。

对于①专业知识,可以通过考取的相关资格证书或面试时简单的笔试来评价,各项目可以用 0~5 分来计入。

在这 4 个评价项目中,出于更加注重评价结果的目的,所以每项的分值或者比重都不同,介于 1~5 这个区间。J 先生重视会计的专业性和人品,所以具体做法就是①专业知识 5 分,②经验年数 3 分,③人品 4 分,④仪容仪表 2 分。

接下来就是在 5 名面试者中选出得分最高的那一位。

面试结果可以参考表 4-1。

表 4-1

评价项目 面试人	① 专业知识	②经验年数	③人品	④仪容仪表
候选人 A	5	3	3	4
候选人 B	4	4	5	3
候选人 C	4	3	4	4
候选人 D	5	4	4	3
候选人 E	3	4	3	3

A 的总分计算如下。

$5 \times 5 + 3 \times 3 + 3 \times 4 + 4 \times 2 = 54$ 分

同理,依次计算出其他人的得分。

B 的总分 ➡ 4×5＋4×3＋5×4＋3×2＝58 分

C 的总分 ➡ 4×5＋3×3＋4×4＋4×2＝53 分

D 的总分 ➡ 5×5＋4×3＋4×4＋3×2＝59 分

E 的总分 ➡ 3×5＋4×3＋3×4＋5×2＝49 分

最终得分最高的是 59 分,所以,D 以微弱的优势胜出,成功进入了这家公司。

案 例 启 示

▶ 如果要做出客观的评价和选择,最好就像这个案例中的做法那样,提前准备一个评价表。

如果要放入更加详细的评价项目,那么就要提高评价的精确度。但是如果面试的人较多,就会给统计工作带来很大负担,所以要根据实际情况来明确评价表的内容。

▶ 在设定各个评价项目的分值幅度时,是 5 分好呢,还是更细致一点取 10 分好呢？甚至是每个项目的比重的设定,也要在明确面试评价的侧重点的基础上,合理确定打分范围和每项的比重。

案例 2
应该接受国外企业的订单吗
【边界利润与损益分歧点】

大型精密机械 S 公司的海外事业部,负责一个种类的产品线,从生产到销售。

表 4-2

费用项目	单个产品的费用
① 直接材料费、消耗费	3 万 5 千日元
② 可变加工费、经费	1 万 5 千日元
③ 直接劳务费(2 亿 8 千万日元÷10 000 个)	2 万 8 千日元
④ 各种间接经费(2 亿日元÷10 000 个)	2 万日元
⑤ 折旧费(8 千万日元÷10 000 个)	8 千日元
合计	10 万 6 千日元

现状是生产线以及劳动力有盈余,如果增加到国内的生产量中,则很有可能实现海外产量的增加。

这个海外事业部,虽然为了增加营业额正在推动出口业务,但是海外市场最近受到日元升值的影响,营业收益相对国内市场要低很多。

最近的国内月销售量是 10 000 个,从财务部提供的资料(表4-2)来看,单个产品的生产成本是 10 万 6 千日元。

产品的售价,在国内每个 12 万日元,也就是说,每月可以获得利润(12 万日元－10 万 6 千日元)×10 000 个＝1 亿 4 千万日元。

国外 K 商社希望从这个月开始,每个月从 S 公司进口 2 000 个产品。如果出口到这个国家,从售价中减去关税和运费等费用,最终的单个售价只有 9 万 5 千日元。S 公司的海外事业部应不应该接受这个订单呢?

再看一看表 4-2 里的③～⑤的内容,即把每个月的固定费换算成单个产品的成本。

决策的方法

S 公司的海外事业部应不应该接受外国 K 商社的订单呢?如果没有利润,那还不如不接受。因此就是决策的判断基准。

在第 3 章里已经对**损益分歧点**(第 72 页)的知识进行了说明,

利润＝销售额－成本

如果单个产品的成本(如表 4-2)是 10 万 6 千日元,那么

利润＝9 万 5 千日元－10 万 6 千日元＝－1 万 1 千日元 ＜0

因此,不应该接受这单生意,拒绝出口。(要好好斟酌到目前为

止与外国 K 商社的来往实绩，判断是否是良好的商业合作关系），这个判断是正确的吗？之后不会因为错失了这个机会而后悔吧。

再来看一下表 4-2。

在第 3 章的损益分歧点分析（第 72 页）中讲到，费用由固定费用和可变费用组成。在表 4-2 中，①＋②（＝5 万日元）是与生产量（销售额）成比例的**可变费用**。③＋④＋⑤（＝5 万 6 千日元）是与生产量（销售额）没有比例关系的**固定费用**。

固定费用 5 万 6 千万日元，不要换算成单个产品的成本，每个月的数值也就是 2 亿 8 千万日元＋2 亿日元＋8 千万日元＝5 亿 6 千万日元，即每个月的固定费用。

如果在国内市场产品单价为 12 万日元，那么月利润就是

（产品售价－可变费用）×生产量（销售量）－固定费
＝（12 万日元－5 万日元）×10 000 个－5 亿 6 千万日元
＝1 亿 4 千万日元 ＞ 0

可以看出的确是有利润的。因此，这个办法也许不错！

按照这个方法，如果接受了外国 K 商社的订单，那么产生的成本就只有单个产品的 5 万日元的可变费用了。但大家要注意，这绝对不是包含了固定费的 10 万 6 千日元。

说个题外话，在传统的成本计算，也就是**"全部成本计算法"**中，计算单个产品的成本时会加上固定性制造费用，但是在基于利润考虑做决策的时候，要把成本的固定费用和可变费用分开。只把变动费用视作制造成本，把固定费用作为期间费用（当期费用）来处理的方法叫作**"直接原价计算法"**，这个方法很有用。

将直接原价计算法和损益分歧点分析法结合起来,是效果很好的利润计划制定方法。

出口海外的产品,单价为 9 万 5 千日元,由于出口导致单个产品的成本增加 5 万日元,产生 4 万 5 千日元(＝9 万 5 千日元－5 万日元)的**边界利润**。

如果每月接单 2 000 个,就会依靠出口增加 9 千万日元(＝4 万 5 千日元×2 000 个)的利润。因此,可以判断现在能接受 K 商社的订单。

继续看,主营精密机械的 S 公司的海外事业部,仅面向国内进行生产和销售,我们可以通过在第 3 章里学习的损益分歧点分析法来分析看看。在第 3 章的损益分歧分析法里,横轴代表销售额,**此时,如果用销售额除以 12 万日元的售价,可以算出生产量和销售量(个)**。

每月固定成本 5 亿 6 千万日元,单个产品的可变成本是 5 万日元,可以画出总成本线。此时,单个产品售价 12 万日元,其中可变成本为 5 万日元,变动成本率为 0.417(＝5 万日元÷12 万日元)。用公式来表示,损益分歧点的销售额就是

$$\frac{5 亿 6 千万日元}{1-0.417} = 9 亿 6 千万日元$$

损益分歧点的生产销售量就是

$$9 亿 6 千万日元 \div 12 万日元 = 8 000 个 (\rightarrow 图 4\text{-}1)$$

确定性高时运用定量分析做决策

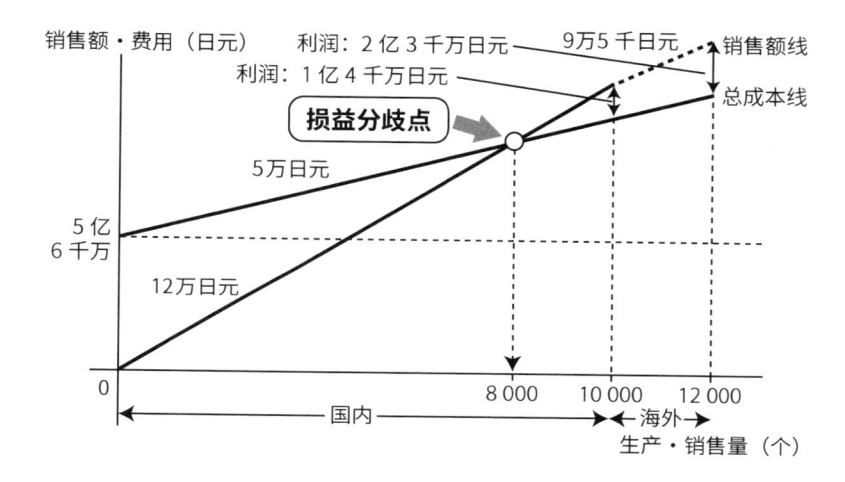

图中标注：
- 销售额·费用（日元）
- 利润：2亿3千万日元
- 9万5千日元
- 销售额线
- 利润：1亿4千万日元
- 总成本线
- 损益分歧点
- 5万日元
- 5亿6千万
- 12万日元
- 0
- 8 000　10 000　12 000
- 国内　海外
- 生产·销售量（个）

图 4-1

在国内每月生产销售 10 000 个

$$销售额 = 12\ 万日元 \times 10\ 000\ 个 = 12\ 亿日元$$

总成本如下

$$\begin{aligned}总成本 &= 固定费用 + 可变费用 \\ &= 5\ 亿\ 6\ 千万日元 + 5\ 万日元 \times 10\ 000\ 个 \\ &= 10\ 亿\ 6\ 千万日元\end{aligned}$$

利润如下

$$利润 = 12\ 亿日元 - 10\ 亿\ 6\ 千万日元 = 1\ 亿\ 4\ 千万日元$$

目前,生产线和人力还有富余,如果在现有基础上向海外市场以单价 9 万 5 千日元出口 2 000 个,那么生产销售量就会达到 12 000 个,可以得出如下金额。

销售额＝12 亿日元＋9 万 5 千日元×2 000 个
　　　＝13 亿 9 千万日元
总成本＝5 亿 6 千万日元＋5 万日元×12 000 个
　　　＝11 亿 6 千万日元
利润＝13 亿 9 千万日元－11 亿 6 千万日元＝2 亿 3 千万日元

从边际利润的角度来看,如果在国内的生产销售量每增加 1 个就能获得 7 万日元(＝12 万日元－5 万日元)的收益(＝**边际利润**),要想把每月的固定成本 5 亿 6 千万日元全都收回来

$$5 亿 6 千万日元 \div 7 万日元 = 8\,000 个$$

那么就必须要完成 8 000 个的生产销售量,这样才能达到损益分歧点。如果跨越了损益分歧点,那么每多卖出 1 个就会增加 7 万日元的利润(图 4-2)。

S 公司的海外事业部在生产线和劳动力还有富余的情况下,如果要判断是否接受来自海外 K 商社的订单,就要根据边际利润＝9 万 5 千日元－5 万日元＝4 万 5 千日元 ＞0 来判断。

另外,随着增加订单带来的设备和劳动力等固定费是否会超过边际利润,这一点也一定要注意。

如果在增加了设备投资或劳动力成本后固定费增长到了 9 亿

确定性高时运用定量分析做决策

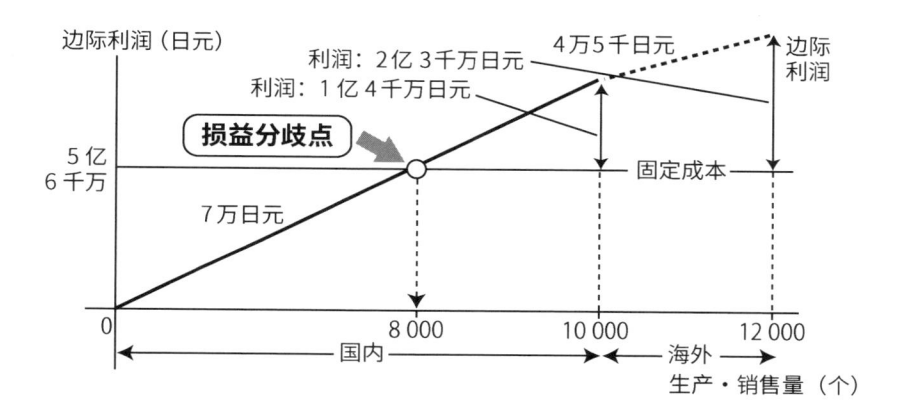

图 4-2

日元（>8 亿 9 千万日元）了，那么就会出现好不容易拿到了海外的订单，却损失了利润的情况（如图 4-3）。

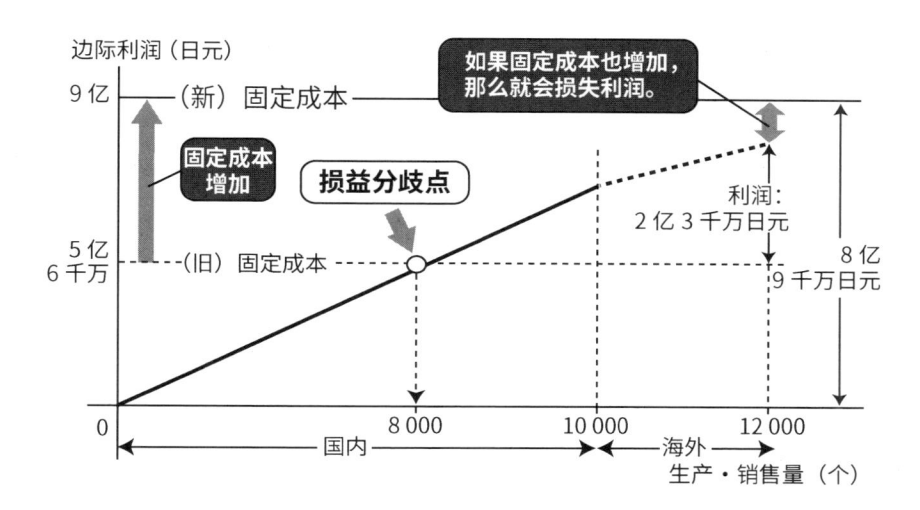

图 4-3

但在这个案例中,由于生产线和劳动力还有富余,所以不需要考虑固定成本的增加。

案 例 启 示

▶ 精密机械公司的海外事业部在面向国内市场生产、销售产品时,对于是否要接受国外商社的订单问题,损益分歧点分析法就成了非常有效的方法。

▶ 在决定追加订单量时,虽然边际利润>0是非常重要的,但是一定要注意检查订单量增大带来的固定成本。

案例 3
伴随业务扩大是否应建新厂房
【现金流与 NPV】

为了生产新产品,化学药品公司 X 正计划在公司内的空地上新建一座工厂。B 负责本次投资项目的核算,他根据公司财务部同事提供的各种信息,制作了现金流预测表(表 4-3)。

表 4-3

单位:日元

	项目当年投资	1 年后	2 年后	3 年后	4 年后	…
投资额	100 亿	0	0	0	0	…
销售额	0	0	30 亿	40 亿	40 亿	…
销售成本	0	0	25 亿	35 亿	35 亿	…
内含折旧费	0	0	5 亿	4 亿	4 亿	…
税前利润	0	0	5 亿	10 亿	10 亿	…
税后利润	0	0	3 亿	6 亿	6 亿	…
现金流	－100 亿	0	8 亿	10 亿	10 亿	…

※推测出 4 年后的数值和 3 年后的数值相同
※现金流＝折旧费＋税后利润
※－＝负值

B应该如何判断是否应当建新工厂呢？此时，B为了活用公司内的空地，初期投资额中的100亿日元中不包含土地成本。

决策的方法

回顾一下第3章里学习的运用**现金流与净现值(NPV)**（第79页）进行决策的方法。

B预测折扣率是5%，在考虑净现值时，非常重视现金流的数值，而且考虑到4年后的数值和3年后的数值相同，因此，可以算出净现值。

$$\frac{8亿}{1.05^2}+\frac{10亿}{1.05^3}+\frac{10亿}{1.05^4}+\frac{10亿}{1.05^5}+\cdots-100亿 \quad \Rightarrow \quad (1)$$

在这里，B苦恼于如何进行计算。

$$\frac{1}{1+r}+\frac{1}{(1+r)^2}+\frac{1}{(1+r)^3}+\cdots=\frac{1}{r} \quad \Rightarrow \quad (2)$$

(2)在第85页已经说明过，如果计算出净现值的期间是半永久的话，那么就是有效公式。

这时，(1)会再次登场。

$$\frac{8亿}{1.05^2}+\frac{10亿}{1.05^3}+\boxed{\frac{10亿}{1.05^4}+\frac{10亿}{1.05^5}+\cdots}-100亿 \quad \Rightarrow \quad (1)$$

(1)中,虚线圈起来的部分可以用接下来的(3)计算。

$$\frac{10\text{亿}}{1.05^4}+\frac{10\text{亿}}{1.05^5}+\cdots=\frac{10\text{亿}}{1.05^3}\times\left(\frac{1}{1.05}+\frac{1}{1.05^2}+\frac{1}{1.05^3}+\cdots\right) \Rightarrow (3)$$

等式(3)中的括号部分就是第 3 年之后的现金流的现在价值,如果套用公式(2)就能算出

$$\frac{10\text{亿}}{1.05^3}\times\frac{1}{0.05} \Rightarrow (4)$$

最后,净现值(1)就是:

$$\frac{8\text{亿}}{1.05^2}+\frac{10\text{亿}}{1.05^3}+\frac{10\text{亿}}{1.05^3}\times\frac{1}{0.05}-100\text{亿}$$
$$\approx 7.26\text{亿日元}+8.64\text{亿日元}+172.77\text{亿日元}+(-100\text{亿日元})$$
$$=89\text{亿日元}$$

也就是说,由于净现值变成了正数,所以可以判断这个投资项目是可以实施的。B 负责人非常自信地认为可以向董事说明。于是,B 写好了汇报书,并确定了向董事汇报的时间。

B 向董事作了汇报,董事对 B 的报告听得也很仔细。

董事对 B 的汇报中的一点很感兴趣,那就是建厂的工地是公司自己的地皮,所以在投资初期的 100 亿日元中不包含土地成本,于是董事提出问题:空地在现在能卖出多少钱呢?你考虑一下机会成本,并要求 B 重新思考一下。

为什么会这样呢？B 完全没有考虑到机会成本。他感到气馁，但也重新找到了开始新一轮思考的动力。

他咨询了当地的地产咨询公司，获得的信息是这片空地如果作为建房用地，售价估算为 100 亿日元～130 亿日元。

B 再次向董事作了汇报，董事说这块地皮在当时是作为建厂备用地的，他要求 B 再去查一查有没有 100 亿日元以下的地皮。

很快，B 就找到了一处全新的工业备用地皮，售价只要 70 亿日元。最终，原有的空地以 120 亿日元的价格卖给了房地产商，然后花费 70 亿日元购买了新的工业用地皮。

事情的发展虽然跌宕起伏，但是可以用一张图来展示到目前为止的现金收入与支出情况。

我们先看图 4-4，这是 B 最初的想法。

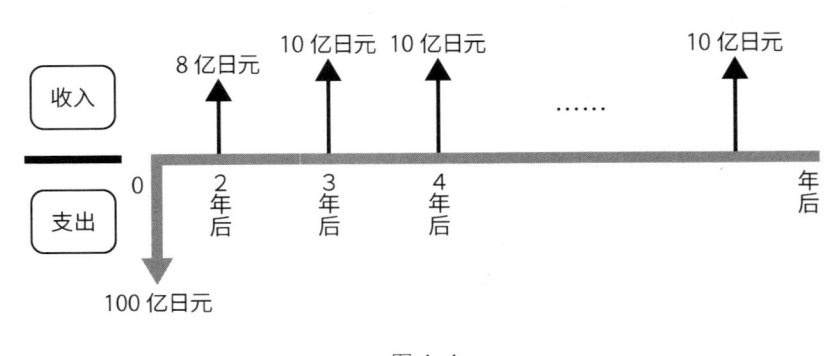

图 4-4

将现有空地以 120 亿日元的价格卖给地产商，花 70 亿日元购入新的工业用地，这个情况用图 4-5 表示。

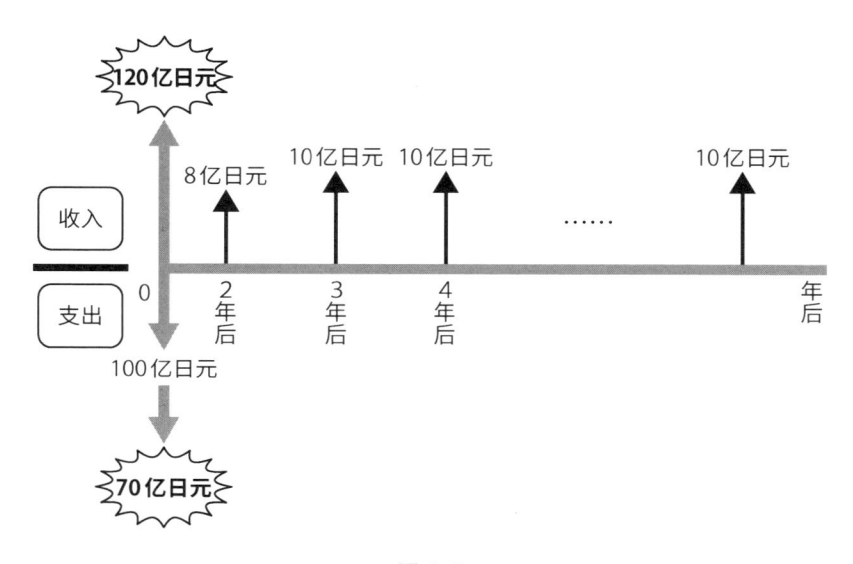

图 4-5

图 4-5 的最终结果可以用图 4-6 表示。

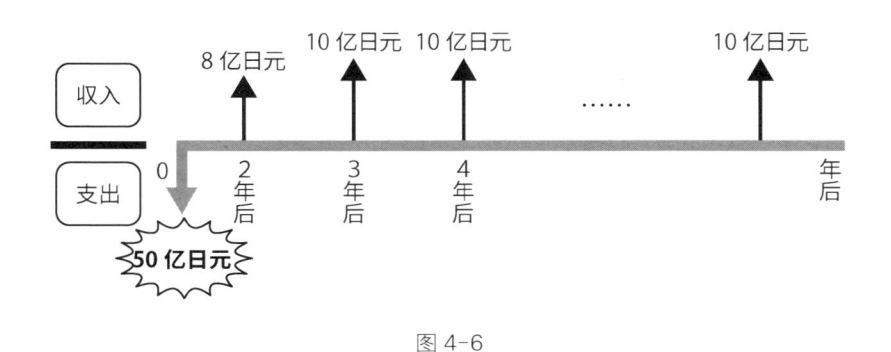

图 4-6

投资初期的 100 亿日元竟然减半，最终只有 50 亿日元。

图 4-6 的净现值，其实不用计算就知道是正值，但是为了保险

起见我们还是算一下吧。

$$\frac{8亿}{1.05^2}+\frac{10亿}{1.05^3}+\frac{10亿}{1.05^4}+\frac{10亿}{1.05^5}+\cdots-50亿$$
$$\approx 7.26亿日元+8.64亿日元+172.77亿日元-50亿日元$$
$$=139亿日元$$

与图 4-4 相比,增加了 50 亿日元。

案 例 启 示

▶ 根据净现值(NPV)法,可以从预测现金流中算出净现值。通过这种方式可以判断,如果净现值是正值,那么就可以投资。

▶ 如果存在机会成本,那么在计算现金流的时候要考虑到机会成本,这是非常重要的。同时,这样的考虑也会提高决策的精确度。当然,这样做也会增强说服力,获得上司更深的信任。

案例 4
销售会议应该设定在工作时间还是加班时间
【机会成本】

核心信息通讯企业 Z 公司定期会召开销售会议，设定在每周一的下午 2 点。Z 公司的总部在东京，在名古屋还有一个分公司，销售人员各 10 人。一直以来的做法都是 20 人在东京总部见面，一起开会。

但是，由于 Z 公司的前线部队，也就是销售人员平时都非常忙，所以公司高层认为，销售会议不应该放在工作时间，而是应该放在例如周五或者其他加班的时间。到底怎样做才比较好呢？除此以外还有没有更好的方法来节省成本呢？

决 策 的 方 法

销售会议是放在上班时间还是加班时间，判断的基准在于哪一方案获得的利润更高，哪一方案降低了更多的成本。也就是说，应当从经济角度来衡量。我们来算一算，会议放在工作时间和放在加班时间的成本各自是多少。

能想到的成本，首先就是①交通费。由于有 10 名销售人员要从名古屋分公司去东京出差，东京和名古屋之间往返的新干线车费加上零碎的路费，平均每人 2 万 5 千日元。

2 万 5 千日元 × 10 人 = 25 万日元

由于东京和名古屋之间的距离不算太远，所以前一晚的住宿公司是不提供的。

此外，②加班产生的人力费也要考虑进去。如果利用加班的时间开会，那么就会产生 2 小时的加班费。销售人员每人每小时的工资是 3 000 日元，加班工资是 1.3 倍，加班 2 小时就意味着要增加的人力成本为

3 000 日元 × 1.3（= 1.3 倍）× 2 小时 = 7 800 日元

20 名销售人员，就意味着要增加的人力成本为

7 800 日元 × 20 人 = 15 万 6 千日元

计算结果可以用表 4-4 来表示。

表 4-4

单位：日元

	工作时间	加班时间
① 交通费	25 万	25 万
② 人力费（加班费）	0	15 万 6 千
合计	25 万	40 万 6 千

从计算结果来看，销售会议放在加班时间会比放在工作时间的成本高出很多，因此可以判断，应当放在工作时间进行。但是，这真的正确的吗？是不是忘了一个特别重要的事情呢？是的，你忘记了**机会成本**(第 88 页)。

机会成本的意思是，当你做出某个选择时，会失去选择其他选项后得到的机会。

那么，销售会议放在工作时间失去的机会是什么呢？

那就是，销售人员的日常，也就是达到目标销售额。如果占用 2 小时工作时间，很可能就会失去本可能谈成的生意。

接下来我们来算一算这个机会成本。Z 公司的管理高层平时要求销售人员要为公司创造自己工资 2~4 倍的利润。如果是这样的话，当销售会议在工作时间进行，销售人员就会失去平均 3 倍的工资利润。

我们预想的费用都是非常高的，但是实际上是怎样的水平呢？

首先，我们来算一下会议需要占用的时间。如表 4-5 所示，花在开这个会议的时间不仅仅是 2 小时，前往会议现场的移动时间也要计算在内。从名古屋到东京，往返要花费 5 小时。

表 4-5

	会议小时数	移动小时数	合计(每人)
东京总部(10 分)	2 小时	0 小时	2 小时
名古屋分公司(10 分)	2 小时	5 小时	7 小时

东京总部的员工要在会议上花费 2 小时，名古屋分公司的员工

为这场会议要花费的时间是 2 小时的会议时间加上 5 小时的移动时间，总计 7 小时。真是白白浪费时间啊。

如果销售人员每人每小时工资 3 000 日元，那么由于 3 倍工资会成为机会成本，所以东京总部的每人的机会成本为

$$3\,000 \text{ 日元} \times 3 \text{ 倍} \times 2 \text{ 小时} = 1 \text{ 万 } 8 \text{ 千日元}$$

10 个人就是 18 万日元。

同样，名古屋分公司 10 人的机会成本为

$$3\,000 \text{ 日元} \times 3 \text{ 倍} \times 7 \text{ 小时} \times 10 \text{ 人} = 63 \text{ 万日元}$$

也就是说，会产生 18 万加 63 万，即总计 81 万日元的**机会成本**。这 81 万就是把销售会议设在工作时间的机会成本。在考虑机会成本时，可以用表 4-6 表示。

表 4-6

单位：日元

	A 在工作时间开会	B 在加班时间开会
① 交通费	25 万	25 万
② 人力费（加班费）	0	15 万 6 千
③ 机会成本	81 万	0
合计	106 万	40 万 6 千

像这样，考虑机会成本的情况就不一样了。将开会放在工作时

间里，成本会增加，所以不如放在加班时间里。**希望大家能深刻认识到，工作时间里的机会成本是非常高的。**

说句题外话，不仅是销售人员，普通的员工也是如此，希望能在设定好的时间里高效地开会并能得出结论。但是如果开会是一群乌合之众在那里乱侃的话，就太愚蠢了。

从表 4-6 中可以看出，B 把会议放在加班时间的机会成本。但这种情况真的会如表格里呈现的那样实现吗？

我们无法说绝对会的，但是销售人员在晚上也会工作。换句话说，销售人员会在饭局上直接谈生意，还会在私下交流有效信息，或者在与企业商谈前打好招呼。**一场会议很可能会导致这些机会丧失。**

开会的目的是为了提高利润，但是如果产生了机会成本，那就是本末倒置了。但是，在第 88 页说明过这笔费用，它并不是伴随着金钱支出直接产生的费用，因此很难计算。

从费用上来看，在加班时间开会，经济效果更好。

在上面的 Z 公司的案例中，有没有更好的方法来降低成本呢？

看一看表 4-5，是不是可以想出别的办法来解决交通费的问题呢？有必要从名古屋花钱乘新干线跑到东京来开会吗？

公司可以考虑导入电视会议系统，最近越来越多的公司开始采用视频会议的形式。尤其是，只需要付摄像头器材的费用就可以了，花不了太多钱。而且，租一个电视会议系统，2 小时的租金其实也是很低的。

不仅如此，从名古屋到东京的移动时间也可以免掉，所以**机会成本又缩减**了。这种情况可以参见表 4-7。

表 4-7

单位：日元

	A 在工作时间开会	B 在加班时间开会
① 交通费	0	0
② 人力费（加班费）	0	15 万 6 千
③ 机会成本	36 万	0
④ 电视会议成本（换算成 2 小时）	1 千	1 千
合计	36 万 1 千	15 万 7 千

如果电视会议系统的成本（运营成本）为每个月 10 万日元的话，那么平均每天的成本就是

10 万日元 ÷ 30 天 ≈ 3 300 日元

每个工作日工作 8 小时，其中 2 小时的成本大约是 3 300 日元 ×（2 小时 ÷ 8 小时），即 825 日元。这么看来，电视会议的成本也就是 1 000 日元左右。

东京总部每人的机会费用是

3 000 日元 × 3 倍 × 2 小时 = 1 万 8 千日元

10 个人的总费用就是 18 万日元。

虽然东京总部的机会成本没有变化，但是名古屋分公司员工砍掉了移动时间，他们和东京总部的员工一样，机会成本也是 18 万日

元,合计机会成本就是36万日元。

比较表4-6和表4-7可知,**导入电视会议系统后,成本显著下降**。

大家是否听过SFA呢?它是"Sales Force Automation"的缩写,在日本一般被叫作"销售支持系统"。使用这个系统可以有效管理客户信息和销售日报,近年来笔记本电脑变得又轻又小,在手机上也可以使用SFA,对销售人员有很大助益,提高了销售的质量,这个工具非常引人注目。

通过活用这个工具,销售活动就可以摆脱会议的束缚,自由度会更高一些。当然,要想用得好,就必须具备销售头脑或者IT技能。

这个案例的成本,计算一下,还是很有收获的吧。

案 例 启 示

▶ 就像销售会议应当放在工作时间进行还是加班时间进行的案例一样,考虑机会成本和不考虑机会成本,做出的判断是截然不同的。机会成本并不是伴随金钱的支出直接产生的成本,而且很难换算成具体数值形式的成本,但是,在做决策时,要尽量把它也考虑进去。

案例 5
应不应该重新买一辆二手陆地巡洋舰
【沉没成本】

Y 先生就职于一家外资投行，平日里非常繁忙。到了周末就想在家彻底休息，或者去郊外钓鱼换换心情，他非常喜欢亲近大自然，是户外活动爱好者。有一次，他在丰田陆地巡洋舰（LAND CRUISER）的专卖店 A，发现了喜欢的二手车（售价 190 万日元），于是，支付了定金 30 万日元。

原本可以直接买下，但是他的一个朋友给他介绍了二手车专卖店 B，那辆在 A 店看中的同款车在 B 店只卖 140 万日元。Y 先生当时就很懊恼为什么自己事先不调查清楚就匆忙下单了。

那么，Y 先生应该怎么做呢？已经付给 A 店的定金是收不回来了，所以现在有两个解决办法：一个办法是向 A 店支付剩下的 160 万日元，另一个办法就是果断在朋友介绍的 B 店重新买一辆。

决策的方法

在第 3 章里有一个解释**沉没成本**（第 88 页）的案例。当时我说，应当积极忘记沉没成本，专心面对今后的决策。虽然结论是这样，没什么问题，但还是需要对案例进行定量分析来实际验证一下。

如果你还不是很理解沉没成本，那么可用下面的方法来分析这个案例。

（1）再向 A 店支付 160 万日元就可以买到。

（2）虽然 B 店的售价是 140 万日元，但是付给 A 店的 30 万日元定金不退还，所以最终还是要花费 170 万日元。

综上所述，在 A 店买要比在 B 店买便宜 10 万日元，所以应当在 A 店买。很多人都会得出这个结论。

Y 先生就职于外资投行，对金融相关的定量分析相当在行，所以他不会做出这种判断，而且这个思考方式明显就有问题。要想得出正确的结论，就要看下面的两种方式，其中一种是正确的。

① 已经支付的定金无法退回。忘掉它，只考虑接下来要付的金额吧。

- ▶ A 店的车　190 万日元－30 万日元＝160 万日元
- ▶ B 店的车　很明确，140 万日元

可以看出 B 店的车便宜 20 万日元，决定从 B 店购买。

② 分别计算出从 A 店和 B 店购车产生的总费用，要把已经付掉的定金也包含进去，计算出费用总额。

- ▶ A 店的车　190 万日元
- ▶ B 店的车　30 万日元＋140 万日元＝170 万日元

可以发现在 B 店购车便宜 20 万日元，因此决定在 B 店买。

①②的内容可以整理在表 4-8 中。

表 4-8

	价格	定金	① 接下来要支付的金额	② 支付的总金额
A 店的车	190 万日元	30 万日元	160 万日元	190 万日元
B 店的车	140 万日元	无	140 万日元	170 万日元

在①和②两个思考方式中，①更加简单易懂，符合实情。

刚刚说的定金，就属于沉没成本，就是已经沉下去再也收不回来的成本。我反复强调，一定要认清**沉没成本是无法回收的成本，要学会积极地抛弃它**，为了之后做判断时不出差错。

案 例 启 示

▶ 沉没成本是无法回收的成本，要积极地抛弃它，然后做出决策。在商业世界中，一定不能有"浪费了好可惜啊"的想法。

案例 6
新型业务部应当聘用几名有工作经验的人
【边际效率】

全世界对钢铁的大量需求,支撑着钢铁行业的蓬勃发展。其中,一家大型钢铁厂 Y 以雄厚的资金为武器开始开拓新业务。为了获得有即战力的优秀的技术人员,他们决定聘用有工作经验的人。由于具备工作经验,他们在进入公司后,接受耗时 1 个月的基础培训,就可以作为即战力向各部门贡献利润了。

新型业务包含 3 个业务部,分别是电子机器业务部、半导体业务部、不动产开发业务部,希望为每个部门招 1~3 名有经验的新人。

新型业务部的责任董事下达了一个命令,如果总共录用 3 人,应该如何分配到 3 个部门里呢?如果录用 4 个人或 5 个人呢?下令马上调查并尽快报告。

人事部的招聘负责人 M 部长,很快就开始着手对 3 个业务部的人数分配进行调查和讨论。

决策的方法

希望大家能回忆起第 3 章里介绍的**追加收益（边际效率）**（第 90 页）并活用它。在思考人员计划中要聘用几个人时，需要用到追加利润的分析方法。

M 部长要求 3 个正在招聘有经验人士的部门负责人计算减去人力费之前的利润情况，把结果整理在表 4-9 中。而且，设定平均每人的人力费是固定的 40 万日元。

表 4-9

	录用人数	减去人力费之前的利润
电子机器业务部	1 人	80 万日元
	2 人	115 万日元
	3 人	180 万日元
半导体业务部	1 人	10 万日元
	2 人	84 万日元
	3 人	110 万日元
不动产开发业务部	1 人	62 万日元
	2 人	115 万日元
	3 人	140 万日元

由于是优秀的有经验人士，即使增加了录用人数，但对各业务部都会做出贡献。考虑到钢铁公司 Y 的业务部的特殊性，因此，通

过增加人员带来的效率是不一样的。

根据表 4-10，计算 3 个业务部的**净利润**，也就是减去了人力费之后的利润。

◎ 电子机器事业部

  1 人 ➡ 80 万日元－40 万日元＝40 万日元
  2 人 ➡ 115 万日元－40 万日元×2 人＝35 万日元
  3 人 ➡ 180 万日元－40 万日元×3 人＝60 万日元

同样，半导体业务部和不动产开发业务部的情况如表 4-10 所示。

表 4-10

	录用人数	减去人力费之前的利润	净利润	
电子机器业务部	1 人	80 万日元	40 万日元	
	2 人	115 万日元	35 万日元	
	3 人	180 万日元	60 万日元	★
半导体业务部	1 人	10 万日元	－30 万日元	
	2 人	84 万日元	4 万日元	★
	3 人	110 万日元	－10 万日元	
不动产开发业务部	1 人	62 万日元	22 万日元	
	2 人	115 万日元	35 万日元	★
	3 人	140 万日元	20 万日元	

净利润最高的情况,已经用★在录用人数一栏标出来了,电子机器业务部 3 人,半导体业务部 2 人,不动产开发业务部 2 人。虽然各个业务部也可以按照自己的喜好来确定录用人数,但是总共录用 7 个人,这可不是随随便便确定的。

责任董事的指示是,当录用人数总计分别是 3 人,4 人,5 人时,各个业务部应当录用几名,换句话说,就是要找出最优的人员分配计划。

重点在于边际效率,也就是追加利润率。我们用横轴代表录用人数,用纵轴代表减去人力费之前的利润,用折线图来体现各个业务部的情况。

图 4-7a—c 中的折线的倾斜程度表示通过增加人员带来的边际效率。

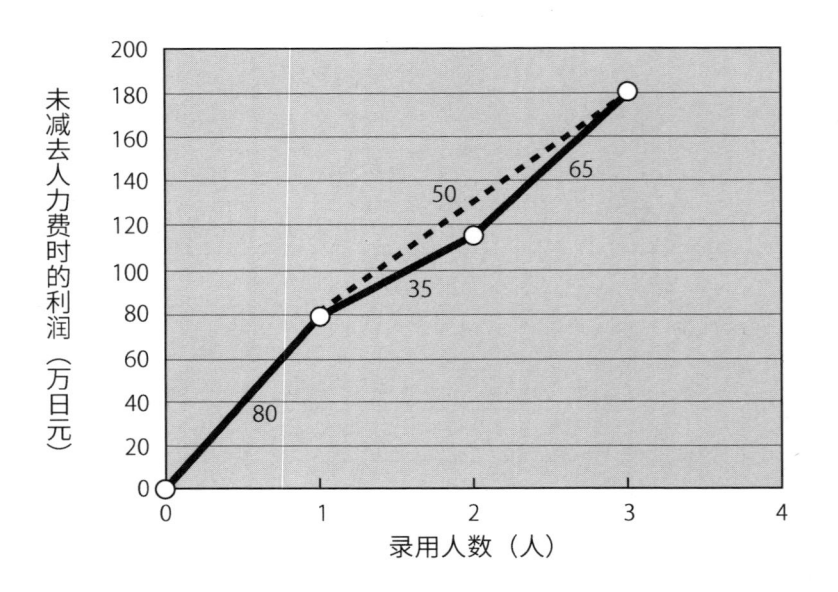

图 4-7a **电子机器业务部**

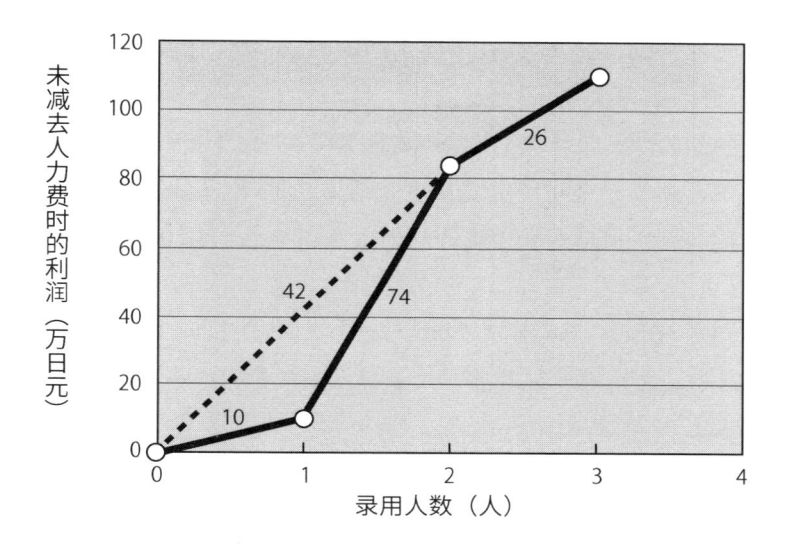

图 4-7b　半导体业务部

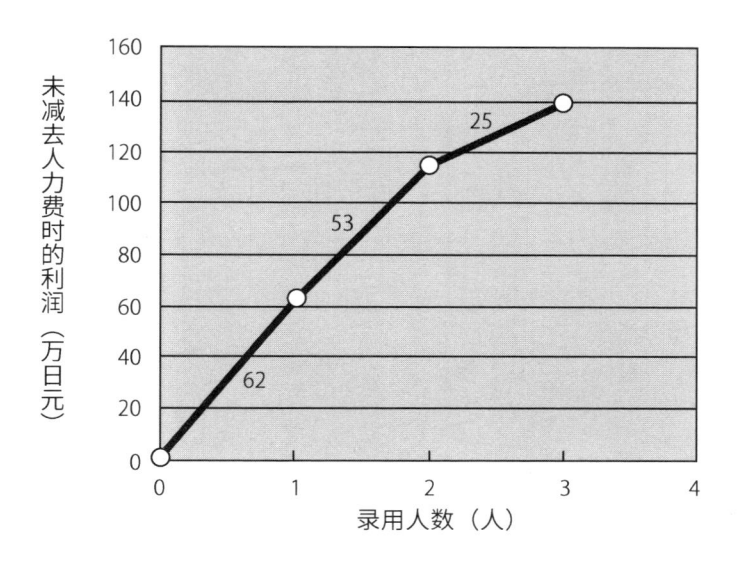

图 4-7c　不动产开发业务部

一般来说，这些折线在不向上凸的时候，就像图 4-7a 和图 4-7b 那样，**必须要用虚线来补全**。

例如，在图 4-7a 中，当录用人数为 2 时，由于折线向下凹进，所以在 1 人到 3 人之间用虚线补连。结果就是，电子机器业务部不考虑录用 2 人。也就意味着电子机器业务部要么录用 1 人，要么录用 3 人。

同样，在图 4-7b 中，当录用人数为 1 时，折线向下凹进，所以在 0 人到 2 人之间用虚线补连。结果就是，电子机器业务部不考虑录用 1 人。

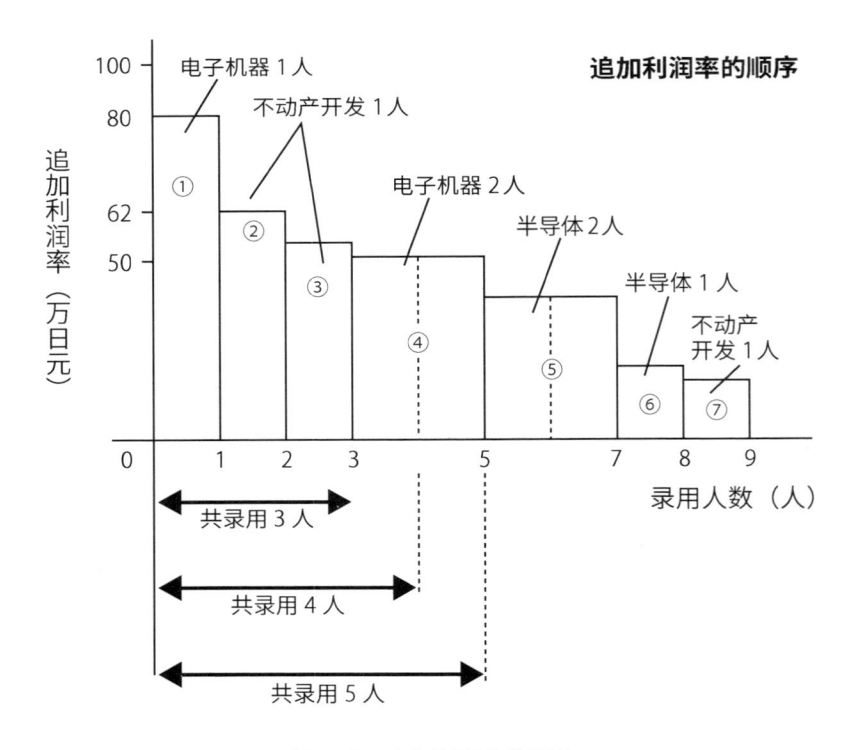

图 4-7　追加利润率的顺序

接下来,我们把追加人员的边际效率,也就是图 4-7(a—c)中按照折线的倾斜度从大到小进行排列。但是,不能向上凸起而进行修正的地方,也就是电子机器业务部录用 2 人、半导体业务部录用 1 人的情况除外。结果参见图 4-7,录用总数范围是 3 人,4 人,5 人时,在下方用□来表示。

从顺序①到⑦的各信息,可以在表 4-11 中体现。

表 4-11

顺序	追加利润率	录用的业务部和人数	累计人数(人)
①	80 万日元	电子机器·1 人	1
②	62 万日元	不动产开发·1 人	2
③	53 万日元	不动产开发·1 人	3
④	50 万日元	电子机器·2 人	5
⑤	42 万日元	半导体·2 人	7
⑥	26 万日元	半导体·1 人	8
⑦	25 万日元	不动产开发·1 人	9

可以看出,当录用 3 名有经验人士时,最优人员分配是,电子机器业务部 1 人,不动产开发业务部 2 人,共计 3 人。

当录用 5 名有经验人士时,最优人员分配是,电子机器业务部 3 人,不动产开发业务部 2 人,共计 5 人。

那么,当录用 4 人时,是什么情况呢?排在第 4 位的电子机器业务部录用的 2 人无法拆分。重点在于如何在录用 4 人时往里塞。

由于半导体业务部在图 4-7b 中不考虑录用 1 个人的情况,所以有以下 A,B 两种思考方案。

A. 把排名第 4 的电子机器事业部（录用 2 人）抹掉，选择排在第 7 位的不动产开发业务部录用 1 人。意味着，电子机器录用 1 人，不动产开发录用 3 人。

B. 把排名第 3 的不动产开发事业部（录用 1 人）抹掉，选择排在第 4 位的电子机器业务部录用 2 人。意味着，电子机器录用 3 人，不动产开发录用 1 人。

以上两个方案，可以计算出净利润。

A　80 万日元＋140 万日元－4 人×40 万日元＝60 万日元
B　180 万日元＋62 万日元－4 人×40 万日元＝82 万日元

计算结果是 B 的净利润最高。如果要录用 4 人，那么电子机器事业部录用 3 人，不动产开发业务部录用 1 人，是最合适的人员分配。

案 例 启 示

▶ 当你要在 3 个业务部之间优化人员分配时，要把追加利润率按照从小到大的顺序排列起来，根据必要程度，纳入录用范围，然后进行决策。

> **小知识**
>
> ## 什么是层次分析法（AHP）?
>
> 在进行决策时，虽然会设定决策基准（评价基准），但是在本书中使用的是定量分析来进行决策，因此前提是能够用定量的形式（数值）来表现。但是，在现实中往往真的只依靠定量的基准来做决策吗？比如，在买新车的时候，除了考虑价格因素，还会考虑品牌与设计等多种定性的选择基准，这是不可忽视的。
>
> 在这里，就需要发挥 AHP 方法的作用。AHP 方法是在 20 世纪 70 年代由美国的 Saaty 教授提出的分析方法，全称叫层次分析法（Analytic hierarchy process：AHP）。
>
> 我再举一个具体的案例。某企业为了提高办公室人员的工作效率，希望尽快在公司导入复印复合机。备选有 3 个产品，分别是 X，Y，Z，评价基准有 4 个，分别是"功能""方便使用""价格""省空间"，用这 4 个评价标准在 3 个产品中做出选择，究竟该购买哪个产品呢？AHP 方法在这里就可以发挥它的功能，具体的分析顺序如下。
>
> ① 用层次图来展现问题的结构。
>
> ② 通过依次比较，计算评价基准（4 个）的重要度（赋值），算出 3 个机型的重要度（得分）。
>
> ③ 检查依次比较的整合性。

④ **最终计算出 3 种机型的总分,列出排名。**

如果有兴趣进一步了解 AHP 分析法,可以参考相关文献(例如,宫川公男的《意思决定论》)。

第 5 章

案例研究 2

存在风险时运用定量分析做决策

案例 7
3 组会议中哪一组的效率最高
【方差与标准差】

S 先生是一名经营咨询顾问,收到客户 K 公司销售次长的委托进行调查。

调查的内容是 K 公司定期召开的销售会议。如果在原定的会议时间内有一组讨论不出结果,那么会议时间就会被迫延长,或者带着旧议题进入下一次的会议,不同情况下的会议效率相差很大。所以,各个组在讨论结果、信息共享、工作劲头上都存在差异。

K 公司希望能在不影响正常销售活动的前提下提高会议效率,但是首先希望判断出 3 个小组中效率最高的一组。此外,还想找到导致会议效率存在差异的原因。S 先生收到的委托内容就是调查和讨论这些。

那么,S 先生要如何应对呢?

决策的方法

委托本次调查的销售次长负责管理 3 个组(A,B,C)的日常业务。接受委托的 S 先生根据各小组的情况听取了意见。

销售小组每组 8 人，其中有通勤时间较长的人，也有在早上 10 点的销售会议之前就从客户那里拜访回来的人。在调查的过程中，S 先生发现各组效率存在差异的原因之一是各组会议开始时成员的集合时间。因此他调查了各组会议的集合时间。**建立了所谓的假设**。

调查结果整理在表 5-1 中。

表 5-1

会议集合时间（上午 10 点）

小组\成员	1	2	3	4	5	6	7	8
A	9:55	9:56	9:57	9:57	9:57	9:59	9:57	9:58
B	9:50	10:08	9:54	10:00	10:07	9:52	9:54	9:51
C	9:57	10:03	9:55	10:03	9:57	10:03	9:57	10:05

把这些数据和会议开始时间 10 点的差距表示了出来，超过 10 点的用正值，10 点之前的用负值，整理在表 5-2 中。正值中省略了符号。

表 5-2

与上午 10 点的差距（分）

小组\成员	1	2	3	4	5	6	7	8
A	−5	−4	−3	−3	−3	−1	−3	−2
B	−10	8	−6	0	7	−8	−6	−9
C	−3	3	−5	3	−3	3	−3	5

从图 5-1 中可以看出,差距的数值越接近 0,意味着出席时间更接近早上 10 点。此外,无论正值还是负值,只要是差距比 0 大,都意味着出席时间太晚或太早,这些差距的存在导致了参差不齐的结果。

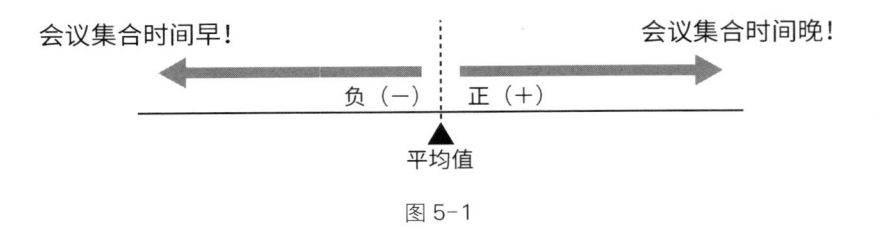

会议集合时间早! ← 负(一) | 正(+) → 会议集合时间晚!

▲ 平均值

图 5-1

在这里,要计算差距与差距平均值之差的平方值的平均数。

在统计学中,方差等于测定值与平均值之差的平方的平均值,标准差(或标准偏差)等于方差的算术平方根。二者都是体现离散状态的重要统计指标。

首先,计算出各组的平均值,结果如表 5-3。

表 5-3

小组\成员	1	2	3	4	5	6	7	8	平均值
A	−5	−4	−3	−3	−3	−1	−3	−2	**−3**
B	−10	8	−6	0	7	−8	−6	−9	**−3**
C	−3	3	−5	3	−3	3	−3	5	**0**

例如,小组 A 的差距合计是 (−5)+(−4)+(−3)+(−3)+(−3)+(−1)+(−3)+(−2)=−24,由此可以求出平均值 **−24÷8=−3**。

然后,用差距减去平均值,计算其平方值,再计算平方值的总和,算出总和的平均值,即方差。再计算出方差的平方根,得到标准差。详见表5-4。

表 5-4

小组＼成员	1	2	3	4	5	6	7	8	方差	标准差
A	4	1	0	0	0	4	0	1	**1.25**	1.1
B	49	121	9	9	100	25	9	36	**44.8**	6.7
C	9	9	25	9	9	9	9	25	**13**	3.6

例如,小组 A 的方差和标准偏差可以这样计算:

由于小组 A 的平均值是 -3,那么差距减去平均值的平方值的总和等于,

$$[-5-(-3)]^2+[-4-(-3)]^2+[-3-(-3)]^2+$$
$$[-3-(-3)]^2+[-3-(-3)]^2+[-1-(-3)]^2+$$
$$[-3-(-3)]^2+[-2-(-3)]^2$$
$$=(-2)^2+(-1)^2+0^2+0^2+0^2+2^2+0^2+1^2$$
$$=4+1+0+0+0+4+0+1$$
$$=10$$

平方值的总和为 10,除以销售小组人数 8,计算出方差,即

$$方差=10\div 8=\mathbf{1.25}$$

方差开平方得到标准差

$$标准差 = \sqrt{1.25} \approx 1.1$$

首先,有个非常突出的地方,说实话也有点看不下去,B组的差距平均值是-3,整个小组的平均集合时间是9:57,这是没有问题的,但是标准差高达约7分钟。

这意味着最早出席会议的人和最晚出席会议的人之间差了近14分钟,成员之间的出席时间参差不齐。虽然会议定在10点开始,实际上迟到10分钟的情况也存在,这可以预设为会议延迟的一个大原因。

B组和C组情况如何呢?

B组的差距平均值是-3,平均都在会议开始前到场,并没有太大问题,最好的情况是标准差在1左右。C组的差距平均值是0,标准差接近4,建议在会议开始前就做好准备,提前留出一点空余时间。

从以上的调查结果可以看出,A组在集合时间上相较于B组和C组的表现较好,会议的效率也会更高一些。

顾问S先生向客户K公司的销售次长提交了调查报告,特别要求了B组今后应当严格遵守会议开始时间,提前几分钟到场。不久后,收到了来自销售次长的反馈,A,B,C这3个小组在改善了出席时间后,提高了会议效率。

案 例 启 示

▶ 从会议的集合时间的差距数据中可以计算出方差和标准差,推断会议开始的情况。时间的差距不仅仅是数据,要善于将计算统计指标中最基本的平均数、方差和标准差作为判断依据来辅助决策。

案例 8
便利店午餐便当的备货
【风险与收益】

便利店 S 计划推出 3 种特别午餐便当，为的是面向在附近公园里欢度新年度的新员工或在公园里聚餐的职场女性。S 店要求 3 名兼职店员为 3 种新产品的企划提出自己的想法和建议。

便利店总部，推出了与自有品牌（也就是 PB）的甜点搭配成套的 3 种午餐便当 A，B，C，它们的售价分别定为 450 日元、500 日元、600 日元。

从正式发售开始已经过去了两个月，3 种便当每周的销售额报告如表 5-5 所示。在 3 种便当中，哪一种的销量最好？店长希望从 3 名午餐便当的负责人中挑选一人提高时薪，应该选择谁呢？

表 5-5

销售额：日元

		A 便当	B 便当	C 便当
3 月	第 1 周	114 300	117 000	123 600
	第 2 周	124 200	135 000	105 600
	第 3 周	119 700	124 000	98 400
	第 4 周	124 200	106 000	157 200

(续表)

		A 便当	B 便当	C 便当
4月	第1周	109 800	124 000	110 400
	第2周	127 800	116 000	97 200
	第3周	119 700	114 000	108 000
	第4周	117 900	119 000	153 600

决策的方法

作为店长，首先要看每周平均销售额，并计算出这两个月的平均值。A便当每周销售额为119 700日元，B便当和C便当每周销售额分别是119 375日元和119 250日元，3种都是略微低于12万日元。

店长发现很难做出选择。单靠表中的数值也得不出什么结论来，那就用图5-2来看看销售情况。

3种便当每周销售额的平均值几乎一致，但是各个周的销售额有较大的差异。尤其是C便当，在不同的时间销售额差异的变动非常大，在月末也就是第四周，销售额是最高的。

因此，C便当就是销售差异最大的便当。我们运用前一节的方法来计算3种便当的方差和标准差。

数值之间的差异，可以用统计学中方差和标准差来体现，我们也用这种方法来分析一下本节的案例，计算结果如表5-6所示。

图 5-2

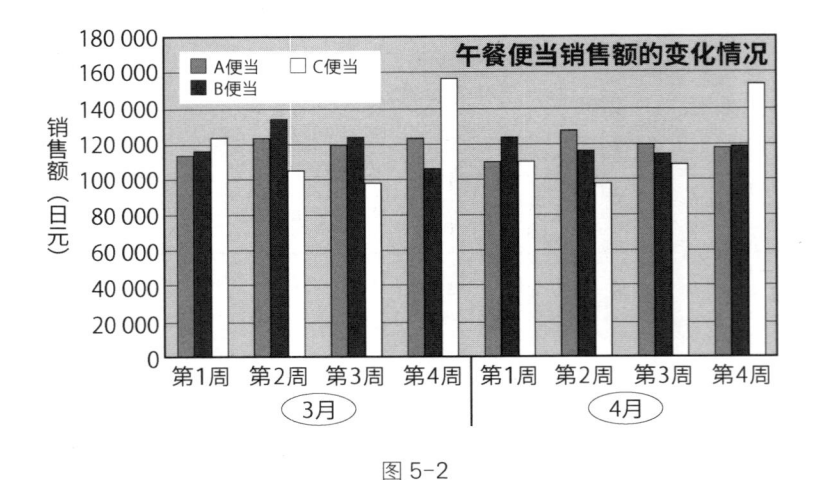

表 5-6

单位：日元

	A 便当	B 便当	C 便当
平均值	119 700	119 375	119 250
标准差	5 437	7 999	22 224

可以看出，3 种便当的平均数虽然相近，但是 C 便当的标准差大大超过了另外两种便当。

在第 4 周的销售额很高，一方面是因为 C 便当的售价是 600 日元，要比其他便当贵一些，还有就是由于是各个公司会在每个月第 4 周支付薪水，因此很多员工会在拿到薪水后小小奢侈一下。

标准差大意味着每周销售额的变动很大，对店长来说，这是很难进行预测的高风险商品。一般来说，销售选品时往往会避开高风险商品。因此，**低风险商品才是更妥当的选择**。

面临风险，进行决策时，要参考**期望值与方差定理**（第 96 页）。

通过计算 $\dfrac{期望值}{标准差}$ 或 期望值－标准差 得出指标，选择指标最高的一项。

期望值是平均值叫作期望收益。结果可见表 5-7。

表 5-7

	A 便当	B 便当	C 便当
期望值／标准差	22.0	14.9	5.4
期望值－标准差	114 263	111 376	97 026

从计算结果可以看出，A 便当的销售情况最好。如果店长在 3 名店员中选出一名员工加薪，应当选择 A 便当的负责人。

那么，今后店长是不是可以选择在店里只销售 A 便当这样相对便宜且每周销售额较高的便当呢（让店长更加安心）？

这就错了。像 C 便当，虽然销售额的变动非常大，但是在每月第 4 周的发薪日便可以和其他有竞争力的商品搭配出售，满足人们的心理需求。**在金融行业这叫作投资组合（Portfolio），可以达到降低或规避风险的效果。**

在便利店和超市陈列、销售各式各样的商品。这些店铺要对所在商圈的顾客的消费动向做出调查，要在考虑顾客需求的基础上分析如何备货与销售。这是非常重要的。

其中,设定价格也非常重要。卖场里不能只有 A 便当这样相对低价的商品,还要有 B 便当或者在发薪日有高人气的 C 便当,这些商品组合起来,可以拓宽商品的价格区间,对于提高销售额来说都是非常重要的。

话说回来,高风险的状态,难道真的全都是不好的状态吗?最近有许多金融产品被开发出来,资产的使用方法也越来越多。像国债或者公司债券等债券有一定的收益,风险也较小,所以投资新手可以从投资债券开始。然而,投资股票或外汇,收益变动非常大,可能大赚一笔也可能亏一大笔,风险相当大。虽然知道风险大,但是甘愿承担风险挑战一下,那也不失为一个选择。

有句话叫"高风险,高回报"(high risk,high return),意思是风险越高回报越大。但是,如果风险高,而回报率(平均收益率)没那么高,那么投资就不合算了。所以,投资股票或投资外汇也叫作"高风险,高回报"型的投资,但是不得不说它们也是利用了投资人的梦想或希望(还有投机心理)的金融商品。

案 例 启 示

▶ 利用 3 种便当每周的销售额数据计算出平均值与方差。由于方差是判断风险的指标之一,因此越小越好。

计算出 $\dfrac{期望值}{标准差}$ 等指标,可以判断 3 种便当中 A 便当的销售额最稳定的,也是最让店长放心的。

▶ 方差或标准差都是可以表现离散程度也就是风险的指标。高风险未必就是不好的状态。就像"高风险,高回报"这句话说的,高风险很有可能伴随着高收益,也许是一次获得高收益的机会。

案例 9
高级红酒附近应当陈列哪些商品呢
【相关分析】

食品超市 M 正在讨论如何更新产品陈列，目的是减少顾客询问"某某商品在哪里"，而且在顾客买到想要的商品后，如果能在旁边的货架上找到同时想买的其他东西就更好了。这种高效便捷的购物方式会提升顾客的购物体验。同时，对于店铺来说，可以提高销售额，还可以保持甚至提高消费者的回头率。M 超市正在对以下 10 种商品的陈列进行讨论。

①红酒　②啤酒　③鱼贝类　④冷冻食品类　⑤精肉类
⑥乳制品类　⑦速食品类　⑧罐头类　⑨点心类　⑩蔬果类

店长应该怎样陈列商品呢？尤其是这家超市的高级红酒品种丰富，售价相对便宜。在高级红酒旁边的货架上应该陈列哪些商品呢？

决策的方法

作为店长,应该注意哪些数据和信息呢?

买了啤酒的顾客通常会顺便买一些零食回去,从 POS 机的记录里可以看到顾客同时买了什么和什么。

例如,5 名顾客买了 3 种商品(X,Y,Z),图 5-3 显示了他们的购买记录,可以看到 5 名顾客中顾客 1 和顾客 4 的购物小票。

在表 5-8 中,购买了某个商品就在下面画圈。比如,顾客 1 同时购买了 X 商品和 Y 商品。

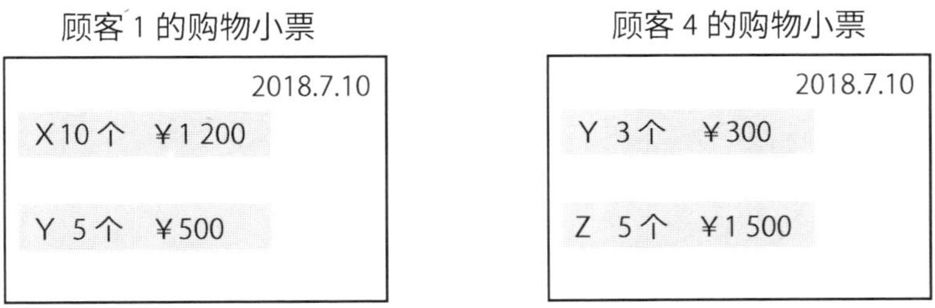

顾客 1 的购物小票

```
                        2018.7.10
  X 10 个   ¥1 200

  Y  5 个   ¥500
```

顾客 4 的购物小票

```
                        2018.7.10
  Y  3 个   ¥300

  Z  5 个   ¥1 500
```

图 5-3

表 5-8

商品 顾客	商品 X	商品 Y	商品 Z
顾客 1	○	○	
顾客 2	○	○	○
顾客 3	○	○	
顾客 4		○	○
顾客 5			○

可以换个表示方法,用表 5-9 来表示表 5-8 的内容。购买则用 1 表示,未购买则用 0 表示。

表 5-9

商品 顾客	商品 X	商品 Y	商品 Z
顾客 1	1	1	0
顾客 2	1	1	1
顾客 3	1	1	0
顾客 4	0	1	1
顾客 5	0	0	1

从商品 X 和商品 Y 的关系来看,顾客 1 到顾客 3 都购买了它们,顾客 5 相反,没有买商品 X 和商品 Y。顾客 4 买了商品 Y 却没有买商品 X。

也就是说,5 人当中有 4 人不是同时购买,就是没有购买。由于次数少所以不好断言,但是能够看出商品 X 和商品 Y 之间存在着很强的同时被购买或没被购买的关系。

我们来计算一下,商品 X 和商品 Y 同时被购买或没被购买的关系的**相关系数**。

首先,计算出商品 X 和商品 Y 的平均值,分别得出 0.6 和 0.8(参见表 5-10)。

$$商品 X 的平均值 = (1+1+1) \div 5 = 0.6$$
$$商品 Y 的平均值 = (1+1+1+1) \div 5 = 0.8$$

表 5-10

商品 顾客	商品 X	商品 Y	$X-m$	$Y-m$
顾客 1	1	1	**0.4**	0.2
顾客 2	1	1	**0.4**	0.2
顾客 3	1	1	**0.4**	0.2
顾客 4	0	1	**−0.6**	0.2
顾客 5	0	0	**−0.6**	−0.8
平均值(m)	**0.6**	**0.8**		

接着,从商品 X 和商品 Y 各自的数据(虽然这么说但是只有 0 和 1)中减去**平均值(m)**,在表 5-10 中显示在 $X-m$ 和 $Y-m$ 这两栏里。m 代表平均值。

然后计算出 5 名顾客的总数。

① $(X-m)\times(X-m)=(X-m)^2$
② $(Y-m)\times(Y-m)=(Y-m)^2$
③ $(X-m)\times(Y-m)$

计算结果在表 5-11 中最下面的合计(1)(2)(3)里。

表 5-11

商品 顾客	$(X-m)^2$	$(Y-m)^2$	$(X-m)\times(Y-m)$
顾客 1	0.16	0.04	**0.08**
顾客 2	0.16	0.04	**0.08**

(续表)

商品＼顾客	$(X-m)^2$	$(Y-m)^2$	$(X-m)\times(Y-m)$
顾客3	0.16	0.04	**0.08**
顾客4	0.36	0.04	**−0.12**
顾客5	0.36	0.64	**0.48**
合计	**1.2**	**0.8**	**0.6**
	(1)	(2)	(3)

最终可以得出商品X和商品Y的相关系数，

$$相关系数 = (3) \div \sqrt{(1)\times(2)}$$

$\sqrt{}$可以求出平方根。

所以，相关系数等于

$$0.6 \div \sqrt{1.2\times 0.8} \approx 0.612$$

那么，商品X和商品Z之间又是怎样的关系呢？按照上面的过程求出相关系数，结果约为−0.667。

实际上看一看表5-9，5人中有4人在购买商品X的时候并有没有购买商品Z，反之，在没有购买商品X的时候却购买了商品Z。

像这样，相关系数的值处在−1至1之间，这个指标可以反映两种商品是否同时被购买。

当相关系数为正值且越接近1时，证明两种商品无论哪种被购买,另一种也会被一起购买的倾向就越强。反过来,当相关系数为负值且越接近－1时,证明两种商品无论哪种被购买,另一种不会被购买的倾向就越强。

商品 X 和商品 Y 的相关系数可以用图 5-4 表示。正相关系数越接近 1,商品 X 增加时商品 Y 也会增加。

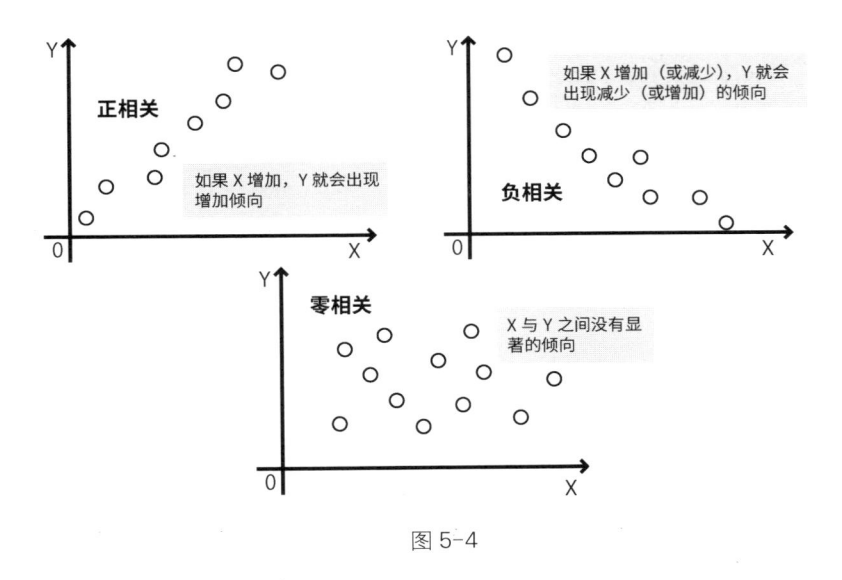

图 5-4

反之,负相关系数越接近－1,商品 X 增加(或减少)时,商品 Y 反而会减少(或增加)。

另外,在零相关系数中,商品 X 和商品 Y 之间并无显著倾向。

在这个案例中,X 和 Y 的值,在购买时为 1,不买时为 0,只有这两个值可以取,但是相关系数为正值且越接近 1 时,就意味着同时被购买或者同时不被购买的倾向就越强。反之,如果是负值且越接近－1 时,就意味着两种商品不会同时被购买的倾向越强。

用相关分析对案例开头的 10 类商品进行分析,结果如表 5-12 所示。

表 5-12

	红酒	啤酒	鱼贝类	冷冻食品类	精肉类	乳制品类	速食品类	罐头类	点心类	蔬果类
红酒	1									
啤酒	−0.21	1								
鱼贝类	0.43	0.56	1							
冷冻食品类	0.32	**0.71**	0.34	1						
精肉类	0.56	**0.68**	0.43	0.38	1					
乳制品类	**0.82**	0.32	0.26	0.29	0.44	1				
速食品类	0.26	0.58	0.11	0.11	0.15	0.32	1			
罐头类	0.43	0.48	0.19	−0.32	0.27	0.25	−0.47	1		
点心类	**0.64**	0.43	0.39	0.22	0.44	0.14	0.38	0.59	1	
蔬果类	0.43	0.12	0.44	0.02	0.35	**0.69**	**0.62**	0.32	0.28	1

在表 5-12 中,正相关系数大于 0.6 的产品组合的格子里加了底色。结果显示,啤酒和冷冻食品、啤酒和精肉类等等几种搭配的相关系数较高。尤其是红酒和乳制品的相关系数高达 0.82,红酒和点心类的相关系数也很高。此外,蔬果类和乳制品类、蔬果类和速食品类的相关系数都是相对较高的。

红酒和啤酒一直以来都固定在酒类专用的货架上,但是**通过相关分析发现:如果顾客同时购买的倾向较强,那么就应该尽量让这些商品的距离近一些**,这样一来顾客就能在同一个地点完成购物了。换句话说,应当积极地采取对策提高店铺的销售额,例如控制购物路线或者改变卖场陈列等方式方法。

但是,相关分析也会受天气等气象条件或营业时间以及附近的竞争超市特价销售等状况的影响,因此有必要从多个角度来验证数据和信息。

案 例 启 示

▶ 重新审视食品等产品的陈列时,可以通过相关性分析找到顾客通常会同时购买哪些商品,把正相关系数高的商品尽量放在距离较近的货架上。

▶ 通过把正相关系数高的商品尽量放在距离较近的货架上,顾客就可以在短时间内完成一站式购物,提高购物效率。这对顾客来说是一次满意的购物体验,可能会多次回购。对于超市来说,会增加销售额和利润。

案例 10
大型家电商场的新店应该如何选址
【回归分析】

人们常说,在大型家电销售行业,大规模经营才是生存的关键,因此,更新换代重新组建的频率很高。

家电销售公司 K 是业内知名大企业,他们的店铺都开在车站附近。由于附近有家百货商店倒闭了,所以 K 公司在讨论是否要在私营铁路公司的开发旧址等新的地方作为新店铺的后备选址。

K 公司目前有 3 个备选地点(X,Y,Z),共同点都是离车站比较近,3 个地点的商圈分析如表 5-13 所示。

表 5-13

备选新址	商圈人口 (万人)	到最近车站的 距离(km)	最近车站日平均 吞吐量(万人)
X	9.8	1.1	76
Y	13.6	0.7	100
Z	8.1	1.2	69

这 3 个候选地址与 K 公司的 6 家现存店铺的条件非常相似。这 6 家店铺的商圈分析信息如表 5-14 所示。

表 5-14

店名	年销售额（亿日元）	商圈人口（万人）	到最近车站的距离(km)	最近车站日平均吞吐量(万人)
A	11.3	10.0	0.8	67
B	10.0	11.7	0.4	45
C	12.0	8.5	1.0	95
D	14.0	15.6	0.6	117
E	7.5	6.0	1.2	40
F	10.5	4.6	0.9	74

新店铺的年销售额至少要达到 12 亿日元以上，这是必须的条件。那么，在 3 个备选地址中应该选择哪一个呢？

决策的方法

新店铺的必要条件就是年销售额至少要达到 12 亿日元，我们可以通过表5-14来分析现有的 6 家店铺的年销售额与商圈人口、到最近车站的距离、最近车站日平均吞吐量之间的关系。

首先，我们先把年销售额与商圈人口等要素体现在**散点图**上，使其可视化。

图 5-5 展示了 3 组关系：①年销售额与商圈人口；②年销售额与到最近车站的距离；③年销售额与最近车站日平均吞吐量。

① 从年销售额与商圈人口的关系中，"似乎"可以看出，商圈人

年销售额与商圈人口组合的散点图

年销售额与到最近车站的距离组合的散点图

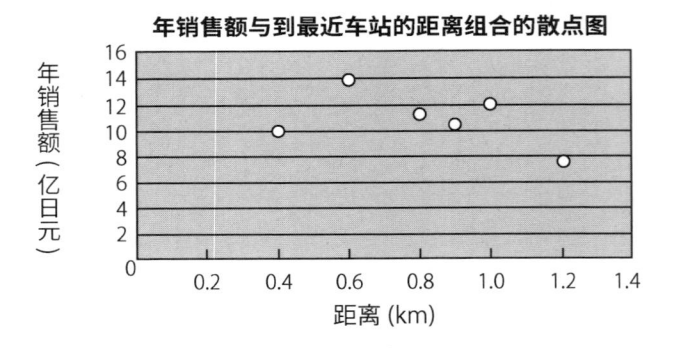

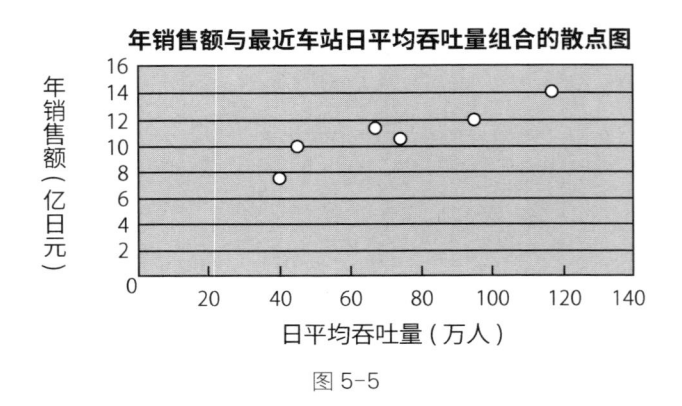

年销售额与最近车站日平均吞吐量组合的散点图

图 5-5

口越多,年销售额越高的倾向。

② 从年销售额与到最近车站的距离的关系中,"并不能很明显地"看出离车站越远,年销售额越低的倾向。

③ 从年销售额与最近车站日平均吞吐量的关系中,"很明显"可以看出,与上面两组不同,最近车站的日吞吐量越大,年销售额就越高的倾向。

以上①②③体现的年销售额与各要素的关系,分别用了"似乎""并不能很明显地""很明显"3 种表述,但是有没有更加具体的用数量表现这两种关系的方法呢?

大家回忆一下上一节里所学的**相关系数**的知识。我们先计算一下①②③的相关系数。计算结果如表 5-15 所示(相关系数的计算方法可以参考上一节的内容)。

表 5-15

二者的数量关系	相关系数
① 年销售额与商圈人口	0.691
② 年销售额与到最近车站的距离	−0.464
③ 年销售额与最近车站日平均吞吐量	0.925

用相关系数将前面用文字表述的二者关系非常清晰直观地呈现出来。这就是定量分析的优势所在。

例如,在"③年销售额与最近车站日平均吞吐量的关系"中,相关系数是正值0.925,非常接近 1。因此,最近车站的日吞吐量越大,年销售额就越高的倾向假设是成立的。

在上文的分析中，K 公司有 6 家店铺，如果店铺数量更多，我们来分析一下所有店铺的数据吧。从结果中可以看出，"③年销售额与最近车站日平均吞吐量的关系"呈正相关且相关系数非常高。

这时，我们把正相关系数非常高的③用一条**近似于直线的线**表示。

现在，**用近似直线表示出二者关系**，这正是此案例中的重点——"回归分析"。

回归分析指的是试图在散点图上用直线来表示的两个变量（假设是 x 与 y）之间关系的方法。

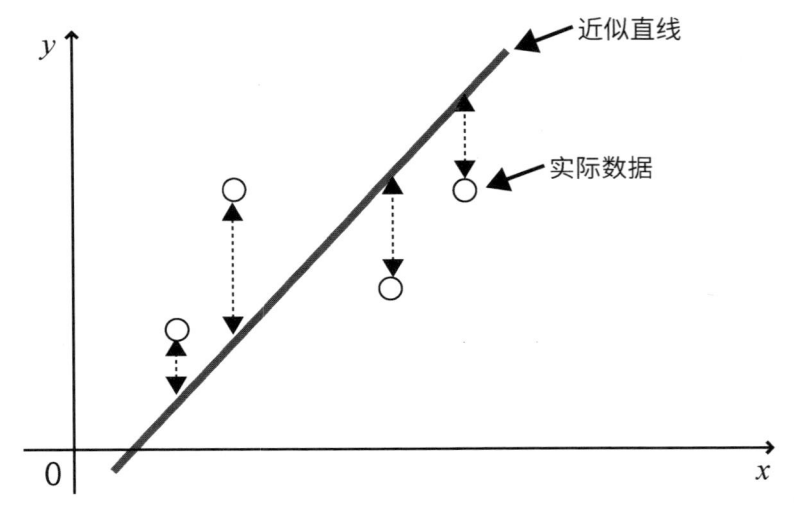

图 5-6

在图 5-6 中，两个变量 x 和 y 的散点图，有 4 个用圆圈表示的点。我想用直线来表示这 4 个点。如果说得好听一点就是**"希望能接近直线"**。但是也不能随便画一条直线。

在近似直线和实际数据之间画一条虚线（◀……▶），根据这4条虚线的长度（正确的做法是长度的平方）之和，画出一条最短的直线。这是通过**最小平方方法来画直线**的方法，也是非常简单明快的方法。画出的这条直线就是所谓的"**回归直线**"。

基于变量 x 和变量 y 的关系，可以用一个等式来表示

$$y = ax + b \quad \blacktriangleright \quad (1)$$

也就是在中学数学中学习的一次函数。a 和 b 是常数，其中 a 叫作斜率，b 叫作截距。

在回归直线中计算斜率和截距的方法，在统计学教材中有说明，有兴趣的话可以参考一下。

在电子表格软件 Excel 中，选择希望画出近似直线的数据，再"添加近似曲线"，然后选择近似线形，就可以轻松画出近似直线了。

言归正传。正相关程度最高的年销售额与最近车站日平均吞吐量的关系可以用近似直线表示，如图 5-7 所示。

回归直线为

$$y = 0.068\ 2x + 5.906\ 5 \quad \blacktriangleright \quad (2)$$

如果再确认一遍，y 表示年销售额（亿日元），x 表示日平均吞吐量（万人）。**使用刚才求出的回归直线，能从平均吞吐量来推测大致的年销售额。**这是有相关系数接近正值1的支撑。

大家再看一下表 5-13 中的数据。备选地址 X 最近的车站日平均吞吐量为 76 万人。将数据代入回归直线（2），

年销售额与最近车站日平均吞吐量

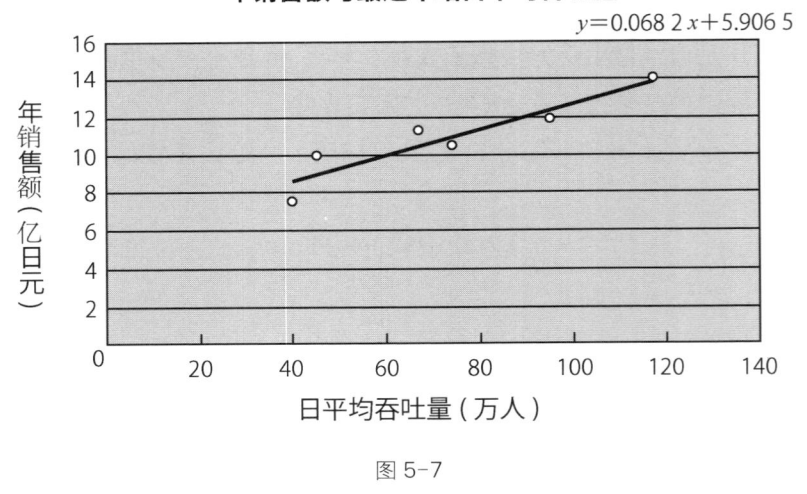

$y=0.0682x+5.9065$

图 5-7

◎ 备选地址 X

$y=0.0682×76\text{ 万人}+5.9065≈11.1\text{ 亿日元}$

同样可以计算出备选地址 Y 和 Z 的预测年销售额：

◎ 备选地址 Y

$y=0.0682×100\text{ 万人}+5.9065≈12.7\text{ 亿日元}$

◎ 备选地址 Z

$y=0.0682×69\text{ 万人}+5.9065≈10.6\text{ 亿日元}$

由这些计算结果可知，只有备选地址 Y 可能会满足年销售额不少于12亿日元的必要条件(第177页),因此在3个地址中应当选择Y作为新店地址。

在这个案例中,正相关最大的年销售额与最近车站日均吞吐量的关系非常引人注目,把可以说明年销售额的数量(略难但是叫作"**解释变量**")用平均吞吐量人数进行分析,计算出一条回归直线。这叫作"**单回归分析**"。

另外,从一开始可以用商圈人口、到最近车站的距离等多个说明变量对年营业额进行分析。这种叫作"**多元回归分析**"。y代表年销售额,x_1代表商圈人口,x_2代表到最近车站的距离,x_3代表日均吞吐量人数,那么可以得出这样的等式。

$$y = ax_1 + bx_2 + cx_3 + d \quad \Rightarrow \quad (3)$$

(a,b,c,d 都是常数)

在多元回归方程(3)中,需要求出常数 a,b,c,d 的值,因此用电脑的话很容易计算出来。

案 例 启 示

▶ 可以通过计算相关系数来找到说明变量,从而最准确地推算出家电店铺的年销售量。当我们把说明变量锁定为1个时,可设定为与年销售额相关系数最高的车站日均吞吐量。

结果就是,通过单回归分析,就能判断在备选地址上开新店是否能达到年销售额的要求。

案例 11
向回转寿司连锁店推销新型高科技系统
【期望值定理】

触屏点单，自动结算系统结账等，最近回转寿司店也越来越科技化了。最近，某系统供应商开发了更加优化的新系统，并前往回转寿司连锁店 K 公司的总部进行推销。

总部已经收到了供应商提出的几个提案。K 公司总部的相关负责人要从以下 5 个提案中选择最优方案，引进该新系统（支付专利使用费与版税）或暂不考虑。

D_1：支付专利使用费 500 万日元

D_2：支付专利使用费 250 万日元和营业额的 10% 的专利费

D_3：支付专利使用费 100 万日元和营业额的 20% 的专利费

D_4：支付专利使用费 30 万日元和营业额的 30% 的专利费

D_5：暂不考虑导入

此外，新开张的回转寿司店花费店铺改建费和人力费总计 500 万日元。如果寿司的价格是 1 盘 200 日元，那么扣除材料费等必要成本后，每盘的利润就是 120 日元。开店的话要考虑寿司有以下 3

种需求。

S_1：需要 10 000 盘
S_2：需要 300 000 盘
S_3：需要 100 000 盘

3 种情况 $S_1 \sim S_3$ 的概率分布，从其他连锁店的业绩结果来看，在 3 种不同需求情况下的数值也不同，如表 5-16 所示。

表 5-16

需求形势 \ 将来会发生的情况	S_1 (10 000 盘)	S_2 (300 000 盘)	S_3 (100 000 盘)
强烈需求	10%	70%	20%
一般需求	20%	20%	60%
低迷需求（内敛型需求）	60%	10%	30%

面对风险做决策，使用**期望值定理**时，在前面说到的 $D_1 \sim D_5$ 的 5 个选项中，K 公司总部在 3 种不同市场需求下应当分别选择哪种方案呢？

决策的方法

使用盈亏表做决策时，盈亏表的内容是利润和成本，会给人一种错觉——利润和成本是被提前赋予的。在做决策的练习题和解决方案中，由于首先要理解决策的原理（algorithm），因此大多时候需要计算前一阶段的盈亏表或给出未来事态的概率分布。

但是，在现实中，是从对现状的把握、对过去的实绩以及对未来的需求的预测等为基础计算盈亏表开始的。

在这个案例中，我想从计算具体的盈亏表开始着手分析。

首先，可以马上想到表 5-17 这样的一张盈亏表。

表 5-17

		将来会发生的情况		
		S_1	S_2	S_3
		（发生概率 1）	（发生概率 2）	（发生概率 3）
选项	D_1	…	…	…
	D_2	…	…	…
	D_3	…	…	…
	D_4	…	…	…
	D_5	…	…	…

在 3 种不同的需求形势下，未来发生情况的概率分布也不同。在不同需求形势下，应该从 5 个选项（$D_1 \sim D_5$）中选择哪个呢？不妨来试一下面临风险时最常用的决策方法——"**期望值定理**"。

首先，选项 D_1 在状态 S_1 下，简写成（D_1, S_1），计算一下利润和成本。整理一下此时的条件，可以归纳为以下 2 点。

① 向供应商支付 **500 万日元的专利使用费**。
② 回转寿司的盘子需要 **10 000 个**。

那么，我们来看一下这时的利润。

1 盘利润 120 日元，利润合计为

$$120 \text{ 日元} \times 10\,000 \text{ 盘} = 120 \text{ 万日元}$$

支出成本包含专利使用费 500 万日元，店铺改建费和人力费共计 500 万日元，所以总成本是 **1 000 万日元**。

因此，在盈亏表中 (D_1, S_1) 中，应填入

$$120 \text{ 万日元} - 1\,000 \text{ 万日元} = -880 \text{ 万日元}$$

接下来，选项 D_2 在状态 S_2 下，简写成 (D_2, S_2)，计算一下利润和成本。整理一下此时的条件，可以归纳为以下 2 点。

① 向供应商支付专利使用费 250 万日元和营业额的 10% 的专利费。

② 回转寿司的盘子需要 300 000 个。

此时的利润如下所示。

$$120 \text{ 日元} \times 300\,000 \text{ 盘} = 3\,600 \text{ 万日元}$$

支出成本包含店铺改建费和人力费共计 500 万日元，加上专利使用费 250 万日元以及营业额的 10% 的专利费，总成本如下所示。

500 万日元 + 250 万日元 + 200 日元 × 300 000 盘 × 0.1
= 1 350 万日元

在盈亏表中(D_2，S_2)中,应填入

3 600 万日元－1 350 万日元＝2 250 万日元

制作盈亏表时,计算本身并不难,但是一定要注意不要把计算条件搞混了。全部计算结果如表 5-18 所示。

表 5-18

单位:万日元

选项		未来会发生的情况		
		S_1 (发生概率1)	S_2 (发生概率2)	S_3 (发生概率3)
	D_1	－880	2 600	200
	D_2	－650	2 250	250
	D_3	－520	1 800	200
	D_4	－470	1 270	70
	D_5	0	0	0

在盈亏表中,数值为正代表有利润,数值为负代表亏损,这是不言自明的吧。

既然已经制作出了盈亏表,接下来再按照表 5-16 中的 3 种需求情况,用期望值定理计算出"期望值"吧。

> ■ 强烈需求情况时的期望值(状态 S_1:10%,状态 S_2:70%,状态 S_3:20%)

选项 D_1：$(-880)\times 0.1 + 2\,600\times 0.7 + 200\times 0.2$
$= -88 + 1\,820 + 40 =$ **1 772 万日元**

选项 D_2：$(-650)\times 0.1 + 2\,250\times 0.7 + 250\times 0.2$
$= -65 + 1\,575 + 50 = 1\,560$ 万日元

选项 D_3：$(-520)\times 0.1 + 1\,800\times 0.7 + 200\times 0.2$
$= -52 + 1\,260 + 40 = 1\,248$ 万日元

选项 D_4：$(-470)\times 0.1 + 1\,270\times 0.7 + 70\times 0.2$
$= -47 + 889 + 14 = 856$ 万日元

选项 D_5：$0\times 0.1 + 0\times 0.7 + 0\times 0.2 = 0$

期望值最高的是选项 D_1 的 **1 772 万日元**。也就是说，应该选择支付 500 万的专利使用费。

> ■一般需求情况下的期望值（状态 S_1：20%，状态 S_2：20%，状态 S_3：60%）

选项 D_1：464 万日元
选项 D_2：**470 万日元**
选项 D_3：376 万日元
选项 D_4：202 万日元
选项 D_5：0

用同样的方法计算出期望值,得出期望值最高的是略微胜出的选项 D_2 的 **470 万日元**。也就是说,应该选择支付专利使用费 250 万日元以及营业额的 10％的专利费。

> ■低迷需求情况下的期望值(状态 S_1:60％,状态 S_2:10％,状态 S_3:30％)

选项 D_1：－208 万日元

选项 D_2：－90 万日元

选项 D_3：－72 万日元

选项 D_4：－134 万日元

选项 D_5：**0**

在市场需求低迷时,选项 D_1—D_4 全部都会亏损。这种情况下选择不导入新系统才是最优选择。

案 例 启 示

▶ 在这个案例中,首先列出未来可能会发生的 3 种情况,以及 5 个可选方案,制成盈亏表。

▶ 根据制成的盈亏表,在 3 种不同的市场需求情况下,通过使用"**期望值定理**"来辅助决策。结果发现,在强势需求、一般需求、低迷需求的形势下,各自的最优方案是不同的。

小知识

什么是"数据挖掘"(data mining)？

数据挖掘(data mining)是指从大量的数据中通过算法搜索隐藏于其中的规律性与知识的数据解析过程。用英语可以表述为 Knowledge-discovery in Databases(从数据库中发现知识与信息)，缩写为 KDD。

数据挖掘中包含类似统计分析和多变量分析的处理，但是其主要目的是从大量的数据中提取出规律性(规则或模式)。在统计分析和多变量分析中，已经确立了分析方法，数据挖掘也可以对它们的分析方法进行验证。

数据挖掘的主要分析方法如下所示。

(1) 提取关联规则

从 POS 机中储存的大量数据中找出同时发生的事件，用强相关的关系把它们提取出来的技术。利用交易日志中的购买记录进行的篮子分析就是著名的案例。本书的案例 9 中进行了说明。

(2) 回归分析

对于用解释变量来预测既有数据的问题，适合使用线性回归或逻辑回归分析。本书的案例 10 进行了说明。

(3) 聚类分析

把一组数据分成几个群集。所谓群集，指的是如果是同一群集的数据,那么相似性就很大;如果不是同一群集,那么相似性就很小。

最近,数据挖掘与备受关注的机械学习有关,在定量分析中也是一种强有力的工具。希望大家可以通过本书和参考文献理解基本的分析方法。

第 6 章

案例研究 3

不确定时运用定量分析做决策

案例 12
服装专卖店如何制定夏季衣料生产计划
【各种原理的正确使用】

时尚行业的服装面料专卖店 Y 公司，正在讨论面向今年夏季的面料生产计划。Y 公司是一家被称为 SPA 的制造零售型企业，将生产的面料直接出售给自家公司的零售店。像这样集生产、物流、销售为一体的管理模式可以实现高效的战略型销售活动。

目前，Y 公司正在讨论自有品牌（PB）的清爽面料的生产计划，结合气象厅发出的对今年夏天的气象预测，最终制作了表 6-1 这样的盈亏表。

表 6-1

单位：日元

	凉夏	一般	酷暑
① 与去年持平	2 亿 8 千万	7 亿	10 亿
② 增产 10%	4 亿	17 亿 5 千万	16 亿
③ 增产 20%	−1 亿	15 亿	18 亿
④ 减产 10%	3 亿 5 千万	13 亿	10 亿
⑤ 减产 20%	7 亿	6 亿 5 千万	5 亿

在表 6-1 中，3 种气象状态分别是凉夏、一般、酷热，5 个计划分别是①产量与去年持平，②比去年增产 10%，③比去年增产 20%，④比去年减产 10%，⑤比去年减产 20%，具体可以看这张表。

Y 公司参考气象厅的长期预报，认为很难判断今年夏天的情况，即无法判断"**发生概率**"。也就是说，Y 公司处在一个面临不确定的未来而不得不做决策的困难境地。

不妨用第 104 页介绍的"拉普拉斯定理""悲观决策准则""乐观决策准则""赫维茨定理"这 4 个定理来帮助选择出 5 个计划中最优的那一个。

决策的方法

在第 3 章介绍的"不确定时做决策"的具体工具（第 104—113 页）适用于表 6-1 的情况。分析的方法在某种程度上是比较机械的。

1. 拉普拉斯定理

根据拉普拉斯定理，今年夏天的 3 种气象预报都不确定，所以**假设它们的发生概率相同，进而计算出期望值**。拉普拉斯定理就是这样的一个定理。

凉夏、一般、酷热，它们的发生概率均为 1/3，

① **2 亿 8 千万日元 × $\frac{1}{3}$ + 7 亿日元 × $\frac{1}{3}$ + 10 亿日元 × $\frac{1}{3}$**

$$= (2\text{亿}8\text{千万日元} + 7\text{亿日元} + 10\text{亿日元}) \times \frac{1}{3}$$

$$= 6\text{亿}6\text{千万日元}$$

用同样方式可以计算出

② 12 亿 5 千万日元
③ 10 亿 6 700 万日元
④ 8 亿 8 300 万日元
⑤ 6 亿 1 700 万日元

可以看出,②的利润最高,是 12 亿 5 千万日元。根据拉普拉斯定理,应当选择比去年"**增产 10%**"。

2. 悲观决策准则

这个方法就是计算出生产计划①~⑤**各自得到的最小利润**,从中选取利润最高的一项。各自的最小利润如表 6-2 所示。

但是,要注意单位变成了百万日元。

可以看出,⑤的利润最高。根据悲观决策准则,应当选择比去年"**减产 20%**"。

3. 乐观决策准则

这个方法就是计算出生产计划①~⑤**各自得到的最大利润**,从其中选取利润最高的一项。各自的最大利润如表 6-3 所示。

表 6-2

	最小利润
①与去年持平	280
②增产 10%	400
③增产 20%	−100
④减产 10%	350
⑤减产 20%	500 ← **最大利润**

单位：百万日元

表 6-3

	最大利润
①与去年持平	1 000
②增产 10%	1 600～1 750
③增产 20%	1 800 ← **最大利润**
④减产 10%	1 000～1 300
⑤减产 20%	500～700

单位：百万日元

可以看出，③的利润最高。根据乐观决策准则，应当选择比去年"**增产 20%**"。

从以上 3 个原理的分析结果可以看出，悲观决策准则和乐观决策准则分析出的结果是完全相反的。

在悲观决策准则中，减产 20% 是一个非常保守的选择。如果增产，万一是个比较凉爽的夏天，那么利润就会低很多，所以才选择了**减产 20%**。

然而，乐观决策准则认为应该**增产 20%**，这是非常激进的决策。因为很重视酷暑季的利润。这是激进派经营者喜欢的做法。

此外，拉普拉斯定理的分析结果是认为应当**增产 10%**。它处在激进的乐观决策准则和保守的悲观决策准则之间，是个相对中庸的原理。

4. 赫维茨定理

赫维茨定理虽然计算有些复杂，但我们还是要试一下。

赫维茨定理导入了乐观系数 α 来计算"决定系数"，最终选择决定系数最大的方案。

针对 5 个生产计划，分别进行以下计算：

$$决定系数 = 最高利润 \times \alpha + 最小利润 \times (1-\alpha)$$

计算结果如下所示。

① $1\,000\alpha + 280(1-\alpha)$
② $1\,750\alpha + 400(1-\alpha)$
③ $1\,800\alpha - 100(1-\alpha)$
④ $1\,300\alpha + 350(1-\alpha)$
⑤ $700\alpha + 500(1-\alpha)$

当乐观系数 $\alpha=0$ 时,可以求出①280,②400,③-100,④350,⑤500,其中最大值是⑤**500**,与悲观决策准则的结果一致。

当乐观系数 $\boldsymbol{\alpha}=1$ 时,可以求出①1 000,②1 750,③1 800,④1 300,⑤700,其中最大值是③**1 800**,与乐观决策准则的结果一致。

α 取 0 到 1 之间的值时,计算出的决定系数如表 6-4 所示,决定系数最大的地方(选项)字体已经加粗。

表 6-4

单位:百万日元

乐观系数 α 的值	选项				
	①	②	③	④	⑤
0.0	280	400	−100	350	**500**
0.1	352	**535**	90	445	520
0.2	424	**670**	280	540	540
0.3	496	**805**	470	635	560
0.4	568	**940**	660	730	580
0.5	640	**1 075**	850	825	600
0.6	712	**1 210**	1 040	920	650
0.7	784	**1 345**	1 230	1 015	640
0.8	856	**1 480**	1 420	1 110	660
0.9	928	**1 615**	1 610	1 205	680
1.0	1 000	1 750	**1 800**	1 300	700

乐观系数 α 与"各选项的决定系数"的关系如图 6-1 所示。

单位：百万日元

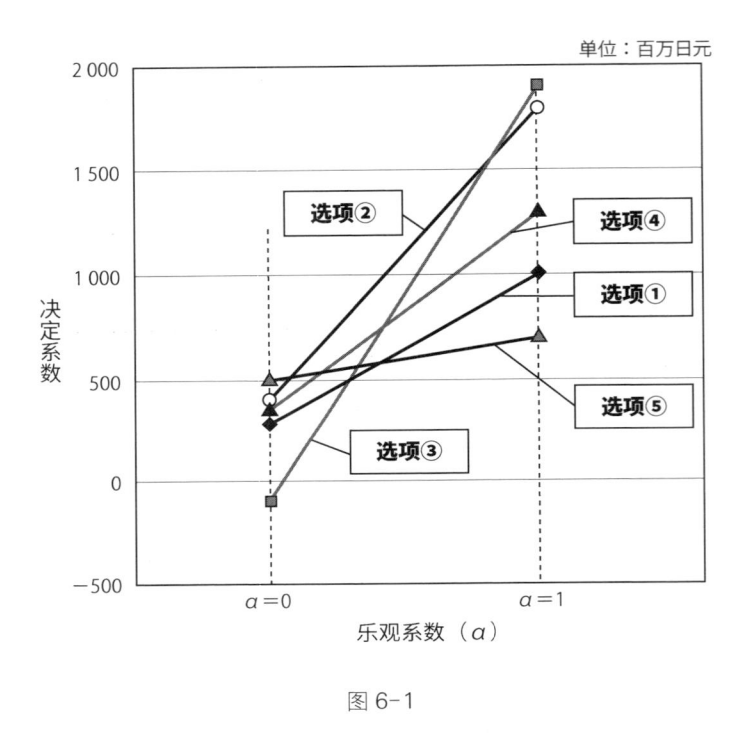

图 6-1

从图中可以看出，**选项②**（较去年增产 10%）的决定系数在很大程度上占优势，但是当 a 接近 0 时决定系数最大的是**选项⑤**减产 20%，当 a 接近 1 时决定系数最大的是**选项③**增产 20%。

案 例 启 示

▶ 关于服装专卖店的夏季凉爽面料的生产计划，在不确定的情况下做决策时，要参考各种决策定理。

这时可以运用"拉普拉斯定理""悲观决策准则""乐观决策准

则""赫维茨定理"这4个定理帮助分析应该选择哪个生产计划,但不难发现不同定理的分析结果是不同的。

重要的是,做决策的人要综合考虑眼前的情况,运用最合适的决策定理。

案例 13
地质调查公司判断资源开采的盈利性
【敏感度分析】

日本的商社 A 正在进行开发海外铁矿石资源的投资项目。今年，在拿到委托的地质调查公司对某国新发现的铁矿石的矿床的报告后，围绕着是否开发展开了讨论。

初期投资额预计为 150 亿日元，包含采掘处理设备、港湾工程、运输设备等。调查结果显示，铁矿石的埋藏量预计在 20 亿吨。如果每年有 1 000 万吨的需求，那么 20 亿吨能够支撑 200 年。如果铁矿石每吨售价 1 000 日元，那么预测每年会有 100 亿日元的销售额。

另一方面，机械作业费每年 80 亿日元，其中，40 亿日元是固定成本，另外 40 亿日元是根据实际挖掘量成比例的可变成本。

这个资源投资项目存在很多不确定因素，能否按最初的预测值来推进这个投资项目？如果预测的埋藏量比实际少 10％，也就是 2 亿吨，还能顺利地继续开发吗？如果需求量比预计下降 10％，即只有 900 万吨，开发还能顺利进行吗？

此外，还有一个经常被讨论的因素，就是折旧率，根据这个国家的情况，预计折旧率是 10％。

决策的方法

像这种情况下的投资案例的决策可以参照第 3 章介绍的通过计算**净现值（NPV）**来判断，这是比较常用的方法。这个案例包含了很多信息，数据也很繁杂，乍一看很难做决策，但是如果把关注点放在现金流上，就可以用图 6-2 表示出来。

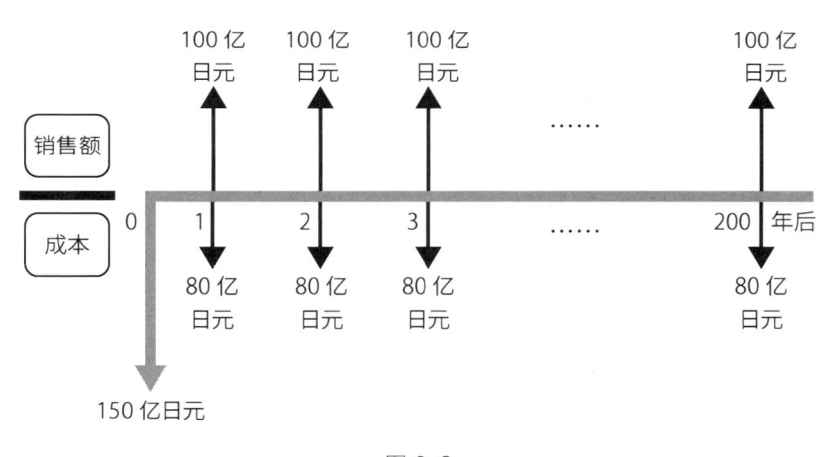

图 6-2

图 6-2 中每年现金流的净值可以换种方式体现在图 6-3 中。

从图 6-3 中可以看出，每年的现金流是 100 亿日元－80 亿日元＝20 亿日元，因此可以计算净现值（NPV）：

$$\text{NPV} = \frac{20}{1+0.1} + \frac{20}{(1+0.1)^2} + \frac{20}{(1+0.1)^3} + \cdots + \frac{20}{(1+0.1)^{200}} - 150$$

$$= \frac{20}{1.1} + \frac{20}{1.1^2} + \frac{20}{1.1^3} + \cdots + \frac{20}{1.1^{200}} - 150$$

$$= 20 \times \left(\frac{1}{1.1} + \frac{1}{1.1^2} + \frac{1}{1.1^3} + \cdots + \frac{1}{1.1^{200}} \right) - 150$$

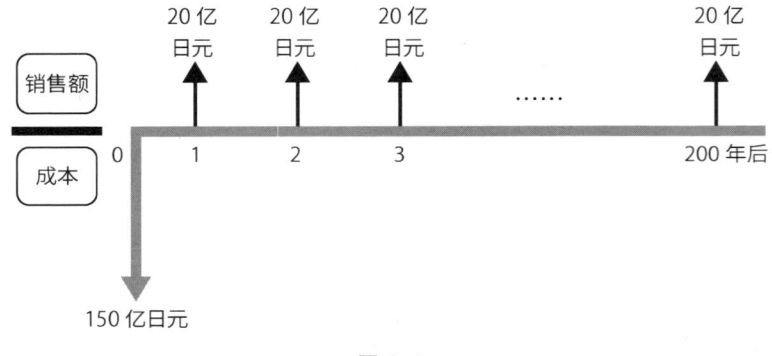

图 6-3

括号（ ）内的计算可以用公式（第 84 页），

$$\frac{1}{0.1} \times \left(1 - \frac{1}{1.1^{200}}\right)$$

在这里，$\frac{1}{1.1^{200}}$ 近似于 0，所以（ ）内的结果是 $\frac{1}{0.1}(=10)$

因此 NPV 的值如下

NPV = 20 亿日元 × 10 - 150 亿日元 = 200 亿日元 - 150 亿日元
　　 = 50 亿日元

不确定时运用定量分析做决策

也就是说，净现值（NPV）>0，为正值，所以按照最初的预测，可以判断这个开发应该进行。

但是，世事难料。如果实际情况比推测的埋藏量或预计的需求量少，那么投资判断会发生什么变化呢？在这里就要发挥"敏感度分析"的功能了。

> ■ 如果铁矿石的实际埋藏量只有预测的 **10%**，即只有 **2 亿吨**，那么还要开发吗？

预测埋藏量 20 亿吨，但如果实际上只有 10%，即只有 2 亿吨，该怎么办呢？如果每年挖掘 1 000 万吨，可以持续开采 200 年，但是如果只有 10% 的储量，就只能开采 20 年了。

可以计算这种情况下的净现值（NPV）。

$$\text{NPV} = \frac{20}{1+0.1} + \frac{20}{(1+0.1)^2} + \frac{20}{(1+0.1)^3} + \cdots + \frac{20}{(1+0.1)^{20}}$$
$$-150$$
$$= \frac{20}{1.1} + \frac{20}{1.1^2} + \frac{20}{1.1^3} + \cdots + \frac{20}{1.1^{20}} - 150$$
$$= 20 \times \left(\frac{1}{1.1} + \frac{1}{1.1^2} + \frac{1}{1.1^3} + \cdots + \frac{1}{1.1^{20}} \right) - 150$$

（　）内是 $\dfrac{1}{0.1} \times \left(1 - \dfrac{1}{1.1^{20}}\right)$。

此时 $\dfrac{1}{1.1^{20}} \approx 0.148\ 6$，近似于 0。

$$NPV = 20\text{亿日元} \times \boxed{\frac{1}{0.1} \times (1-0.148\,6)} - 150\text{亿日元} \approx 20\text{亿日元}$$

此时,由于 NPV > 0,可以判断应继续开发。

> ■ 如果铁矿石的需求量减少 10%,每年的开采量也随之减少 900 万吨,那么还要开发吗?

在这种情况下,由于每年的销售利润是每吨 1 000 日元,所以 900 万吨就是 90 亿日元。还要支付机械作业成本,固定成本 40 亿日元是不变的。可变成本是 40 亿日元×(1-0.1)=36 亿日元,也就是说,机械作业成本每年要花费 40+36=76 亿日元,最终收益是 90-76=14 亿日元。如果持续 200 年,试计算 NPV。

$$NPV = \frac{14}{1+0.1} + \frac{14}{(1+0.1)^2} + \frac{14}{(1+0.1)^3} + \cdots + \frac{14}{(1+0.1)^{200}} - 150$$

$$= \frac{14}{1.1} + \frac{14}{1.1^2} + \frac{14}{1.1^3} + \cdots + \frac{14}{1.1^{200}} - 150$$

$$= 14 \times \boxed{\left(\frac{1}{1.1} + \frac{1}{1.1^2} + \frac{1}{1.1^3} + \cdots + \frac{1}{1.1^{200}}\right)} - 150$$

( )内是 $\frac{1}{0.1} \times \left(1 - \frac{1}{1.1^{200}}\right)$。

$$NPV = 14\text{亿日元} \times 10 - 150\text{亿日元} = -10\text{亿日元}$$

此时,由于 $NPV < 0$,所以不得不做出停止开发的决策。

案 例 启 示

▶ 即使铁矿石的埋藏量减少到 10%,开发项目也可以顺利进行,但是如果需求量减少 10%,对于开发项目就是个致命打击。所以,要全面且详细地预测需求量,同时为了推动项目正常运行,也要采取积极措施增加需求量。

▶ 不确定时可以通过"敏感度分析",让变量处在一定的变动区间,进而计算结果的振幅,从而定量把握风险程度,并采取对策。

案例 14
环保商品专卖店所关注的环保商品
【决策树(Decision Tree)与贝叶斯决策理论】

主营环保商品的 ECO 公司,由于受到市场上对环保商品的关心和需求越发增加的影响,他们希望能强化自己的产品。目前 ECO 公司有 3 种环保产品,分别是 A,B,C。产品 A 是不使用农药和化学肥料的自然产品,产品 B 是防晒霜和香皂等自然成分的化妆品,产品 C 是从海水中提取的天然盐和深层水。

ECO 公司正在积极讨论要在这 3 种环保商品中选取哪一种产品进行强化。当然,肯定会选能够带来更高利润的产品进行强化。

但是,受到地球环境影响,以及世界各国对环境问题的解决办法与法律规范的不同,环保商品的市场中存在很大的不确定性。他们请到了精通这个行业的咨询专家来对未来市场做出预测,参与讨论。

今后,如果环境市场景气不错,就用 N_1 表示,反之,景气下行的话就用 N_2 表示,此时,环保产品 A,B,C 的利润情况如表 6-5 所示。

像表 6-5 这样的利润表,在本书中已经出现过多次了,现在我们用图 6-4 的"决策树"来表示。**逻辑树就是一种用树木的枝杈来表示需要决策的问题的图形。**

表 6-5

单位：百万日元

环保产品	景气情况	N_1 景气上行	N_2 景气下行
A		130	−10
B		100	30
C		65	45

【单位：百万日元】

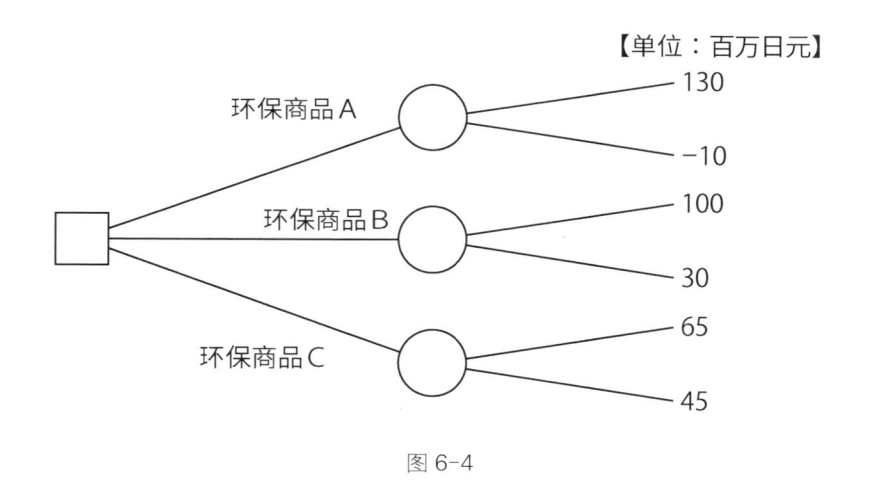

图 6-4

图 6-4 中，有○和□的图案。

□代表决策的节点（根据自己的决定或选择从这里出现分枝）。

○的节点上，会生出几根分枝（如果有分枝就表示有发生概率），各个分枝的末端是这个分枝状态下的利润情况。

在表 6-5 和图 6-4 中状态 N_1 和状态 N_2 的发生概率是不确定的，所以使用"拉普拉斯定理"。

此时，假设发生概率各为 50%，那么可以计算环保商品 A,B,C 的期望利润，具体如下

◎ 环保商品 A：$130 \times 0.5 + (-10) \times 0.5 = 60$ 百万日元 $= 6\,000$ 万日元

◎ 环保商品 B：$100 \times 0.5 + 30 \times 0.5 = 65$ 百万日元 $= 6\,500$ 万日元

◎ 环保商品 C：$65 \times 0.5 + 45 \times 0.5 = 55$ 百万日元 $= 5\,500$ 万日元

期望值定理的结果是，环保商品 B 的期望利润为 6 500 万日元，是最高的，所以应当强化环保商品 B。

写到这里，只是想告诉大家，在不确定的情况下做决策时，可以运用"拉普拉斯定理"。如果从信赖的调查机构那里能获得对实际市场环境的预测，景气上行就是 N_1，景气下行就是 N_2，预测的结果分别是 n_1 和 n_2，它们各自的对应情况如表 6-6 所示。

表 6-6

		实际发生的状态	
		N_1（景气上行）	N_2（景气下行）
景气情况预测	n_1（景气上行）	①	②
	n_2（景气下行）	③	④

希望大家能习惯表 6-6。例如，①表示实际景气上行（N_1）时预测到上升（n_1）的比率。这个数值越大就意味着预测越准确，可信度

越高。

此外,④也一样,表示实际景气下行(N_2)时预测到下行(n_2)的比率。这个数值越大就意味着预测越准确。

反之,②和③是对实际景气情况预测失误的指标,数值越小代表可信度越高。

另外,请注意 ①+③=1,②+④=1。

虽然有点偏题,但如果是100%可信的预测,那么表6-6就会呈现出表6-7的样子。

表 6-7

		实际发生的状态	
		N_1(景气上行)	N_2(景气下行)
景气情况预测	n_1(景气上行)	1.0	0
	n_2(景气下行)	0	1.0

反之,如果是完全不可信的预测信息,则如表6-8所示。

表 6-8

		实际发生的状态	
		N_1(景气上行)	N_2(景气下行)
景气情况预测	n_1(景气上行)	0.5	0.5
	n_2(景气下行)	0.5	0.5

也就是说,如表6-9所示,向右下倾斜的实线(椭圆)包围的部分的数值越大,向右上倾斜的虚线(椭圆)包围的部分的数值越小,

可信性就越高。

重点在于，目前对市场的景气情况的判断只能达到各占50%的程度。

表6-9

		实际发生的状态	
		N_1（景气上行）	N_2（景气下行）
景气情况预测	n_1（景气上行）	①	②
	n_2（景气下行）	③	④

这个概率叫作**事前概率**，但是通过购买调查机构对未来行业预测的信息（当然要支付咨询费）可以得出以下结论。

▶(1) 假设分别预测为 n_1 和预测为 n_2 时，状态 N_1 的发生概率会发生变化（参考表6-9的①和③）。

➡在表6-7中，能够推测①的数值较大，③的数值较小。

▶(2) 假设分别预测为 n_1 和预测为 n_2 时，状态 N_2 的发生概率会发生变化（参考表6-9的②和④）。

➡在表6-7中，能够推测②的数值较小，④的数值较大。

言归正传。假设调查机构提供的预测信息如表6-10所示。

表 6-10

		实际发生的状态	
		N_1(景气上行)	N_2(景气下行)
景气情况预测	n_1(景气上行)	0.9	0.2
	n_2(景气下行)	0.1	0.8

从上述观点来看,表 6-10 中的信息应该是相当可靠的。从表 6-10 中可以得出以下信息。

◎ 实际景气上行的概率 N_1:50%(事前概率)
◎ 调查机构的预测信息,对景气上行的预测 n_1:0.9

◆实际景气上行(N_1),并且预测到景气上行(n_1)的概率=0.5×0.9=0.45

◆实际景气上行(N_1),并且预测到景气下行(n_2)的概率=0.5×0.1=0.05

像这样,两种状态同时发生的概率叫作"同时概率"。在计算时,用它们各自的发生概率相乘即可。这是概率的基本中的基本,大家一定要记牢。

同样,从表 6-10 中,还可以得出以下信息。

◎ 实际景气下行的概率 N_2:50%(事前概率)
◎ 调查机构的预测信息,对景气上行的预测 n_1:0.2

◆实际景气下行(N_2),并且预测到景气上行(n_1)的概率=0.5×0.2=0.1

◆实际景气下行(N_2),并且预测到景气下行(n_2)的概率=0.5×0.8=0.4

可以把这些计算结果整理在表 6-11 中。在 n_1 和 n_2 的各自一行中,2 种同时概率的总和,即

0.45+0.1=0.55
0.05+0.4=0.45

这叫作"周边概率"。

周边概率指的是不管实际情况是 N_1 还是 N_2,调查机构提供的 n_1 预测是 55%,n_2 预测是 45%的信息。

表 6-11

		同时概率		周边概率
		实际发生的状态		
		N_1(景气上行)	N_2(景气下行)	
景气情况预测	n_1(景气上行)	0.45	0.1	0.55
	n_2(景气下行)	0.05	0.4	0.45
	合计	0.5	0.5	

从"事前概率"中，根据调查机构提供的信息中计算出"同时概率"，进而求出"周边概率"。为了求出"事后概率"这一最终的概率，还需要进一步的计算。

也就是说，当调查机构提供的预测信息是 n_1 或 n_2 时，最终必须要计算出实际的 N_1 和 N_2 的发生概率会有怎样的变化。如表6-12 所示，用同时概率除以对应的周边概率。

表 6-12

景气情况预测		同时概率		周边概率
		实际发生的状态		
		N_1（景气上行）	N_2（景气下行）	
	n_1（景气上行）	0.45	0.1	**0.55**
	n_2（景气下行）	0.05	0.4	**0.45**
	合计	0.5	0.5	

◆预测景气上行(n_1)，实际实际景气上行(N_1)的概率是
  0.45÷0.55≈0.82
◆预测景气上行(n_1)，实际实际景气下行(N_2)的概率是
  0.1 ÷0.55≈0.18
◆预测景气下行(n_2)，实际实际景气上行(N_1)的概率是
  0.05÷0.45≈0.11
◆预测景气下行(n_2)，实际实际景气下行(N_2)的概率是
  0.4 ÷0.45≈0.89

最后,把计算结果,也就是**事后概率**整理一下,如表 6-13 所示。

表 6-13

		实际发生的状态		合计
		N_1(景气上行)	N_2(景气下行)	
景气情况预测	n_1(景气上行)	0.82	0.18	1
	n_2(景气下行)	0.11	0.89	1

从调查机构那里获得预测信息时可以知道事前概率,我们可以用三维柱状图来表示事后概率是如何发生变化的,如图 6-5a 和图 6-5b 所示。

图 6-5a 表示事前概率,图 6-5b 表示事后概率。

在图 6-5a 中,实际景气上行 N_1 和景气下行 N_2 各为 0.5,但是拿到调查机构的信息后,事后概率就变成了图 6-5b 的样子。

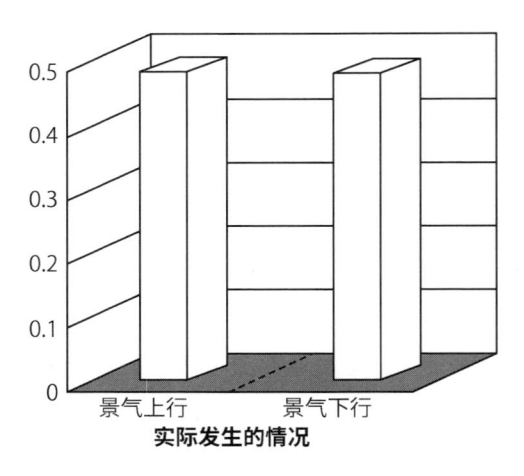

图 6-5a　**事前概率**

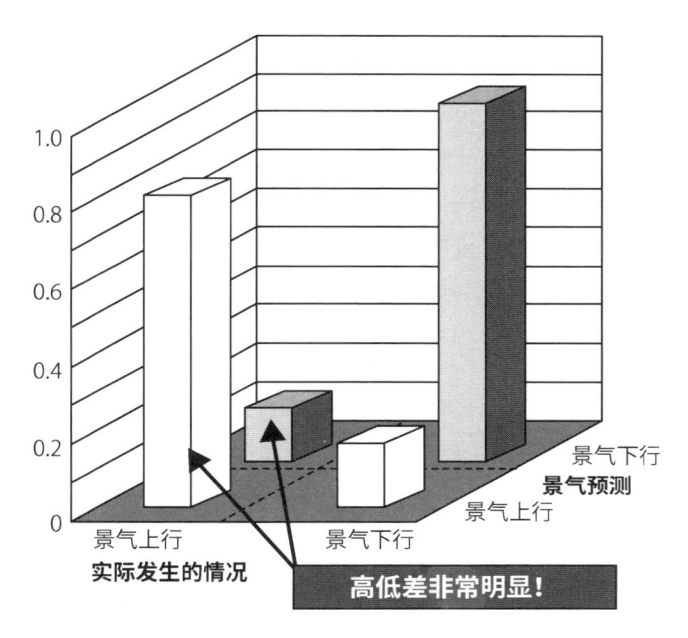

图 6-5b　事后概率

例如，预测上行，实际也是上行的概率等于 0.82；预测下行，但实际是上行的概率等于 0.11，事后概率的高低差非常明显，希望大家能注意到这一点。

而且，实际景气下行的情况下，概率也会出现差距。换句话说，**这就是购买预测信息的作用**。可以用表 6-14 表示出来。

可以把这样计算出的事后概率带入图 6-4 试试看。图 6-4 是没有购买预测信息的情况，但是这次包含了购买预测信息的情况。结果如图 6-6 所示。

在图 6-6 中，大家要注意事前概率、周边概率、事后概率都包含在其中了。

表 6-14

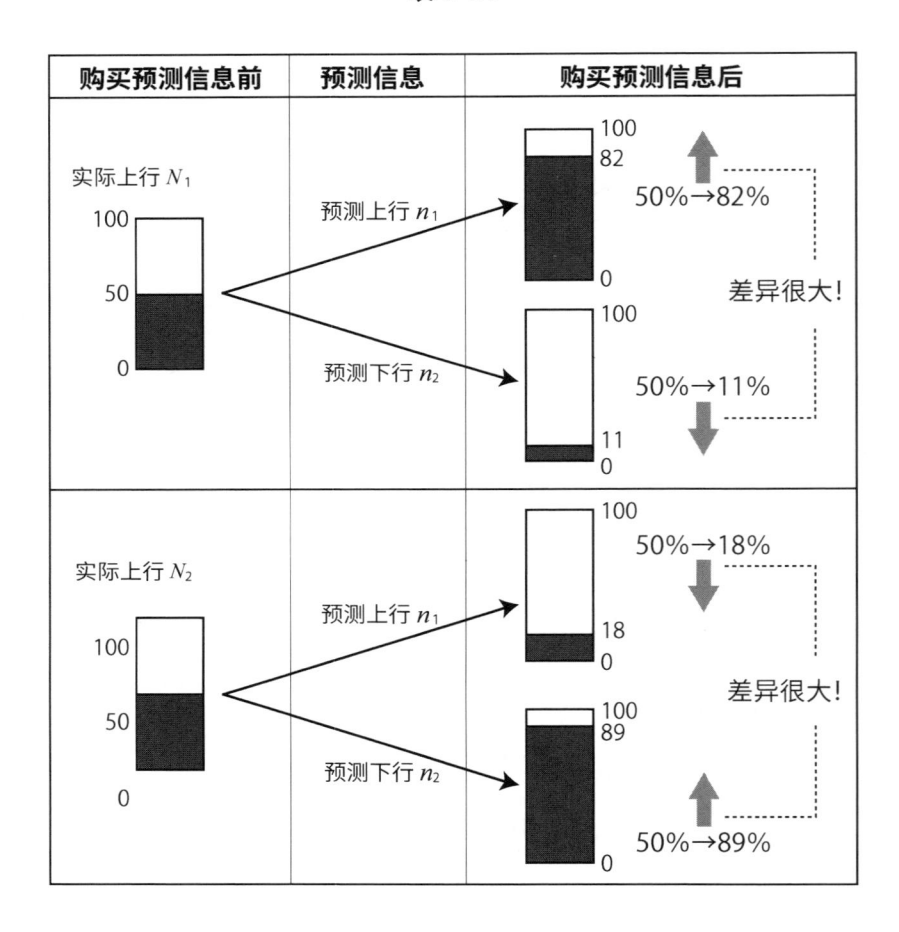

购买预测信息前	预测信息	购买预测信息后
实际上行 N_1 (100/50/0)	预测上行 n_1	100/82/0　50%→82%
	预测下行 n_2	100/11/0　50%→11%　差异很大!
实际上行 N_2 (100/50/0)	预测上行 n_1	100/18/0　50%→18%
	预测下行 n_2	100/89/0　50%→89%　差异很大!

图 6-6 的粗点虚线以上的部分是不购买预测信息的情况,已经计算出期望利润了,环保商品 B 的期待利润是 6 500 万日元即最高的。同样,试计算虚线以下的部分,也就是购买了预测信息后的**期望利润**。

不确定时运用定量分析做决策

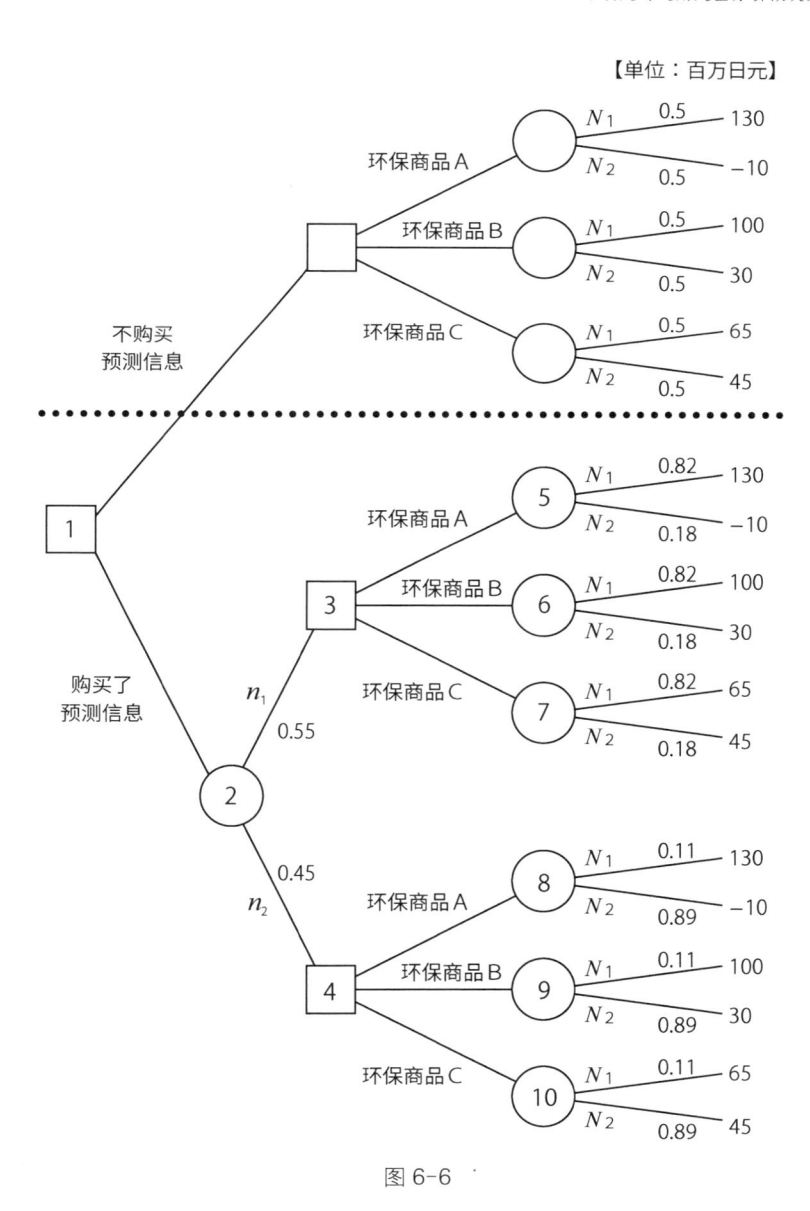

【单位：百万日元】

```
                                        N₁  0.5   130
                          环保商品A  ○
                                        N₂  0.5   -10
                                        N₁  0.5   100
              ┌──────────环保商品B  ○
              │                         N₂  0.5   30
              □                         N₁  0.5   65
   不购买      环保商品C  ○
   预测信息                              N₂  0.5   45
··············································································
                                        N₁  0.82  130
                          环保商品A  ⑤
                                        N₂  0.18  -10
              ┌──────────环保商品B  ⑥  N₁  0.82  100
         n₁   ③                         N₂  0.18  30
         0.55              环保商品C  ⑦  N₁  0.82  65
   ①                                    N₂  0.18  45
   购买了
   预测信息    ②
         0.45                           N₁  0.11  130
         n₂                环保商品A  ⑧
                                        N₂  0.89  -10
              ④──────────环保商品B  ⑨  N₁  0.11  100
                                        N₂  0.89  30
                          环保商品C  ⑩  N₁  0.11  65
                                        N₂  0.89  45
```

图 6-6

计算图 6-6 中从⑤节点到⑦节点的期望利润，

⑤ 节点 ➡ 130×0.82＋(−10)×0.18＝104.8 百万日元
⑥ 节点 ➡ 100×0.82＋30×0.18＝87.4 百万日元
⑦ 节点 ➡ 65×0.82＋45×0.18＝61.4 百万日元

可以看出，③节点上**期望利润最大**的是⑤节点上的环保商品 A，1 亿 480 万日元(＝104.8 百万日元)。

同样，

⑧ 节点 ➡ 130×0.11＋(−10)×0.89＝5.4 百万日元
⑨ 节点 ➡ 100×0.11＋30×0.89＝37.7 百万日元
⑩ 节点 ➡ 65×0.11＋45×0.89＝47.2 百万日元

可以看出，④节点上期望利润最大的是⑩节点上的环保商品 C，4 720 万日元(47.2 百万日元)。

最后，在②的节点上，可以计算出购买预测信息时的期望利润，

104.8×0.55＋47.2×0.45＝79 百万日元＝7 900 万日元

当未购买预测信息时，期望利润是 6 500 万日元(第 210 页)，但是购买了预测信息后，就涨到了 7 900 万日元。

如何解释 **7 900 万日元－6 500 万日元＝1 400 万日元** 的差值呢？这个差值就是从调查机构那里购买预测信息，期望利润上涨的 1 400 万日元，所以可以视作预测信息的购买价值。说理所当然就

是理所当然的。

不必说也知道,要特意拿出钱来买预测信息才会提高期望利润。如果期望利润下降了,那么预测信息也就没有价值了,提供这份预测信息的调查机构的信用也就会出现危机。

此外,花在调查机构上的成本,无论期望利润涨到多高,都必须设定一个数值(金额)作为停止线。这个值正是作为差值求出来的1 400万日元。如果成本在1 400万日元以下,那么还是购买预测信息比较好。

在这个案例中,出现了一个词语——"贝叶斯决策理论"。贝叶斯决策理论是由英国牧师贝叶斯(Thomas Bayes)发现的"贝叶斯定理"的理论体系。

"贝叶斯定理"指的是事前概率会根据不同的,例如预测信息这样体现可信度的信息(这个叫作有条件的概率)而变化成事后概率。由此,**在不确定的情况下,通过增加预测信息来做出精确度更高的决策**。

总得来说,贝叶斯决策理论的一系列计算流程可以用图6-7来表示。从这张图中可以看出,**在贝叶斯的决策理论中,把决策者的主观判断用事前概率的形式加入到计算中,经过新得到的客观信息的修正后,主观信息和客观信息就可以有机地联结在一起,就有可能做出更加精准的决策**。

在企业进行决策的时候,如果以前没有类似的事例,手里也没有客观信息,只能依靠决策者的经验,这种情况非常普遍。贝叶斯理论在这时就能派上很大用场。对于企业来说,贝叶斯决策理论是必不可少的强有力的分析方法。

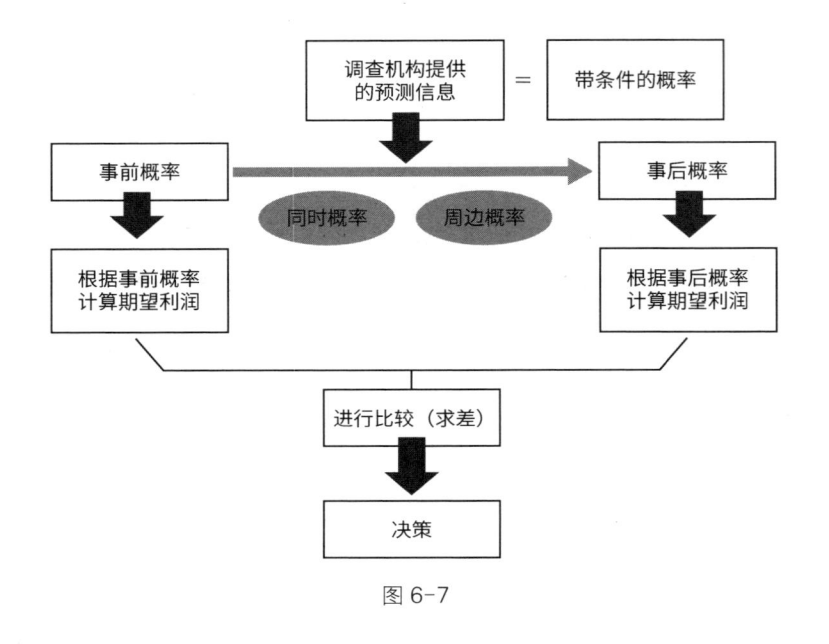

```
┌─────────────────┐
│ 调查机构提供    │ ═  ┌──────────────┐
│ 的预测信息      │    │ 带条件的概率 │
└────────┬────────┘    └──────────────┘
         │
┌────────▼────────┐  同时概率   周边概率  ┌──────────────┐
│   事前概率      │ ────────────────────► │   事后概率   │
└────────┬────────┘                       └───────┬──────┘
         ▼                                        ▼
┌─────────────────┐                       ┌──────────────┐
│ 根据事前概率    │                       │ 根据事后概率 │
│ 计算期望利润    │                       │ 计算期望利润 │
└────────┬────────┘                       └───────┬──────┘
         └──────────────┬──────────────────────────┘
                        ▼
               ┌────────────────┐
               │ 进行比较（求差）│
               └────────┬───────┘
                        ▼
                  ┌──────────┐
                  │  决策    │
                  └──────────┘
```

图 6-7

案 例 启 示

▶在事前概率这个主观信息上加上可信的预测数据，计算出事后概率，可以做出精确度更高的、更灵活的决策。"贝叶斯决策理论"，在今天这样经常面对不确定的情况下，是一个不可缺少的存在。

案例 15　如何投资初创企业
【实物期权】

风投公司 K 正在讨论向初创公司 F 进行投资。风投公司主要通过向初创企业提供资金、支持该公司并获取该公司股份（变卖价格与投资资金的差额）的形式获得利润，一般来说，会分几个阶段投入资金。

K 公司正在讨论以下 3 个阶段的投资情况。

① 种子阶段

这是从开始试行到逐渐确立核心技术的阶段。这一阶段存在很高的风险，也需要为商品开发和市场开拓投入资金。

② 萌芽阶段

这是业务正常提升的时期，需要大量的资金投入到设备和人力中。

③ 成长阶段

企业通过将确立的核心技术强化、多元化以及市场的扩大，逐渐具备了准备公开股份并上市（IPO：Initial Public Offering）的阶段。

初创公司 F 是一家刚刚创立不久的生物技术公司,如果在种子阶段能完成设定的目标,那么就可以进入萌芽阶段。但是如果没有达到目标,风投公司 K 就不会再继续投资了。

如果初创公司 F 能顺利通过 3 个阶段并成功上市,那么风投公司 K 也能通过对 F 公司的投资获得股权收益等回报。

那么,风投公司 K 对初创公司 F 的投资计划整理如表 6-15 所示。

表 6-15

阶段	必要资金	阶段时长	成功概率	折旧率
① 种子阶段	0.5 亿日元	3 年	—	0.3
② 萌芽阶段	1 亿日元	4 年	40%	0.3
③ 成长阶段	5 亿日元	3 年	75%	0.3
预计公开发行股票时的总额	50 亿日元	—	30% (40%×75%)	

那么,风投 K 公司应该向 F 公司投资吗?

决 策 的 方 法

首先,我们使用案例 3 中提到的 NPV(净现值)法进行分析。NPV 法又叫作 **DCF(discount cash flow)** 估值法。

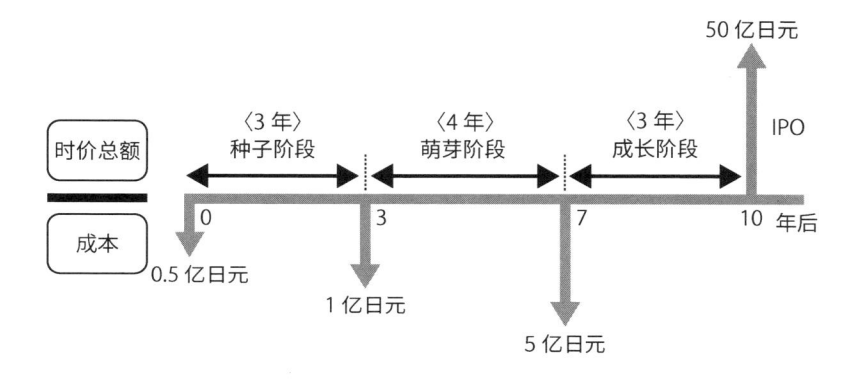

图 6-8

根据图 6-8，计算各阶段所需投资资金的现值。

$$0.5+\frac{1}{(1+0.3)^3}+\frac{5}{(1+0.3)^7}\approx 1.75\text{ 亿日元}$$

公开股票时市价总额的现值是

$$\frac{50}{(1+0.3)^{10}}\approx 3.63\text{ 亿日元}$$

计算向 F 公司投资额的净现值，

NPV＝3.63 亿日元×0.3（＝IPO 上市时的成功概率 30%）－1.75 亿日元≈－0.66 亿日元

计算出净现值的结果为负值，所以可以判断是不应该向 F 公司投资。

得出这样的结论让人很扫兴。**但在这里，还可以用一种不同于 NPV 的方法，也就是"现实选择法"来进行判断。**

现实选择法是指不确定性高（阶段性决策）的投资项目的经营选择权（期权）。

换句话说，在投资的过程中，有权选择让业务中止或延期、缩小或扩大事业规模的意思。

另一方面，前面说明的**"DCF 法"，虽然在项目过程会发生预想不到的情况，但一旦做了决策，就不得不按照当初设想的情况继续推动项目。**可是，像这个案例一样，在存在这么高的不确定性的情况下，多年后情况若还是和当初设想的一样，那就不合理了。

"稍等一下，接下来是要继续前进呢，还是撤退呢？"在投资中途，重要的是能够边对投资做出评价边继续做出决策。

现实投资法中有一种**"决策树分析法"**，阐述了对未来经营的选择，可以增加经营的灵活性，而且具有清晰易懂的优点。就像案例 14 中说明的那样，我们继续学习一下逻辑树分析法吧。

这几年的市场环境比起以前，尤其是金融市场的全球化以及 IT 技术的爆炸式进步，环境的变动激烈程度增加，因此，对公司经营的灵活性也提出了更高的要求。

图 6-9 表示风投公司 K 对初创公司 F 的投资决策树。

首先，计算一下 C 时点的投资现值。

IPO 上市成功时估算的总现值 50 亿日元，折旧率每年 30%，共 3 年，再减去成长期投入的 5 亿日元资金。

图 6-9

$$\frac{50}{(1+0.3)^3} - 5 \approx 17.76 \text{ 亿日元}$$

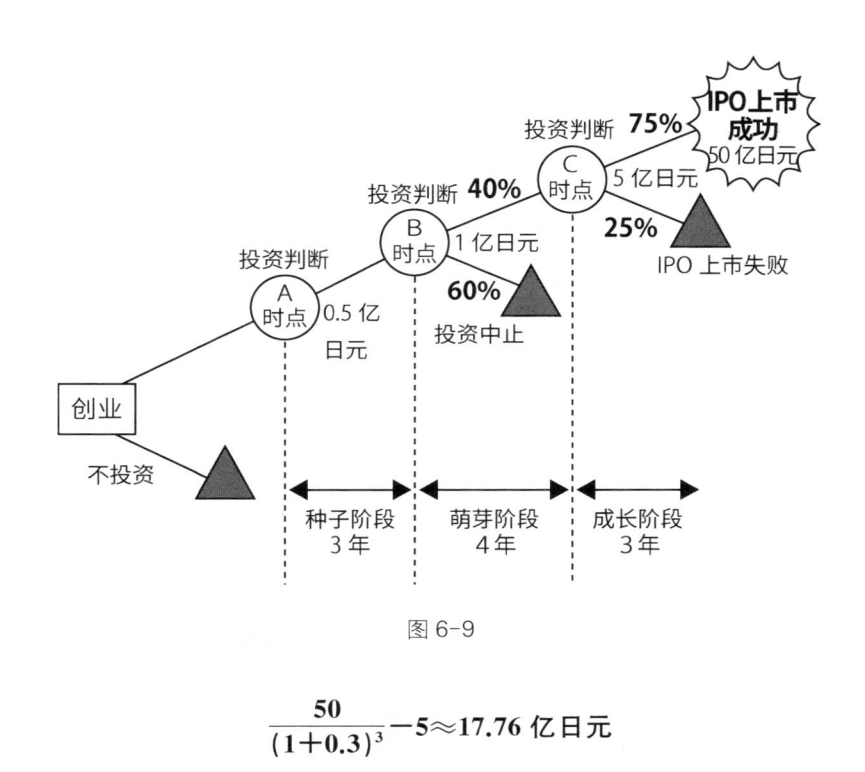

然后计算一下成长阶段的期望值，成功概率的 75%，如下所示

$$17.76 \text{ 亿日} \times 0.75 + 0 \times 0.25 \approx 13.3 \text{ 亿日元}$$

接下来，计算一下 B 时点投资的现值。换句话说，就是用 C 时点的投资现值折旧 30%，共 4 年，再减去萌芽阶段投入的 1 亿日元资金。

$$\frac{13.3}{(1+0.3)^4}-1\approx3.66\text{ 亿日元}$$

然后,求出萌芽阶段的期望值,成功概率为 40%。

$$3.66\text{ 亿日元}\times0.4+0\times0.6\approx1.47\text{ 亿日元}$$

最后,求出 A 时点投资的现值。换句话说,就是用 B 时点的投资现值折旧 30%,共 3 年,再减去种子阶段投入的 0.5 亿日元资金。

$$\frac{1.47}{(1+0.3)^3}-0.5\approx0.17\text{ 亿日元}$$

计算得出,在 A 时点向初创公司 F 投资的净现值是 0.17 亿日元,为正值。这样一来就找不到不投资的理由了。因此,可以判断应该投资。

在本案例中,最初用 DCF 法计算出的净现值为 -0.66 亿日元,但是决策树分析得出净现值为 0.17 亿日元。计算二者的差,

$$0.17-(-0.66)=0.83\text{ 亿日元}$$

如何解释这种差异呢?

在案例 14 中,我们学习了**贝叶斯决策理论**。通过灵活使用调查机构提供的预测信息,提高在不确定情况下的决策精准度。**在活用预测信息后,如果计算出的期望利润变高了,那么高出的期望利**

润就可以解释为预测信息的价值。这个案例也是如此。

正如图 6-10 所示，0.83 亿日元正是活用了现实选择法而增加的期望利润。

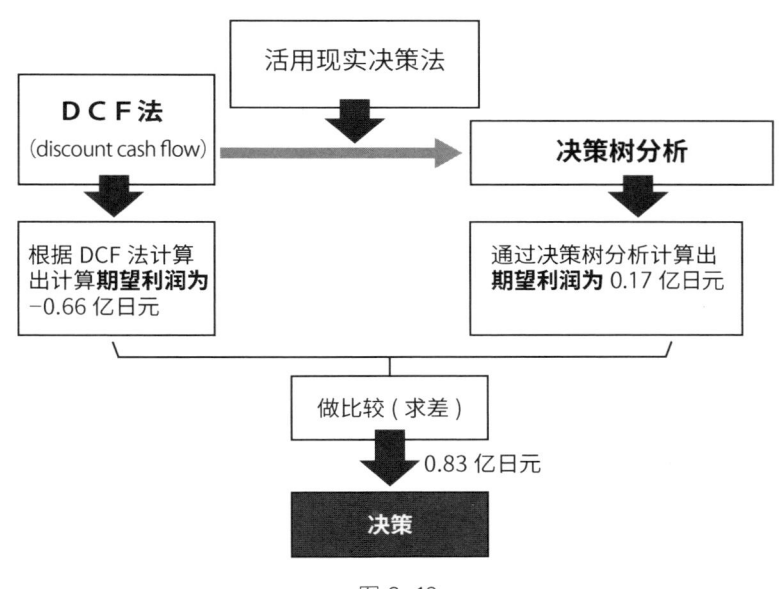

```
                    ┌──────────────────┐
                    │  活用现实决策法   │
                    └────────┬─────────┘
┌──────────────┐             │         ┌──────────────┐
│   DCF 法     │─────────────┼────────▶│  决策树分析  │
│(discount     │                       │              │
│ cash flow)   │                       │              │
└──────┬───────┘                       └──────┬───────┘
       │                                      │
       ▼                                      ▼
┌──────────────┐                       ┌──────────────┐
│根据 DCF 法计算│                       │通过决策树分析计算出│
│出计算期望利润为│                       │期望利润为 0.17 亿日元│
│ -0.66 亿日元  │                       │              │
└──────┬───────┘                       └──────┬───────┘
       └──────────────┬──────────────────────┘
                      ▼
               ┌─────────────┐
               │ 做比较（求差）│
               └──────┬──────┘
                      ▼
                 0.83 亿日元
                      │
                      ▼
               ┌─────────────┐
               │    决策     │
               └─────────────┘
```

图 6-10

像这个案例一样，在不确定性高的市场环境下，对于风投公司 K 来说，在投资的过程中如果事态向预料之外的方向发展，那么只能停止投资了，这个做法可以解释为"价值的增加部分"。

这就是**做出选择才能得到的优势价值**。

在图 6-9 的决策树中，萌芽阶段和成长阶段的成功概率分别是 40% 和 75%。当然，IPO 时点的成功概率等于它们相乘得出的值，即 40%×75%＝30%。

假设萌芽阶段和成长阶段的成功概率都是 100%，我们来计算

一下。

首先,在计算之前,预测到的结果是怎样的呢?有些直觉很好的读者可能马上就能意识到为什么要做这个计算。

当成功概率为 100% 时,就不存在不确定因素,初创公司 F 在种子阶段就不会遇到困难,顺利地完成 IPO 上市,市值达到 50 亿日元。

这正是最初计算 **DCF 法**的前提所在。

首先,使用 DCF 法求出各个阶段所需投资金额的现值。

$$0.5+\frac{1}{(1+0.3)^3}+\frac{5}{(1+0.3)^7}\approx1.75 \text{ 亿日元}$$

股票公开时的市值的现值是

$$\frac{50}{(1+0.3)^{10}}\approx3.63 \text{ 亿日元}$$

用 DCF 法计算出向 F 公司投资资金的净现值

NPV＝3.63 亿日元×1(＝IPO 时的成功概率 100%)－1.75 亿日元＝1.88 亿日元

另一方面,当使用决策树进行分析时,就像前面计算的那样,在 C 时点的投资现值为

$$\frac{50}{(1+0.3)^3}-5\approx17.76 \text{ 亿日元}$$

这次,由于成长阶段的成功概率为 100%,所以可以算出期望值为 17.76 亿日元。

接下来算一下 B 时点投资的现值,

$$\frac{17.76}{(1+0.3)^4} - 1 \approx 5.22 \text{ 亿日元}$$

由于萌芽阶段的成功概率为 100%,所以可以算出期望值为 5.22 亿日元。

最后计算一下 A 时点投资的现值

$$\frac{5.22}{(1+0.3)^3} - 0.5 \approx 1.88 \text{ 亿日元}$$

从结果可以看出,和 DCF 法计算出的净现值一致。

案 例 启 示

▶ 在目前这样不确定性很高的经营环境下,市场环境风云变幻,所以要求企业的经营层具备灵活做决策的能力。

▶ 如果投资项目中存在众多不确定因素,在进行"阶段性决策"时,比起现实决策法,DCF 法的灵活性更高,也更能应对投资环境的变化。这是今后应该积极利用的方法。

案例 16
存在竞争关系的二手书店 S 店与 F 店如何赢得客户青睐【博弈论】

M 市正在开发新型住宅区,可以通往车站 A 和车站 B。有两家二手书店 S 店和 F 店正计划在 A 或 B 车站开分店。

虽说是二手书店,但是最近店里也开始销售游戏软件、CD、DVD 等产品,如果新店建在 A 车站,那么日均客流就有 1 500 人次;建在 B 车站,日均客流有 300 人次。

如果两家二手书店分别开在不同的车站,由于附近没有二手书店,所以它们可以获得全部的客源。此外,如果两家店开在同一车站,那么 S 店的客流会是 F 店的 2 倍。

换句话说,如果都开在 A 车站,那么 S 店的客流为 1 000 人次,F 店为 500 人次。如果同样开在车站 B,那么 S 店的客流为 200 人次,F 店为 100 人次。两家店的平均客单价都是 500 日元。

从如何获取更多客流量的角度出发,来探讨一下二手书店 S 店和 F 店应该开在车站 A 还是车站 B 呢?

决策的方法

大家读了这个案例之后,是否感觉到它和前面的决策问题在模式上有些不同呢?

之前的案例几乎都是某个人或某个企业面对问题进行决策的情况,但是本小节的案例中,二手书店 S 店和 F 店都要做出决策,也就是说,出现了两个决策主体,很有可能会根据对方的选择而做出不同判断。像这样的决策理论体系就叫作"博弈论"。

在前面的案例中,会借用利润表辅助判断,在**博弈论**中,也可以用同样的方法。

在使用博弈论时,制作利润表(在博弈论中,利润表也叫作利润矩阵)的时候,请回到这个案例中。

二手书店 S 店和 F 店,各自在车站 A 和车站 B 开店,此时有 4 种情况,我们分别计算各种情况下的销售额。

■ ① 当 S 店在 A 车站时

◎ 如果 F 店也开在 A 车站

➡ S 店客流 1 000 人

500 日元×1 000 人＝50 万日元

➡ F 店客流 500 人

500 日元×500 人＝25 万日元

◎ 如果 F 店开在 B 车站

➡ S 店客流 1 500 人

500 日元×1 500 人＝75 万日元

➡ F 店客流 300 人

500 日元×300 人＝15 万日元

■ ② 当 S 店开在 B 车站时

◎ 如果 F 店开在 A 车站

➡ S 店客流 300 人

500 日元×300 人＝15 万日元

➡ F 店客流 1 500 人

500 日元×1 500 人＝75 万日元

◎ 如果 F 店开在 B 车站

➡ S 店客流 200 人

500 日元×200 人＝10 万日元

➡ F 店客流 100 人

500 日元×100 人＝5 万日元

我们可以把这些计算结果整理在表 6-16 中。但是，一定要注意其单位是千日元。

表 6-16

单位：千日元

二手书店 S 店 \ 二手书店 F 店	A 车站	B 车站
A 车站	(500,250)	(750,150)
B 车站	(150,750)	(100,50)

大家要习惯表 6-16 这种形式。

例如,当 S 店和 F 店都开在 A 车站时,各自的销售额分别是:S 店 500 千日元(＝50 万日元),F 店 250 千日元(＝25 万日元),在表中用(500,250)表示。如果表示成(○,□),前面的○代表 S 店的销售额,后面的□代表 F 店的销售额。

从表 6-16 中能够判断出 S 店和 F 店应该在哪里开店。

我们应该站在两家店各自的角度来考虑问题。

首先,如果 F 店开在了 A 车站,我们**站在 S 店的立场考虑一下**。

请看表 6-17。在粗线方框中,S 店的销售额是 500 千日元(＝50 万日元)和 150 千日元(＝15 万日元),二者相比,肯定是选在能够获得 500 千日元(＝50 万日元)销售额的 A 车站。

表 6-17

单位:千日元

二手书店 S 店 \ 二手书店 F 店	A 车站	B 车站
A 车站	(500,250)	(750,150)
B 车站	(150,750)	(100,50)

我们再来看一下当 F 店开在 B 车站时的情况。

在表 6-18 的粗线方框内,S 店的销售额是 750 千日元(＝75 万日元)和 100 千日元(＝10 万日元),所以会选在能够获得 750 千日元(＝50 万日元)销售额的 A 车站。

表 6-18

单位:千日元

二手书店 S 店 \ 二手书店 F 店	A 车站	B 车站
A 车站	(500,250)	(750,150)
B 车站	(150,750)	(100,50)

也就是说,不管 F 店开在哪,S 店都会选择开在 A 车站。

接下来,如果 S 店开在了 A 车站或 B 车站,**我们站在 F 店的立场考虑一下**。

从表 6-19 可以看出,如果 S 店开在了 A 车站,比较 250 千日元(=25 万日元)和 150 千日元(=15 万日元),F 店当然会选择 A 车站。

表 6-19

单位:千日元

二手书店 S 店 \ 二手书店 F 店	A 车站	B 车站
A 车站	(500,250)	(750,150)
B 车站	(150,750)	(100,50)

从表 6-20 可以看出,如果 S 店开在了 B 车站,比较 750 千日元(=75 万日元)和 50 千日元(=5 万日元),F 店当然会选择销售额可以达到 750 千日元(=75 万日元)的 A 车站。

简单来说,不管 S 店开在哪,F 店都会选择开在 A 车站。

表 6-20

单位:千日元

二手书店S店 \ 二手书店F店	A 车站	B 车站
A 车站	(500,250)	(750,150)
➡ B 车站	(150,750)	(100,50)

在这个案例中,二手书店 S 店和 F 店都开在 A 车站才是合理的选择,这是博弈论给出的答案。

现在,我们把数值变更一下继续看。

当初预测在 B 车站会有 300 人的客流,但是实际上的客流达到了 600 人。此时,利润表如表 6-21 所示。

表 6-21

单位:千日元

二手书店S店 \ 二手书店F店	A 车站	B 车站
A 车站	(500,250)	(750,300)
B 车站	(300,750)	(200,100)

如果用与之前相同的思路来调查的话,会发现无论 F 店开在哪里,S 店都会选择 A 车站。这一点是不变的。但是,F 店的选择发生了变化。

如果 S 店选择了 A 车站,那么 F 店就会选择 B 车站(销售额为 300 千日元)。如果 S 店选在 B 车站,那么 F 店就会选择 A 车站(销售额为 750 千日元)。

也就是说,F 店会根据竞争对手 S 店的选择来调整自己的选择,以免陷入被动状态。

难道就不存在两家店同时做出正确决策的情况吗?

不,其实是存在的。在这种情况下,因为 S 店会开在 A 车站,所以 F 店就开在 B 车站。换句话说,S 店在 A 车站,F 店在 B 车站,这就是最合理的选择,也即博弈的答案。

话说回来,虽然从案例中得到了博弈的解,但是从表 6-17 到表 6-20 逐一思考的方法,确实很费时间。

接下来我想介绍一个方法,就是在表 6-21 中使用的机械自动计算法。

在表 6-22 里,粗实线方框内的数值,(○,□)的○处的 500 千日元(＝50 万日元)和 300 千日元(＝30 万日元)相比,在更大的数值 500 千日元(＝50 万日元)下画一条横线。

表 6-22

单位:千日元

二手书店 S 店 \ 二手书店 F 店	A 车站	B 车站
A 车站	(<u>500</u>,250)	(750,300)
B 车站	(300,750)	(200,100)

同样,在表 6-23 中,在 750 千日元(＝75 万日元)下画一条横线。

表 6-23

单位:千日元

二手书店 S 店 \ 二手书店 F 店	A 车站	B 车站
A 车站	(<u>500</u>,250)	(<u>750</u>,300)
B 车站	(300,750)	(200,100)

然后，在表 6-24 里，粗实线方框内的数值，(○,□)中的□处的 250 千日元(＝25 万日元)和 300 千日元(＝30 万日元)相比，在更大的数值 300 千日元(＝30 万日元)下画一条横线。

表 6-24

单位：千日元

二手书店 S 店 \ 二手书店 F 店	A 车站	B 车站
A 车站	(500,250)	(750,300)
B 车站	(300,750)	(200,100)

同样，在表 6-25 中，比较粗实线方框内(○,□)中的□处的数值的大小，在较大的 750 千日元(＝75 万日元)下画一条横线。

表 6-25

单位：千日元

二手书店 S 店 \ 二手书店 F 店	A 车站	B 车站
A 车站	(500,250)	(750,300)
B 车站	(300,750)	(200,100)

经过以上处理后表最终得出表 6-26，**在粗实线方框中画了两条横线，意思是 S 店开在 A 车站，F 店开在 B 车站才是最合理的决策。**

通过以上方法做出决策，得出的结果在博弈论中叫作"**纳什均衡**"(Nash equilibrium)。

最后，再来思考一下下面这个案例。

表 6-26

单位:千日元

二手书店S店 \ 二手书店F店	A车站	B车站
A车站	(<u>500</u>,250)	(<u>750</u>,<u>300</u>)
B车站	(300,<u>750</u>)	(200,100)

假设,在 A 车站和 B 车站已经开了好几家二手书店。特别是在 A 车站,如果再开一家店,销售额还会上升,但是如果同时开两家店,就会发生"同类相食"(cannibalisation)的情况,可以设想两家店都会陷入难以经营的地步。这个案例也被称为"**囚徒困境**",情况可以参照表 6-27。

表 6-27

单位:千日元

二手书店S店 \ 二手书店F店	A车站	B车站
A车站	(-50,-50)	(80,-100)
B车站	(-100,80)	(0,0)

通过博弈论求出表 6-27 中的"纳什均衡",得到的结果是 S 店和 F 店都应该开在 A 车站。(-50,-50)是最好的结果。是不是让人无法认同呢?

难道这种(-50,-50)的同类相食现象是一个合理的决策结果?实际上,S 店和 F 店都开在 B 车站时,对两家店来说,(0,0)才是最高的销售额,也是最合理的选择。

换句话说,在这个案例当中,从 S 店和 F 店各自的角度出发,一起开在 A 车站时最好。但是从两家店整体的角度来看,同时开在 B 车站才是利润更高的选择。

如果用博弈论的专门术语,在表 6-27 中,博弈论的解就是纳什均衡,是同时在 A 车站开店的($-50,-50$),但是并不是"帕累托最优"(Pareto Optimality)。帕累托最优应该是同时在 B 车站开店($0,0$)。**所谓"帕累托最优",就是博弈论中的所有个体都达到最优状态,不伤害任何一方的利益。**

在本案例中,虽然是 S 店和 F 店同时决定的战略型博弈,但是如果 S 店率先在 A 车站开店,之后 F 店再思考应该在哪里开店,可以用**展开型博弈**的方法。此时,求解的方法就会发生变化。

在前面所说的战略型博弈中,是从利润表入手,但是在展开型博弈中,会通过类似于在案例 14 一节中谈到的决策树的**"博弈树"** (**game tree**)来表现。如果想要了解详细内容,可以阅读参考文献中渡边隆裕的《ゼミナール ゲーム理論入門》(《学习博弈论入门》)。

案 例 启 示

▶ 当我们根据对方的行动来决定自己的选择时,博弈论是一种必不可缺的分析方法。

▶ 通过博弈论求解,即使决策主体有多个(两个以上),只要观察对方的做法,就有希望做出合理的判断。

> **小知识**
>
> ## 什么是情景规划（scenario planning）？
>
> 　　当今时代，已经不是那个"今天是这样，所以明天就是那样"的时代了，这个时代存在太多的不透明性和不确定性。
>
> 　　在这样的时代环境下做决策，就应该在每种有着不确定性的现象出现时，逐一预测它们未来的各种情况，对于每种现象的每种预测情况，要提前商讨策略，这才是上策。所谓的情形规划，就是提前想好许多种在未来也许会出现的"情景"，在脑海中串成一个故事。这样做的话，无论未来出现怎样的情景，都可以做出应对。
>
> 　　我想举一个灵活运用情景规划的实际案例，在1970年石油危机的时候，英荷皇家壳牌石油公司（Royal Dutch/Shell）就比其他竞争公司更快地回到了正轨，他们化危机为机遇，成为业界的领头羊，他们的故事常常被用作商业案例。
>
> 　　在实际做情景规划时，并不是乱想一通，而是有3个适用程度。首先，作为基点，现在的趋势一直持续下去，并无太大变化，这叫作"平稳情景"。从"平稳情景"的两端延伸到两个极端，就可以设想出两个"代替情景"。
>
> 　　未来的事情谁也说不准，"平稳情景"未免缺乏现实性，所以"代替情景"发生的可能性就增加了。而且，从起初的3个情景派生出来，可能会增加出许多情景。在这个时候，面对多个情景，就需要决策者做出最适合且合理的决策。

在这个变化剧烈，企业外部环境动荡的现代社会中，如果发觉企业向着预料之外的方向发展，那么就要具备能够马上调整方向的能力。这就要求经营者必须提前准备为应对不测事态而做出情景规划。这既是风险管理（危机对策），也是防患于未然的做法，更是将风险转为机遇的好机会。

第 7 章

区分使用 3 种定性分析，有效解决问题

定性分析要用这 3 种思维方式

从本章开始,将着重介绍**定性分析**,建议在定性分析时采用以下 3 种思维方式。

① 逻辑思维(logical thinking)
② 创造性思维(creative thinking)
③ 系统思维(system thinking)

实际上,根据实际遇到的问题和状况,组合使用这 3 种思维方式,或者单独使用其中的一种思维方式来进行定性分析,以获得最大效果。这一点确实需要我们好好思考。这也是本书的主题之一。

之所以提倡这 3 种思维方式,是因为它们都有各自的理由和根据,本小节将逐一介绍这 3 种方法,一起来看一下它们的异同。

看过之后就可以知道,在什么情况下应该组合运用,什么情况下应该单独运用。如果具备了这个能力,那么无论遇到何种类型的问题,都能使用合适的定性分析法高效地发现问题、分析问题、解决问题。

逻辑思维（logical thinking）

（演绎法/归纳法）

逻辑思维是最近很有名的思维方式，企业在研修研讨时都会积极推崇这种思维方式。

所谓逻辑思考，就是从某个前提推导出客观结论的思考过程。 如果这个思考过程太脆弱，那么从前提推导出结论时，就会出现逻辑上的巨大跳跃和漏洞，很可能会得到一个不合常理的结论。

在商务谈判或发表演说的时候，如果提案的一方在逻辑上出现了跳跃，会使对方无法理解自己想表达的信息，那么就会导致对方的不信任。而且，在说服对方的时候，如果能够做到"因为A，所以B"，不存在逻辑上的跳跃或漏洞，那么就能让对方容易理解，增强说服力。

正是出于这种原因和考虑，很多商务人士希望强化自己的逻辑思维的过程，经常参加研修研讨活动。

但是，如果真的要仔细讲解逻辑思维的话，恐怕要写成长篇大论。在本小节中，由于不仅限于逻辑思维一种方法，而是涉及逻辑思维的两个基本过程，即"演绎法"和"归纳法"。关于逻辑树和框架等具体的分析方法，请看第8章。

"演绎法"和"归纳法"这两个词听起来似乎很专业、很高端，但是它们是逻辑思维的基本概念，所以一定要理解、牢记。

1. 演绎法

所谓演绎法，就是根据普遍原理，通过逻辑推导得出个别现象

的结论的过程。例如,"A 公司是企业""企业具有社会责任",得出的结论是"A 公司具有社会责任"。所以演绎法也是一种三段论法(图 7-1)。

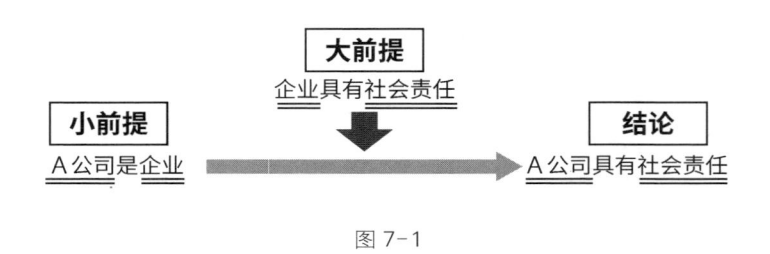

大前提
企业具有社会责任

小前提
A 公司是企业

结论
A 公司具有社会责任

图 7-1

在上面的例子中,"企业具有社会责任"是大前提,是普遍原理。"A 公司是企业"是小前提,是某种事实。从这两个前提推导出"A 公司具有社会责任"这一个体现象。如果用简单的符号来表示,A 代表"A 公司",B 代表"企业",C 代表"社会责任",那么大前提就是"B ➡ C",小前提就是"A ➡ B",因此可以得出"A ➡ C"的结论。

2. 归纳法

归纳法是一种顺序与演绎法完全相逆的推导过程,即从个别现象推导出普遍原理的思维过程。 例如,从"A 公司的销售额降低了""B 公司的销售额降低了""C 公司的销售额降低了"这 3 种现象中,可以推导出"企业的销售额降低了"这一普遍原理(图7-2)。个别事实的数量越多,推导出的普遍原理的精准度和可信度就会越高。

那么,在这个例子中,仅凭 A 公司、B 公司、C 公司这 3 家公司的销售额降低了,就能得出"企业的销售额降低了"的普遍结论吗?

在归纳法中必须注意的是,如果个别现象的数量,也就是样本

```
                        个别事实
        ┌─────────────────┴─────────────────┐
  ┌──────────────┐  ┌──────────────┐  ┌──────────────┐
  │A公司的销售额降低了│  │B公司的销售额降低了│  │C公司的销售额降低了│
  └──────┬───────┘  └──────┬───────┘  └──────┬───────┘
         │         ┌───────┴────────┐        │
         └────────▶│ 提取出共通的要素 │◀───────┘
                   └───────┬────────┘
                    ┌──────┼──────┐
                    ▼      ▼      ▼
  普遍原理      ┌──────────────────┐
              │ 企业的销售额降低了 │
              └──────────────────┘
```

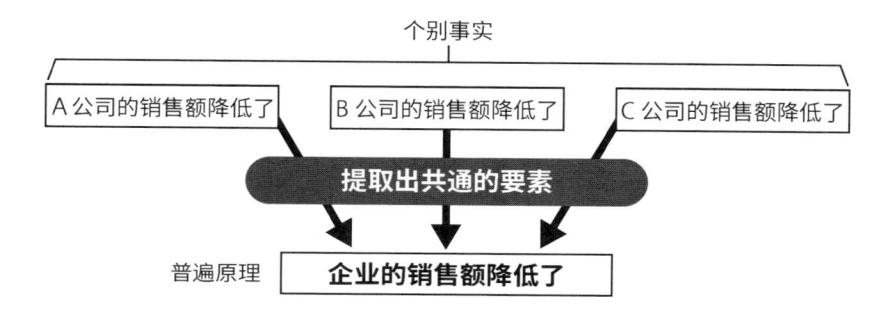

图 7-2

数量越少,那么在推导普遍原理时就有可能会出现逻辑跳跃或漏洞。所以样本的数量应越多越好。

如图 7-2 所示,从个别现象中提取出共通要素。从这个例子来看,仅从 A 公司、B 公司、C 公司这 3 家公司的个别事实就扩大到所有的企业,这的确很牵强。如果这 3 家公司是同一行业,比如都是汽车制造业,那么逻辑上的跳跃和漏洞稍微减轻一些。这时就会从"企业的销售额降低了"变成"汽车行业的销售额降低了",增强了说服力。

在运用逻辑思维的定性分析中,把悬而未决的问题进行分解,以避免逻辑跳跃和矛盾。然后对分解后的各要素之间的结构和因果关系进行调查,深究引起问题的原因,最后一步步解决问题。

适用逻辑思维的问题通常是静态的,不包含复杂因果关系的问题。**对于那些能够在短时间内解决或是必须解决的问题,不妨用逻辑思维试着解决。**

创造性思维（creative thinking）

创造性思维也被称为水平思考法（Lateral thinking）。这是与逻辑思维完全相反的思维方式。**它不介意逻辑跳跃，是一种对逻辑跳跃与矛盾不屑一顾的、非常大胆的思维方式。**在商务场合也会用到这种不在乎逻辑跳跃的思维方式。

在频繁的商务会议中，人们在会上要么是单纯作报告，要么是讨论目前遇到的问题并且希望找出问题的原因所在。这种时候，对于几个备选方案绞尽脑汁，尽量做出与论点不矛盾且慎重合理的选择。

但是，在开发新产品时，需要在会议上听到大家的新想法。在这种情况下，就不那么在意逻辑上的矛盾了，越是突发奇想的想法，有时越能在一瞬间决定企业今后的走向。这种场合就需要发挥创造性思维的作用了。

在使用逻辑思维进行定性分析之前，不妨结合创造性思维试试看。**当创造性思维枯竭的时候，就轮到逻辑思维上场，一口气找到答案。**一开始凭借创造性思维打开思维空间，尽可能自由地多想到一些想法，接下来就是用逻辑思维去分析它们，最终得到最优选择的可能性就大大增加了。

系统思维（system thinking）

可能很多人看到系统这个词，会误以为这是一种难以理解的思维方式，导致一些人从开始就会产生抵触心理。现在有很多类似用语，例如"系统性的""系统工程师""系统控制"等等，这些词里都包含了"系统"，给人一种高不可攀、难以接近的感觉。

现代社会的变化速度比之前快了很多，商业社会是一个由各种社会现象和环境问题等要素构成的综合体，也可以说是一个系统。构成系统的各个要素是动态变化着的，其中蕴含着错综复杂的因果关系。

前面所说的逻辑思维中一般不包含时间变化的概念，相对来说比较单一，主要处理静态问题。

当构成问题或现象的要素间存在复杂的因果关系时，系统思维是解决问题的最优方法。可以用简便的"因果循环图"来理顺各要素之间复杂的因果关系。在第 10 章里，我会对"因果循环图"进行说明，如果具备了绘制因果循环图，并能熟练阅读的能力，那么就离掌握系统思维不远了。

3 种思维方式的优缺点

在本小节中,我将对 3 种思维方式的特征(优点与缺点)进行总结。

逻辑思维(logical thinking)

1. 收缩型思维

在使用逻辑思维进行定性分析时,按逻辑分解各要素,寻找要素间的结构,最终锁定正确答案。这是一种收缩型的思维(可参考图 7-3)。

在使用逻辑思维时,最好在一开始就尽量多地收集数据和信息。运用创造性思维,便于更好地收集数据和信息。

2. 是在短期内得出结果的速战速决型思维方式

当你不得不在短时间内找到解决方案(solution)时,可以使用逻辑思维。虽然这样会让问题在某种程度上变得单一且模式化,但是几乎所有的问题都可以通过逻辑思维得到结论。

但是,当问题是动态的且各要素之间存在错综复杂的因果关系时,单纯依靠逻辑思维可能解决不了问题。

对于这种情况,比起逻辑思维,系统思维更能发挥它的优势。

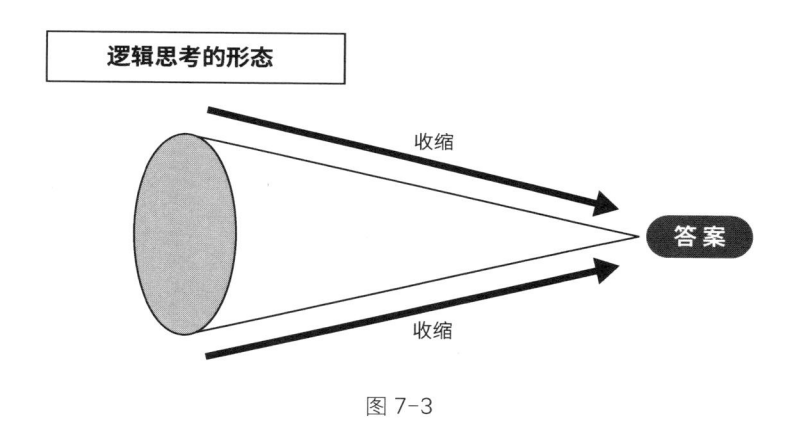

逻辑思考的形态

收缩 → 答案
收缩

图 7-3

创造性思维（creative thinking）

1. 发散型思维

如果说逻辑思维是收缩型思维,那么创造性思维就是**发散型思维,能不断衍生出自由奔放的想法**（如图 7-4）。创造性思维摒弃了固有观念和现有概念,是为了摆脱限制和束缚而使用的思维方式。

```
                    创造性思考的形态

              想法                  发散

                                    发散
```

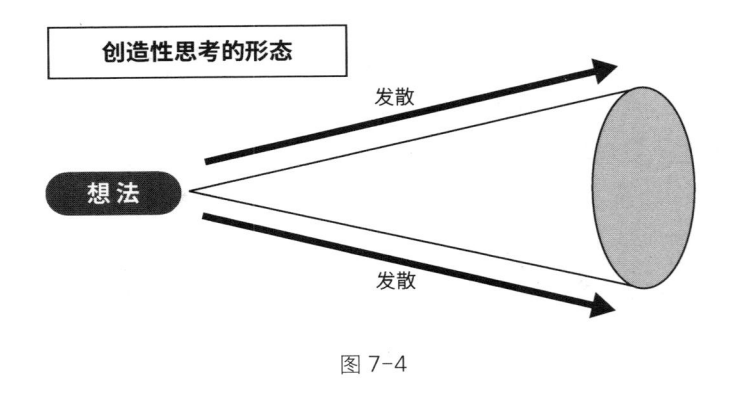

图 7-4

2. 在讨论前或讨论中途思维枯竭时，可以转换思考模式的思维方式

在开会讨论前，为了给逻辑思维和系统思维占主导的会议讨论多提供几个想法，或者在会议中创意枯竭或者思维卡壳时，不妨切换成创造性思维来激活新的点子。

系统思维（system thinking）

1. 在复杂的因果关系中处理动态变化问题的思维方式

当问题中包含复杂的因果关系或者包含动态要素时，单纯依靠逻辑思维无法做出分析，这时就要借助系统思维。

我会在第 10 章说明因果关系的概念。逻辑思维基本上都是**线性的因果关系**（如图 7-5）。简单来说就是，因为 A，所以 B；因为 B，所以 C；因此可以得出：因为 A，所以 C。

单线型因果关系【逻辑思维】

要素 A → 要素 B → 要素 C

图 7-5

但是现实情况要比这复杂得多，会有很多要素交织在一起。在线性因果关系中，每个要素只会出现一条箭头。在图 7-5 中，得出的要素 C 就是最终结果。但是，大家来看一下图 7-6，它是表示系统思维的**因果循环图**，从要素 B 分别向要素 C 和要素 D 伸出了箭头，从要素 D 向要素 A 伸出箭头，从被认为是最终现象的要素 C 也向要素 A 伸出箭头。这种现象叫作反馈，表示结果会对原因产生影响，体现了因果关系的复杂性。在这种情况下，系统思维就可以发挥它的作用。

因果关系循环图【系统思维】

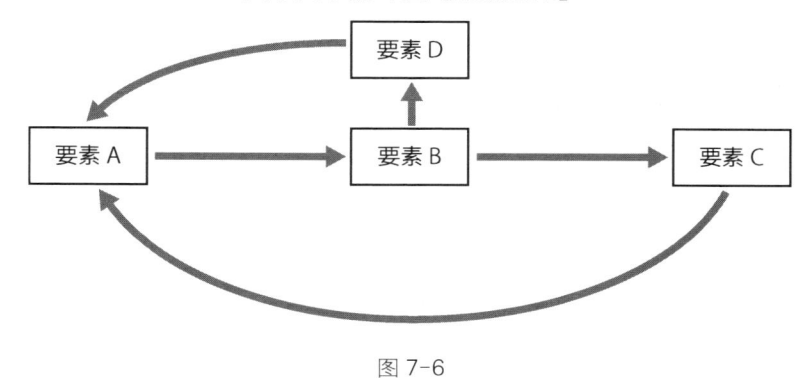

图 7-6

有些类型的案例适合使用逻辑思维,有些适合使用系统思维,还有一些应当使用创造性思维,根据不同情况使用最合适的定性分析方法,但是事情都不会这么简单。最好根据实际情况将3种思维方式有机地结合起来,以达到最优的解决效果。

在下一节中将展示3种思维方式的定位图(positioning map),并介绍3种思维方式组合使用的优点。

3 种思维方式各自的定位图
（positioning map）

上一节介绍了 3 种思维方式的特征。在这一节，将试用定位图（positioning map）来介绍 3 种思维方式的知识。

在图 7-7 中，横轴表示"使用的思维方式"的横向延伸，越向左代表越收缩，越向右代表越发散。也就是说，左侧代表逻辑思维，右侧代表创造性思维。

纵轴表示时间变化，越向上代表动态变化越激烈，越向下代表静态变化越迟缓。也就是说，上半部分代表系统思维，下半部分代表逻辑思维。

逻辑思维一般处理的问题是相对简单且时间变化不太快，属于收缩型的思维方式。反之，系统思维处理的问题都是伴随时间变化而发生剧烈动荡的复杂问题。创造性思维和逻辑思维正相反，是一个可以将解决方法扩散开的思考方式。

这 3 种思维方式在坐标轴的位置，如图 7-7 所示。

3 种思维方式各自能够处理的问题只有它们覆盖的那一小块区域，但是如果把它们组合起来，比如"逻辑思维＋创造性思维""创造性思维＋系统思维""逻辑思维＋系统思维"，这样的两两组合，使

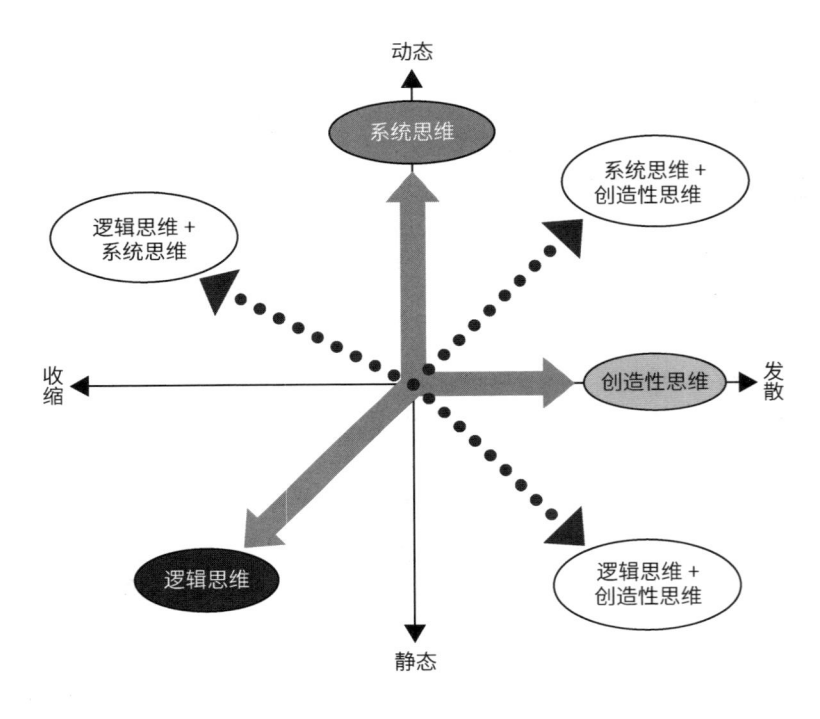

图 7-7　（顺时针）

处理的问题范围就扩大了。

在单独使用 3 种思维方式的情况下，如果能够加进去组合使用，那么几乎可以覆盖图 7-7 中的所有区域。组合使用的优点就在这里。

本节提倡灵活使用 3 种思维方式，但并不仅仅是增加灵活运用的思考方式。如图 7-7 所示，通过组合使用，不仅可以扩大解决问题的范围，还可以更加准确地把握问题背后的真实情况。

为什么单凭逻辑思维无法找到答案

在本小节中,我将说明为什么在商务活动中只依靠逻辑思考无法找到答案。

如前所述,逻辑思维受到追捧,在企业研修中备受欢迎。但是,这并不能断定逻辑思维是万能的,它也有短板。

在商业活动中,我们会遇到各种各样的问题。从简单的日常业务和固定业务的问题处理到高难度的决策问题,涉及各个领域。但是,复杂且难度高的问题并不会太过频繁地出现。只有公司的管理高层才会经常处理这种问题。

但是,对于大部分的商务人士来说,处理的问题仅限公司内部或客户,还有一部分是竞争对手带来的,最多是几个月或者一年的时间跨度。可以说,**无论在时间上还是空间上,大家处理的大部分是相对小而细的问题,可以用逻辑思维来解决这些切实问题。**

换言之,逻辑思考的过程可以分解成逻辑树的形式,对于那些相对来说不太复杂的问题,可以通过逻辑分析的方法得出确切答案。详细内容将在第 8 章进行说明。

逻辑思维要求的就是没有逻辑跳跃,没有矛盾,其结果要有说服力。逻辑思维是商务人士所必备的基本思维能力，越早掌握越好。这就是企业会那么积极地培养员工的逻辑思维的原因吧。此外，逻辑思维对于那些小跨度的问题也非常适用，因此也会助力员工的实际工作。通过运用逻辑思维，让自己的逻辑思维能力更上一层。

但是，在日常业务或固定业务中，面对新产品的开发、QC 会议或改善问题时，逻辑思维是否适用。

前面已说过，逻辑思维擅长解决时间、空间上跨度较小的问题，但是在推出新产品，需要大家的新想法时，逻辑思维就发挥不了作用了，显得没那么适合了。

我们无法期待逻辑思维能带给我们划时代的答案。这时我们需要的是跳出现有的理念，欢迎逻辑上的漏洞和矛盾，以及乍现的灵光。

在 QC 会议或问题改善会议上，我们要的不是逻辑和理由。因为意想不到的发言，企业会找到改善公司体制和生产现场的可能性。

思维空间扩大的结果就是让创造性思维开始它的表演。

逻辑思维擅长通过收缩思考的空间来解决问题，而创造性思维恰好相反，它扩大了思维的自由度。

来看一个例子。某企业正在讨论开发新产品，开拓新业务市场。必须要讨论的是——目前该行业的情况，竞争公司的情况，新业务是否合算，能否达成收益目标等问题。

我们已经知道，新产品的开发需要创造性思维。此外，在做行业考察、对手信息、市场动向时，最好要运用逻辑思维，尤其是架构分析（第 272 页）。

假设公司开展新业务后，即便起初有很高的销售额，但是过了一年或两年，销售额的增长没有以前的势头那么足了。面对这种情况，只运用逻辑思维或创造性思维都是无法解决问题的。

世界政治经济环境变动会带来宏观经济的变化，行业内发生变革，竞争对手和顾客也不断变化，公司内部的生产体制和销售部的员工人数以及推进体制都会有变化，问题是否隐藏在其中呢？时间越久，变化越多，复杂错综的因果关系就越多，因此需要能够多方分析因果关系的思维方式，系统思维就是一个很好的选择。

通过系统思维分析为什么新业务开展后，销售额增长率降低了，**其中存在什么样的问题？问题的结构是什么？各个问题造成的后果和影响又是什么？** 只有弄清楚这些问题，才能预测出哪个原因才是问题的瓶颈，要怎样做才能消除瓶颈，今后要如何开展未来的业务。这些问题都可以通过系统思维找到正确的答案。

再次强调，逻辑思维不是万能的。虽然商务人士用到它的频率比较高，但有时也会遇到不得不用创造性思维或系统思维才能解决的问题，这一点请大家务必记牢。

区分使用 3 种思维方式的观点

前面已经向大家介绍了定位图中 3 种思维方式的相同与不同，在这一节里我想再次讲一讲将 3 种思维方式区分使用的观点。

与定位图相同，横轴代表思维空间的广度与自由度，纵轴代表分析对象在时间维度上的大小与变化。我们可以把它看成是**思考的时空坐标**（如图 7-8 所示）。

逻辑思考是在图 7-8 的左下角位置。可以看出，**逻辑思维**在解决时间空间跨度较小的问题上，的确非常好用。例如，公司部门内的日常业务、销售会议等例行会议，以及短期内的经营计划等事务。这一领域几乎是任何一家公司都会涉及的，是企业的最基本活动。因此，逻辑思维是任何一个商务人士都必须要掌握的思考能力。

但是，在思考的空间尺度即自由度增大的领域，就成了**创造性思维**的舞台。在讨论开发新产品的会议上，或者各种需要参会人员提供新创意的头脑风暴会议或企划会议、QC 会议、改善会议等自由开放的氛围中，在需要涌现新创意的环境中，有必要切换到创造性思维的开关。

如果分析对象的时间跨度变大，曾经冻结的要素慢慢解冻，互

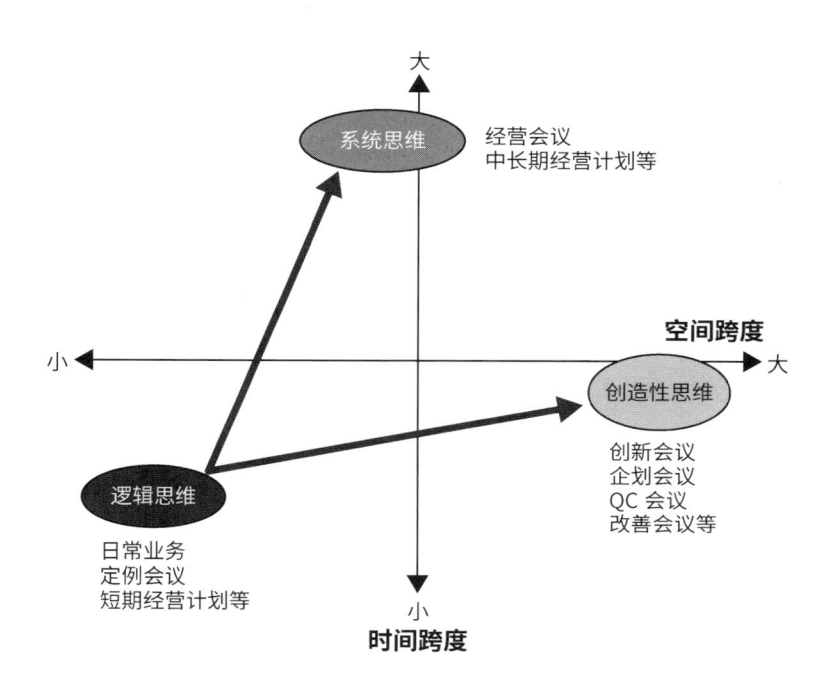

```
              大
              ↑
         ┌─────────┐
         │ 系统思维 │    经营会议
         └─────────┘    中长期经营计划等



                                    空间跨度
   小 ←─────────────────────────────→ 大
                           ┌───────────┐
                           │ 创造性思维 │
                           └───────────┘
                              创新会议
         ┌─────────┐         企划会议
         │ 逻辑思维 │          QC会议
         └─────────┘         改善会议等

       日常业务
       定例会议
       短期经营计划等
              小
           时间跨度
```

图 7-8 （顺时针）

相影响，衍生出复杂的因果关系。在这种状况下，逻辑思维无法解决问题，必须要发挥系统思维的作用了，如图 7-8。

　　经营会议、企业中长期经营计划、企业各部门关系、企业所处的宏观、微观外部环境之间的相互关系，面对像这样包含了许多复杂因果关系的问题时，就是系统思维该上场的时候了。即便是站在一堆不确定的因素前，也能够快速建立起经营战略思维。面临不确定状况时不要慌，**系统思维**就是一个绝佳的办法。

第 8 章

分解目标，锁定结论的"逻辑思维"

逻辑思维的大前提 MECE

逻辑思维（logical thinking）的大前提是**将问题和论点分解为既无遗漏也无重复的要素**。这种既无遗漏也无重复的状态被称为 **MECE**，是由"Mutually Exclusive Collectively Exhaustive"4 个词的首字母构成的。在日语中称为"mesh"或"mece"，是在谈论逻辑思维时必定会谈到的重要概念。

所谓 MECE，就是像拼图一样，各小块之间互相没有重叠，也没有缝隙（图 8-1）。

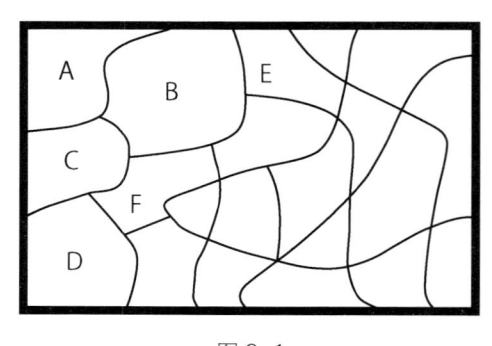

图 8-1

例如，某公司的营业部有营业一科和营业二科。可以把营业部分解成细小的要素，分解的方法有 3 种。

① 男性员工，女性员工
② 20 岁以下，20～40 岁，40～60 岁，60 岁以上的员工
③ 营业一科，营业二科

其中，哪种分解方式不符合 MECE 原则呢？

乍一看，3 种都符合 MECE 原则，①和②不需要说明就知道没问题。但是，如果仔细看一下③，营业部内还有既不属于一科也不属于二科的那些负责日常总务工作的员工，虽然也属于营业部，却没有被分解出来。所以，不符合 MECE 原则的应该是③。那么以下分解方式是不是符合 MECE 原则呢？

④ 喜欢的运动有棒球、网球

怎么样呢？马上就知道这不符合。来看一下图 8-2，营业部里

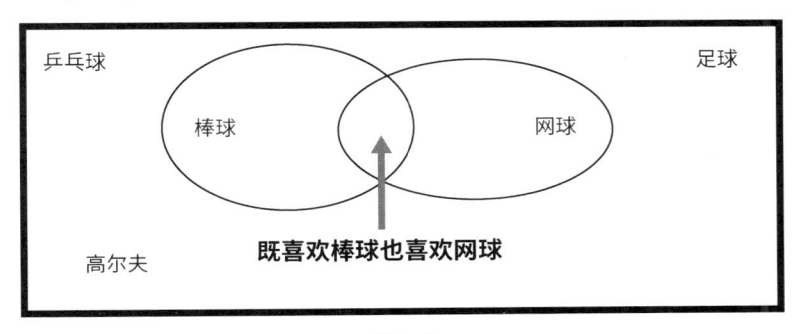

图 8-2

有一部分既喜欢棒球也喜欢网球。这部分人是重合的部分,而且还有些员工喜欢足球或高尔夫等等,肯定不可能只喜欢棒球或网球。也就是说,只分解出棒球和网球的话,既产生了重合,也产生了遗漏,显然不符合 MECE 原则。

MECE 原则是在下一节将说明的逻辑树和架构分析的基本概念。

借助逻辑树进行分析

在逻辑树中，按照 MECE 原则对问题或论点进行分解和挖掘。 在逻辑树的分析切入点上，如果有重叠的话，就会导致分析效率低；如果有遗漏的话，就有可能错失重点。

由于切入口是 MECE，所以也可以运用下一节介绍的架构分析时会登场的 **4P 分析**和 **3C 分析**。所谓 4P，指的是产品（Product）、价格（Price）、渠道（Place）、促销（Promotion）。所谓 3C，指的是消费者（Customer）、竞争对手（Competitor）、企业自身（Corporation）。可以用 MECE 原则来寻找大多数架构分析的切入点。

如果要用逻辑树来探明无法获利的原因，可以从"利润＝销售额－成本"这个等式出发，把利润分解成销售额和成本两个要素。同样，由于"销售额＝商品价格×销售数量"，所以把销售额分解成商品价格（单价）和销售数量两个要素。

像这样用逻辑树分解时，必须要互相符合 MECE 原则，并且是线型的因果关系（第 254 页）。

如果要分析现在发生的问题，由于问题一定有原因，所以首要任务就是查明阻碍原因①。找到原因后，就要制定具体的对策②。

这个流程如图8-3所示。

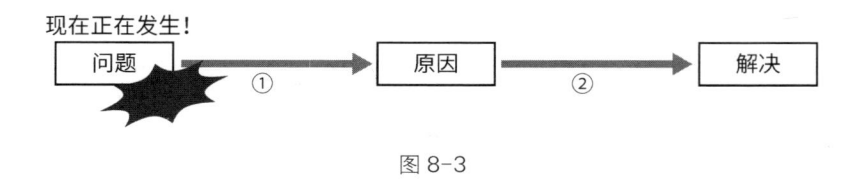

图 8-3

找到问题的原因,进而从原因中分析出解决对策,逻辑树都是非常好用的工具。

如图 8-4,从问题中找原因时,把问题写在最左侧,然后按照 MECE 原则向右开始一层一层地寻找原因,不断深挖。

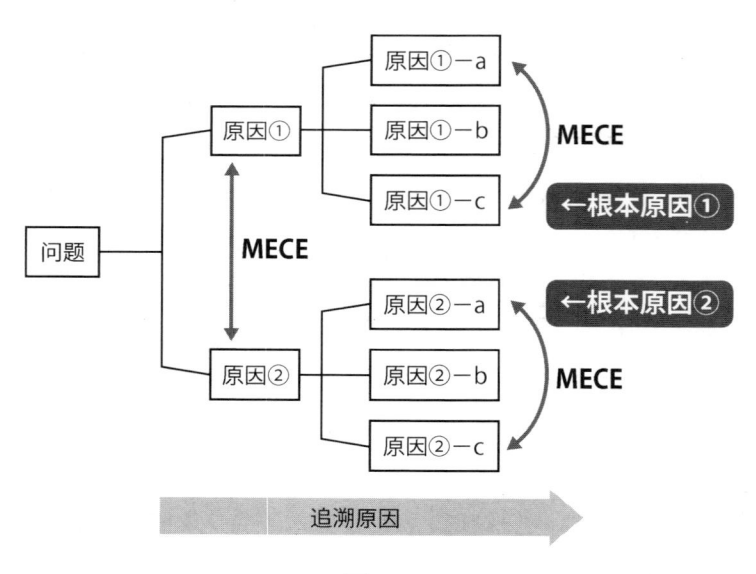

图 8-4

但是,在第 12 章里也会提到,如果是一个包含了复杂因果关系

分解目标，锁定结论的"逻辑思维"

的问题，那么借助逻辑思维的逻辑树是无法处理的，这一点希望大家能注意。

像图8-4这样，先找到一到两个根本原因，然后从这些原因中找到解决问题的具体对策。如图8-5所示，比如，针对根本原因①，找到具体的解决对策，最终可以得到具体对策①。如果有两个根本原因，那么就按照同样的方法对根本原因②进行分析。

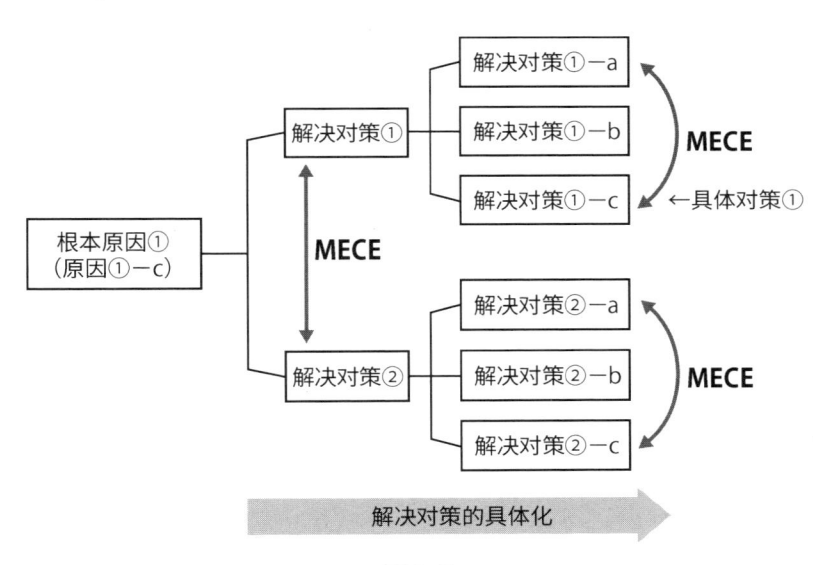

图 8-5

思维架构的分类

在商务分析中,逻辑树和架构分析都起到了非常重要的作用。**顾名思义,架构分析指的就是思维的架构**。架构基本上由 MECE 构成,大致分为两种类型,分别是图 8-6a 的【一维类型】和图 8-7 的【二维(矩阵)类型】。其中,在【一维类型】也包含图 8-6b 所示的流程图。

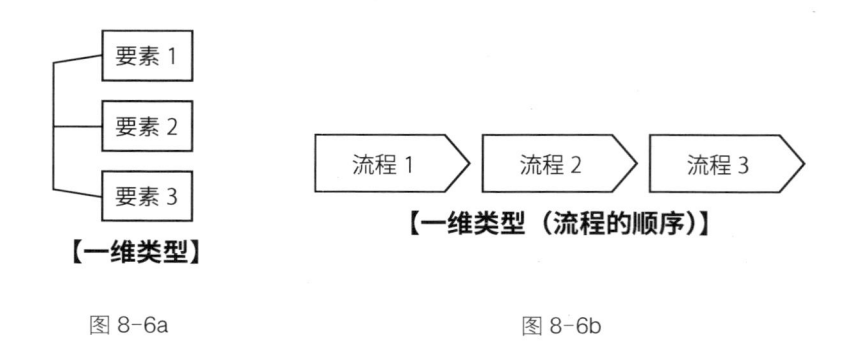

【一维类型】

【一维类型(流程的顺序)】

图 8-6a   图 8-6b

乍一看,在分析杂乱且无关联性的信息时,可以把它们整理在逻辑树中并分类。也有人说架构是现成的逻辑树,因此,**架构中的**

【二维（矩阵）类型】

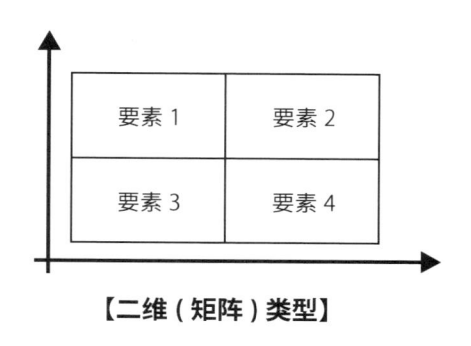

图 8-7

分类项目充分体现了MECE原则，所以只要专心思考使用哪种架构分析才是最合适的就可以了。

但是，不要认为在架构中完成了整理和分类就万事大吉了。接下来还有很多个问题要处理，从整理中提取信息的目的就是要找出问题整体的结构，提取哪些有价值的信息，如何制定切实的战略，如何向相关人员传达这些信息，都是非常重要的问题。

架构有很多种。根据不同的分析目的，适用的分析架构也不同，并不是只能用一种架构。通过组合多个不同种类的架构，从多个角度进行分析，这样一来，从而分析的精准度也会得到提升。

本小节将会对各种架构进行分类。从商务活动中频繁使用的架构到个人或企业各自惯用的架构，应有尽有。但是本书并不想像个博物馆一样——把所有架构都展示出来。在此，我们只针对**在商务活动中常用的基本架构，按照体系对其进行分类**，同时，尽可能地结合实际案例，介绍与之相适应的架构。

首先，在商业活动中，把握并分析企业所处的外部环境是非常重要的。**从企业的角度来看，所处环境一分为二，外面的叫作"外部**

环境",内部的叫作"内部环境"。企业所处的外部环境有时会对企业有利,但是更多时候是一种威胁。因此,本书试图从以下 3 个角度对环境架构进行分类。

① 从整体上把握商业外部环境的架构
② 同时把握商业外部环境与企业内部环境的架构
③ 把握企业内部环境的架构

可以用图 8-8 来表示。

企业内部环境			
←——— 组织与业务层级 ———→			
整体经营	业务	功能	日常业务
· 7S 分析 · VRIO 分析 · 安索夫成长矩阵 · 6 原则（蓝海战略）	· PPM 分析 · 价值链分析	· 4P 分析 · 战略布局图与 4 原则（蓝海战略）	· PDCA · 5W1H · 特性要因图

3C 分析　SWOT 分析

PEST 分析　　宏观

5 Forces 分析　　微观

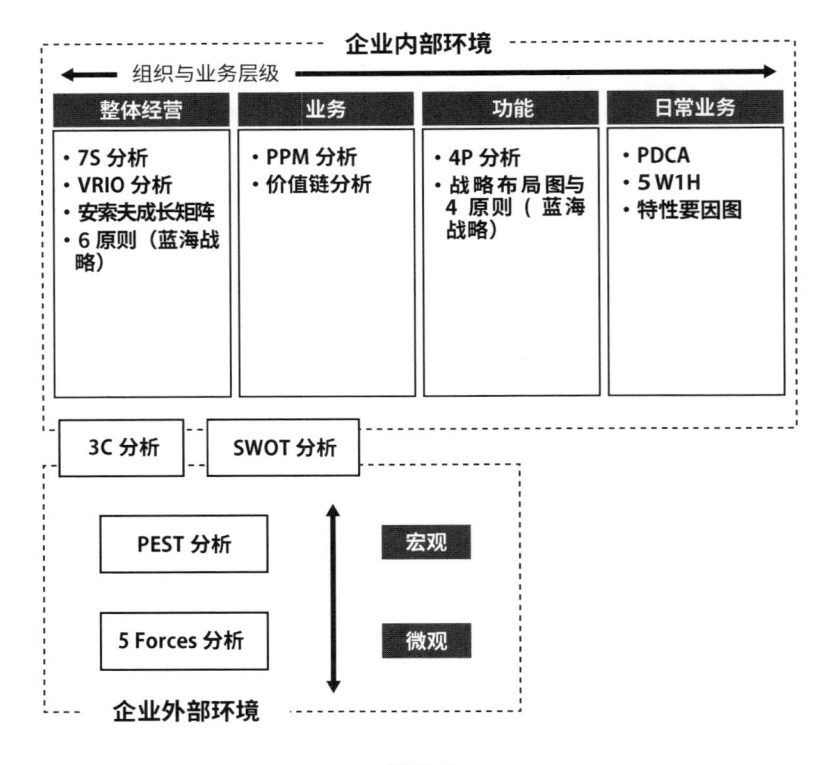

企业外部环境

图 8-8

从整体上把握商业外部环境的架构

从图 8-8 中可以看出，从整体上把握企业的商业外部环境的架构有以下两种。

- **PEST 分析**（第 279 页）
- **5 Forces 分析**（第 282 页）

企业的外部环境常常发生剧烈变化。由于企业在开展业务活动时会受到来自外界的巨大影响，因此企业不得不设置一根接受外部信号的天线，以便监视外部环境，从而接收到精确度更高的信息。

外部环境分为两种，一种是企业无法直接控制的**宏观环境**，另一种是在某种程度上可以控制的**微观环境**。

就像前几年金融危机或者日元升值那样，企业无法控制宏观经济环境，这些宏观环境的变化对企业制定战略产生了很大的影响。"PEST 分析"是可以有效帮助分析宏观经济环境的架构分析法。可以从政治、经济等 4 个角度来分析外部宏观环境。

另一方面，所谓微观环境，指的是消费者、市场、竞争对手等企业所处的周边环境。企业在其中想方设法开拓客户群和市场，实施商业战略。在微观环境，"5 Forces 分析"是个不错的方法，也就是各个不同行业内的架构分析法。

同时把握商业外部环境与企业内部环境的架构

有以下两个分析方法可以同时分析企业的内、外部环境。

- 3C 分析（第 285 页）
- SWOT 分析（第 288 页）

这两种分析方法可以帮助企业综合把握外部环境和内部环境，有助于使企业的战略目标具体化、清晰化。

把握企业内部环境的架构

企业内部环境的架构可以按照组织和业务的层级来分类。
首先，从**公司经营**的角度来看，可列举以下 4 个例子。

- 7S 分析（第 291 页）
- VRIO 分析（第 294 页）
- 安索夫成长矩阵（第 296 页）
- 6 原则（蓝海战略）（第 298 页）

"7S 分析"和"VRIO 分析"用来分析企业内部的经营资源，可以帮助企业建成富有竞争力的组织框架。
"安索夫成长矩阵"和"6 原则（蓝海战略）"是在讨论如何推广

新产品或开拓新市场时用到的分析方法。

"6原则（蓝海战略）"强调巧妙避开业内竞争，主动创造新市场的"蓝海战略"。安索夫成长矩阵是在蓝海战略被提出之前的常用方法，其主张与蓝海战略相反，主张在现有市场中抢夺仅有的面包，也叫作"红海战略"。

把握企业内部环境的架构，在**业务层级**方面可列举以下两种。

- **PPM分析**（第302页）
- **价值链分析**（第305页）

"PPM分析"把企业的业务分为4种模式，分析如何规划业务路线，如何分配经营资源。

"价值链分析"把企业活动设想成价值的链条，分析哪个环节产生了成功的关键因素（KSF：key Success Factor）。

按照**功能级别**的分析方法有以下两种，它们主要用于市场营销。

- **4P分析**（第307页）
- **战略布局图与4原则（蓝海战略）**（第308页）

"4P"指的是产品、价格、渠道、促销这4大市场营销的流程。

"战略布局图与4原则（蓝海战略）"是在蓝海战略中构建以新产品价值为基础的基本分析框架。

早在提出蓝海战略前，4P分析中的产品（Product）分析是与战略布局图与4原则有关联性的分析，但是蓝海战略的战略布局图与

4原则,是能够创造新产品价值且更易于理解、更具有实操性的思维架构。

在分析**日常业务层面**,有以下3个常用的分析方法,大家应该经常听到。

- **PDCA 分析**(第311页)
- **5W1H**(第313页)
- **特性要因图**(第313页)

在图 8-6a 和图 8-6b,还有图 8-7 中的一部分,我们尝试了众多架构分析的类型分类,如果按照之前所述的架构进行分类,分类结果如表8-1,供大家参考。

表 8-1

图 8-6a	一维	PEST 分析,5 Forces 分析,4P 分析,3C 分析,7S 分析,VRIO 分析,6 原则(蓝海战略),战略布局图(蓝海战略),5W1H,特性要因图
图 8-6b	一维(流程类)	价值链,PDCA
图 8-7	二维(矩阵)	SWOT 分析,安索夫成长矩阵,PPM 分析,4 原则(蓝海战略)

下一节将介绍各个架构分析方法的概要、特点,以及适用的案例。

把握商业外部环境大局的架构

本小节会说明两个分析企业外部环境的架构。

PEST 分析

"PEST 分析"是用来分析企业无法直接控制的**宏观环境**的架构分析方法。宏观环境是企业无法控制的，所以只能任其发展，但是 PEST 分析可以积极分析宏观环境的信息，预测未来的发展动向，对企业制定合理的战略有很大助益。

P，E，S，T 分别是政治要因（Politics）、经济要因（Economy）、社会要因（Society）、技术要因（Technology）的首字母，这 **4 个要因**的关键词如表 8-2 所示。

表 8-2

4 大要因	关键词示例
政治要因（Political）	◎法律法规——法规缓和、金融缓和、法规强化、金融稳定法案（美国）

(续表)

4大要因	关键词示例
政治要因 （Political）	◎税制——税制改革 ◎贸易——贸易不均、贸易黑字、防止贸易保护主义、WTO、FTA、EPA ◎公共投资——地区分配 ◎修正劳动派遣法律法规——正式员工、非正式员工、人才派遣 ◎审判——审判员制度
经济要因 （Economic）	◎景气——景气后退、景气急速恶化、世界金融危机、残酷的经营环境 ◎企业——调整雇佣（裁员）、创造雇佣机会、过盛的设备与人员 ◎物价——通货膨胀、通货紧缩、消费者物价指数 ◎利率——利率政策、零利率、利率缓和 ◎汇兑——汇率、日元升值（美元贬值）、日元贬值（美元升值） ◎股价——日经平均股价持续跌落、纽约股市暴跌、股价下跌（暴跌） ◎宏观经济、微观经济
社会要因 （Social）	◎社会——社会差距 ◎劳动——就业形势的多样化、工作与生活平衡、共享工作 ◎教育——编程教育、学习能力调查、学习能力两级化（教育差距） ◎健康——健康食品、长寿国家日本、WHO ◎流行——黑马商品、流行趋势、手机、智能手机 ◎环境——全球变暖、环境问题、氢动力汽车、排放量
技术要因 （Technological）	◎技术革新（innovation）——人工智能（AI） ◎网络——电商、IoT ◎计算机——云计算、编程 ◎半导体与液晶——大型液晶电视机、有机EL ◎医疗与生物化学——iPS细胞、ES细胞、DNA芯片 ◎资源——下一代资源（甲烷水合物）、稀土

以这些关键词为参考,梳理出企业外部环境的 4 大要因,预测企业面对影响的机会和威胁,从而决定该采取怎样的战略。

在实际使用 PEST 分析时,可以参考列举实际做法的表 8-3,**先设定一个企业,评估 4 个要素对这家企业来说是机会还是威胁,以此为基准,概括 4 个要因,再决定企业今后将采取什么样的战略和对策**。在表 8-3 中,以医药制造公司为例,请大家参考内容。

表 8-3

4 大要因	机会	威胁
政治要因（P）	针对生活习惯病的体检成为国民义务	减少医疗支出,促进一般药品的使用
经济要因（E）	药品经济评价的必要性	日元升值,汇率变动
社会要因（S）	提高健康意识,避免生活习惯病	企业经营恶化、员工收入水平下降
技术要因（T）	iPS 细胞等日本独创生物科技的发展	面临技术革新壁垒,新药研发成本庞大
4 要因的总括	世界范围和日本的经济危机与研发新药的困难共同成为了威胁	
对策与战略	◎强化新药研发体制——提高开发效率、让产品健康成长 ◎全球销售体系——面向海外市场,拓宽销路,增加销售额	

适用案例

关于 PEST 分析的具体分析案例,在第 2 章的企业案例的定性分析中已经介绍过了。

5 Forces 分析（5 力分析）

PEST 分析用于分析宏观外部环境，也就是肉眼看不见的环境架构。但是，"5 Forces 分析"的分析对象是**微观环境**，可谓是一目了然。

美国著名经济学家迈克尔·波特（Michael Porter）指出，有 **5 大要因**影响着行业内的竞争。5 Forces 分析就是根据这 5 大要因分析行业结构，制定业务战略的架构分析方法。

5 大要因如下所示。

1. 行业新进者的威胁

如果行业新进者过多，即便市场还有吸引力，也会在争夺市场份额的厮杀中，使得市场丧失原有的魅力，导致市场这块大蛋糕不再诱人。

新进者在踏入行业时面临的困难被称为"进入壁垒"，即如果在一开始不大量生产产品，就无法获得竞争力，所以会投入很高的成本。此外，还要在产品的独特性和更换供应商等方面投入很大的成本。

所以，在现实中，不能盲目加入新行业。

2. 竞争对手的威胁

在同一行业内要面对竞争对手公司的竞争威胁。如果竞争激化，就会和①一样，行业的魅力就会大大降低。就像"昨日的敌人是今天的朋友"一样，过去曾是竞争关系的企业有可能会通过企业并购（M&A），变成商业伙伴，竞争企业的变化也非常快。

3. 替代商品的威胁

不可小视替代商品带来的威胁。数码相机已经席卷了相机市场，替代了以前的胶卷相机，整个感光相机的市场都急速衰退。现在数码相机又被智能手机替代了。

4. 消费者（买家）的谈判能力

客户的谈判能力也是威胁之一。现在已经不是从前那种你定价多少人家就会花多少钱购买的时代了。如果供大于求，那么消费者的主动权就更大，可以左右商品的价格，对于企业来说，行业的吸引力就不那么强了。

5. 供应商的谈判能力

当供应商手握一批抢手商品的资源时，采购价就是由供应商来主导了，在价格谈判上也更加有利。对于销售的企业来说，行业魅力又降低了。

一般来说，当我们思考企业的竞争来自哪里时，大部分人想到的是来自②竞争对手的威胁，但实际上不仅仅是②。通过分析以上5个威胁，我们理解了5 Forces分析的原理。绝不可轻视这5大威胁中的任何一个，不然一定会栽跟头。从图8-9中可以看到这5大要因对企业的影响。

从图8-9可直观看到5大要因中，新进者、供应商、消费者、代

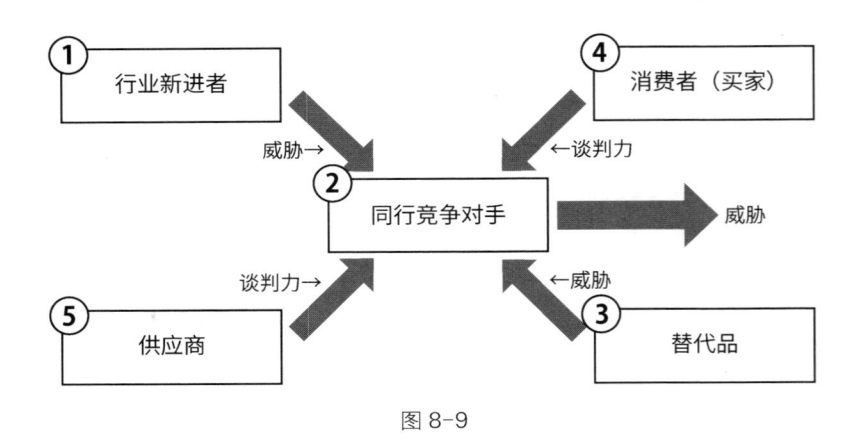

```
┌─────────┐                              ┌─────────┐
│①行业新进者│                              │④消费者（买家）│
└─────────┘                              └─────────┘
        ↘ 威胁→          ←谈判力 ↙
            ┌─────────┐
         ②│同行竞争对手│ ⇒ 威胁
            └─────────┘
        ↗ 谈判力→          ←威胁 ↖
┌─────────┐                              ┌─────────┐
│⑤供应商  │                              │③替代品  │
└─────────┘                              └─────────┘
```

图 8-9

替品这 4 大要因也会对竞争对手带来冲击和影响。

5 Forces 分析通过对 5 大要因进行单独和综合的分析，可以将业内竞争关系清晰地展现出来。作为经营者，擅长运用这种架构分析，有助于在竞争中明确应当采取什么样的战略。

把握商业外部环境与企业内部环境的架构

在本小节将介绍两种不仅能分析外部环境而且还能分析企业内部环境的分析架构。

3C 分 析 法

所谓"3C分析",就是从**消费者、竞争对手、企业自身这 3 个角度**来进行分析的架构。3C 取自消费者(Customer)、竞争对手(Competitor)、企业自身(Corporation) 3 个词的首字母。通过 3C 分析法,可以找到 KSF(成功要素:Key Success Factor),从而找到企业应当采取的战略。

此外,"消费者"和"竞争对手"也是 5 Forces 分析中的两个微观外部要素。

下面来看一下 3C 分析的 3 个角度的关键词。

1. 消费者（Customer）

从以下角度把握自家商品的市场和潜在消费者。

- 市场规模如何？
- 市场的成长性如何？
- 市场的需求如何？
- 消费行为和决定消费的流程是怎样的？
- 各个部分的消费者的动向如何？

2. 竞争对手（Competitor）

通过与竞争对手进行比较，能够看出企业自身的相对强弱。

- 竞争公司的数量有多少？
- 竞争对手的战略和实绩（销售额、利润、市场份额等）如何？
- 竞争对手的经营资源如何？

3. 企业自身（Corporation）

在了解竞争对手的同时，也要从以下角度来明确自己的强项和弱点。

- 自家公司的业绩和战略如何？
- 自家公司的经营资源如何？强项和弱点在哪里？

《孙子兵法》中有句话说"知彼知己，百战不殆"。从以上3个角度来做3C分析，有助于找到成功的关键因素（KSF），在竞争中占据优位。本公司是否已经拥有了这些 KSF？如果没有，应当如何获得？并同时探讨公司的前进方向。

适用案例

接下来我们用 3C 分析来分析一下啤酒行业的巨头 B 公司。啤酒行业的最新趋势是，老龄化导致市场规模缩小，酒类消费量呈现出也逐年降低的趋势。不仅如此，烧酒、红酒、低酒精饮料等产品的市场份额不断增长，啤酒类的市场份额却在不断下降。

3C 分析得出的结果如表 8-4 所示。

表 8-4

	内　容
消费者 (Customer)	● 消费者喜爱的酒类越发多样，饮酒人群的老龄化、年轻人对酒类甚至啤酒越来越没兴趣 ● 消费者有倾向选择发泡酒和第三类啤酒
竞争对手 (Competitor)	● 国内有 4 家竞争公司 ● 竞争对手开始发展多元化业务，推出了主打健康理念的清凉饮料水和低酒精饮料等产品 ● 通过企业合并(M&A)谋求协同效应 ● 开拓亚洲(中国)等海外市场
企业自身 (Corporation)	● 激活资本的力量，促进企业并购和多元化 　具体来说，试图与医疗品制造商或乳制品等食品公司合并 ● 摆脱啤酒依赖型的收益结构

要想在啤酒行业取得优势地位，可以考虑以下几个成功要因。

① 促进 M&A
② 将生产基地从日本国内转到海外
③ 试图从依赖啤酒的经营模式中脱离出来
④ 面向女性消费者和高龄消费者，推出低酒精饮料
⑤ 作为综合饮料公司要实现多元化，谋求协同效应

以这些 KSF 为基础，从而决定公司未来前进的正确方向。

SWOT 分析法

SWOT 分析中的 SWOT 是由"**优势 S**（strengths）""**劣势 W**（weaknesses）""**机会 O**（opportunities）""**威胁 T**（threats）"4 个单词的首字母构成。

机会与威胁和企业的外部环境有关，优势与劣势和企业内部环境有关，可以用 2×2 矩阵来表示，即由 4 个要素组成的框架。此外，外部环境并不局限于宏观环境或微观环境。

适用案例

我们用 SWOT 分析法来分析一下服装零售行业的 SPA（制造零售）型的 Y 公司吧。

最近的服装行业受到少子高龄化的影响，市场规模逐渐缩小。同行间的利益争夺战也越发激烈，但是在 SPA 型企业中也有部分企业像案例中的 Y 公司那样业绩还算不错的企业。

表 8-5 是 SWOT 的升级版——SWOT 交叉矩阵。

SWOT 分析是将外部环境分为机会和威胁,将内部环境分为优势和劣势的 2×2 的矩阵。在 SWOT 交叉矩阵中,把"机会 O"和"威胁 T"两个要素与"优势 S"和"劣势 W"两个要素两两组合,得出 4 个要素,逐一分析它们的战略。在表 8-5 中分别得到战略 A、战略 B、战略 C、战略 D 4 个小战略。

表 8-5

		外部环境	
		【机会:Opportunity】 ● 限制缓和 ● 开拓海外市场较容易 ● 可借助媒体	【威胁:Threat】 ● 世界经济危机 ● 时运不济 ● 市场缩小导致同行竞争激烈 ● 少子老龄化
内部环境	【优势:Strength】 ● 强大的企业知名度和品牌力 ● 受欢迎的功能性服装面料 ● 上下决策速度快 ● 活跃的 M&A	【战略 A】 ● 考虑和海外企业合资促进业务 ● 扩大海外生产规模 ● 早日放弃收益性差的业务	【战略 B】 ● 以年轻人和女性消费者为目标,在时尚百货店或车站大厦开店 ● 面向高龄群体开发新产品 ● 开发全天候型产品
	【劣势:Weakness】 ● 组织决策要从上至下 ● 组织僵化、层级多 ● 信息、技术、人才的相互交流不充足	【战略 C】 ● 适当放权 ● 摒弃僵化的组织体制 ● 培养全球性人才和下一代接班人	【战略 D】 ● 培养经营层和干部层 ● 培养基层员工

战略 A 是活用自身优势，最大限度地利用机会的战略；战略 B 是在回避外部威胁的同时活用自身优势的战略；在战略 C 中可看到，如何避免因公司的弱点而错失良机；在战略 D 中可看到，如何避免因公司的弱点而导致威胁增加，如何避免出现最坏的情况。

分析企业内部环境的思维架构

本小节将着重介绍分析企业内部环境的架构方法。在企业中，组织和业务基本上都是层级结构，因此架构也要从**公司整体经营方面**、**业务方面**、**功能方面**、**日常业务方面**进行分层分类，并进行说明。

公司整体与经营方面

1. 7S 分析

"7S 分析"是美国麦肯锡顾问公司设计的企业战略的 7 个要素，取了 **7 个要素**单词的首字母，所以叫 7S 模型。前 3 个是"**硬性 S**"，后 4 个是"**软性 S**"。

指出了企业在发展过程中必须全面地考虑各方面的情况，包括

① 战略（Strategy）：业务的优势与方向性
② 结构（Structure）：企业的组织结构

③ 制度（System）：各种制度（财务制度、人事评价与招聘制度等）

④ 价值观（Shared Values）：员工共同拥有的价值观

⑤ 风格（Style）：公司风气、企业文化

⑥ 人才（Staff）：人才以及各种人才的能力

⑦ 技能（Skill）：组织整体的技能（技术能力、销售能力、国际交流能力等）

7S的整体形态如图 8-10 所示。正六边形的每个顶点上都是一个 S 要素，把六边形的对角线连接起来形成关联性。

核心是"价值观（Shared Values）"，图的上半部分是"战略（Strategy）""结构（Structure）""制度（System）"3 个硬性 S，包含了核心的"价值观"的下半部分是软性 S。

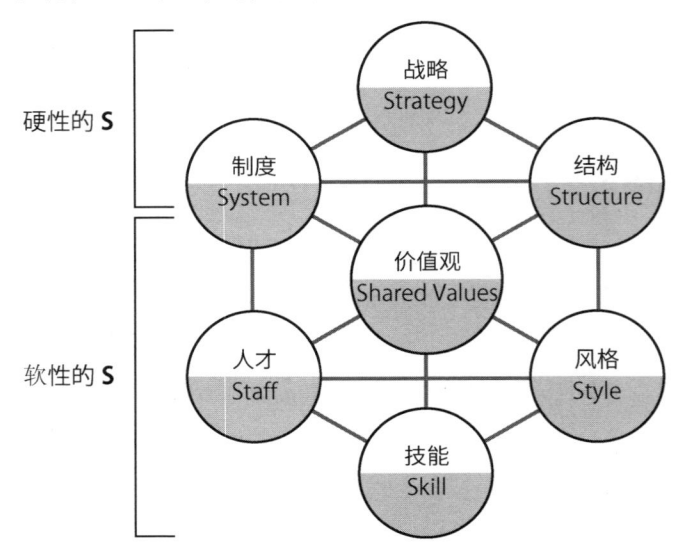

图 8-10

当企业外部环境发生变化时,可以从 7S 的某个要素中找到企业自身必须要改进的一个方面。一般来说,**"软性 S"要比"硬性 S"在变化上需要更长的时间,并且会伴随一定的困难**。当企业因外部环境骤变而急需调整方向时,必须要注意均衡地切换软 S 与硬 S。

但是,7S 并不是一个在开展战略布局上具有实践性的架构方法。它只能帮助人们在整体上掌握公司的大致情况。

适用案例

接下来将 7S 分析应用于生产某大型综合电机半导体公司 L。

【硬性 S】

● 战略(Strategy)

① 通过部门合作与革新,增强竞争力

② 在市场中创造新的价值,实现价值革新

③ 加速开展全球化业务

● 组织架构(Structure)

① 在公司内部培养创业家的独立精神

② 密切联系开发、生产、销售各部门,打造乘数效应的组织

● 制度(System)

① 强化制度体制,培养全球性人才,扩大海外据点

② 强化反收购系统

【软性 S】

● 价值观(Shared Values)

① 确立国际优秀企业地位

② 重视地球环境，抱有"地球企业"的共同理念

③ 打破固定观念，持续挑战新目标

● 风格（Style）

① 重视社会贡献与合规等CSR（企业社会责任）措施

② 重视推动革新的工作方式

● 人才（Staff）

① 拥有掌握先进高端专业知识（电子器件、半导体等）的人才

② 拥有全球化视野的人才

● 技能（Skill）

① 不断创造革新

② 面对变化，迅速行动，审时度势，敏捷应对

综上所述，7S分析中包含了企业理念与管理理念等一些较为抽象的表达与分析。

2. VRIO 分析

VRIO分析由管理学家杰恩·巴尼（Jay B. Barney）提出，认为竞争优势来源于企业内部资源。因此，企业所拥有的内部资源才是决定自己在行业内持续领先的主要因素，并列举了4个特质。

① 经济价值（Value）：

拥有价值后会领先对手吗

② 稀缺性（Rarity）：

还有其他公司和我拥有同样的价值吗

③ 难以模仿性（Inimitability）：

我的价值会被其他公司模仿吗

④ 组织（Organization）：

在发挥价值作用的时候是有组织地进行吗

在4种观点中，②和③这两个角度看重的是企业所拥有的独特的、难以被效仿的管理资源。VRIO分析就是从这4个角度进行敏锐分析的。

一家企业如果想在残酷的竞争中存活下来，就要从上述4个角度找到自己的核心竞争力，做行业内的唯一。

适用案例

将VRIO分析应用于主营无线电通信设备的中型企业J，分析结果如表8-6所示。

表8-6

经营资源	特征	V(经济价值)	R(稀缺性)	I(难以模仿性)	O(组织)
人才力量	● 较多掌握高级专业技术的人才 ● 较多对外界环境敏感且能及时应对的人才	○	○	◎	△
商品力量	● 在雷达、无线通信设备、系统设备等方面具有其他公司无法企及的优势	○	◎	◎	△
资本力量	● 丰厚的闲置资本 ● 福利待遇和疗养设施很完善	△	△	△	△
信息、技术	● 丰富的海外市场或全球推广经验 ● 丰富的军事信息技术 ● 较多的专利申请	△	◎	○	△

从表 8-6 中可以看出，J 公司的产品和人才方面都达到了同行难以模仿的水准，而且 J 公司还掌握了一定的军事信息。

反过来，在 VRIO 中，O（组织）整体来说较弱，制度的功能略显落后。应当把全公司的力量整合起来，把强大的技术和产品打向外部市场。

此外，在资本力量方面也缺乏竞争优势。由于 Y 公司的优势是产品和人才，因此，如果想要提高商业效率的话，就要增强资本实力。

3. 安索夫成长矩阵

美国管理学家、战略管理的鼻祖安索夫（H.I.Ansoff）先生为了分析企业成长战略的方向，**把产品和市场各自分成两类**，生成了一个具有 4 种战略的著名架构分析方法（如表 8-7 所示）。

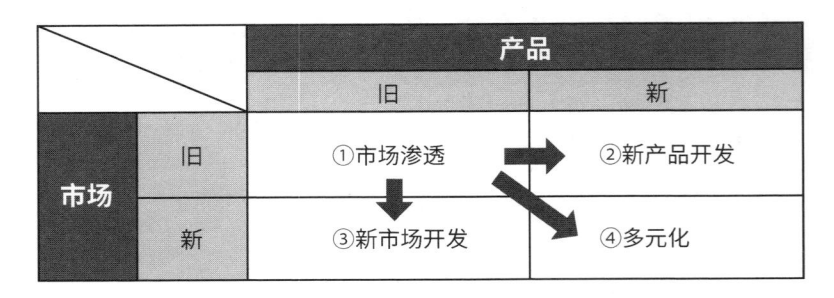

表 8-7

		产品	
		旧	新
市场	旧	①市场渗透	②新产品开发
	新	③新市场开发	④多元化

① 市场渗透战略

以现有的产品面对现有的顾客，但是，绝不是放手不管。用打折或促销手段提高销售额和利润。

② 新产品开发战略

以现有产品开拓新市场、找到新客户。新产品可以打开新市场，但是现有系列的高性能产品也可以和新概念产品联合。

③ 新市场开拓战略

开拓新市场和新客户，用现有产品来提高销售量的战略。比如向男性销售化妆品，或把面向国内的商品销往海外。

④ 多元化战略

要突破现有产品与市场的圈层，在新领域创造新的增长，这是最为冒险的成长战略。多元化战略多见于产品和市场各自的业务战略中。

企业最初会采用①市场渗透战略来开展业务。但是，随着市场饱和，增长不再明显时，就要转向战略②和战略③。虽然风险高，但是战略④也必须重视。

适用案例

某课外补习班 P 面向中小学生开设了数学和英语课程，主要负责跟踪学生的学习进度和帮助备考。校长和讲师的指导效果都很好，经营状况也很好。现在我们用安索夫矩阵分析补习班 P 的案例。

① 市场渗透战略

在目前的市场中，以中小学生为对象长期辅导数学和英语。从学生的角度来看，希望能获得更加细致的指导。

② 新产品开发战略

以中小学生为对象,提供新的指导方案。例如以下几个方案。

- 增加指导科目,比如语文或数学
- 组织数学考试或汉字检测的对策讲座
- 开设小升初、中考的备考讲座

③ 新市场开拓战略

这是针对目前只有数学和英语课程,今后要开拓新市场的战略。例如有如下两种办法。

- 辅导学前儿童的英语
- 面向家庭主妇或中老年人,从贴近生活的实用性角度来指导数学和英语的学习

④ 多元化战略

例如有以下几个做法。

- 把辅导对象扩大至高中生,开设高考备考讲座
- 辅导社会人士学习商务英语、经济、金融课程
- 开展家庭教师业务,派人到各个家庭上门教学

4.6 原则(蓝海战略)

安索夫成长矩阵看重企业的市场和产品,但是至于如何开发新产品、如何开拓新市场等,这些实际操作性的问题还是需要别的办法来解决。蓝海战略是为了避开行业内的残酷竞争而开拓新市场

的战略,尤其是**重新划分市场边界、寻找新市场方面的框架分析**,就是"6 个 PASS"。

蓝海战略是商学院教授 W.钱·金(W. Chan Kim)和勒妮·莫博涅(Renée Mauborgne)提出的开拓没有竞争关系的新市场的战略。由于利润增长有无限大的可能,从而联想到了自然界的宽广纵深的蓝色大海。与之相对的是在现有的狭小的满是竞争对手的市场中拼个你死我活的"红海战略"。可以想象一下海水被鲜血染红的样子。

以下列举了 6 个原则。

① 观察成为"alternative"的产业

alternative 和替代品(substitute)意思不完全相同。比如,新干线和飞机的形态不同,但具备相同的移动功能,互为**替代品**。咖啡店和弹珠店,乍一看毫无联系。首先从形态上来说,前者是喝茶、喝咖啡的地方,后者是多少带点赌博性质的地方,功能性也不同。但是,当人们不得不在街上打发打发时间时,二者对这些人的意义是相同的。与其做别人的代替品,不如做别人的另一个选择,这就是新产品会产生的意想不到的好效果。

② 学习行业内的其他公司

向行业内的其他公司学习,有两个好处。其一,因是同一行业,所以比较容易付诸行动;其二,也许是还没开始就盘算收入,也许可以从其他地方获得客户。比如,组织数学考试的团体可能是从英语或计算机考试主办方那里学来的做法。

③ 关注消费者的连锁反应

买的人未必就是最终使用的人(终端用户)。消费者在购买某种东西时,肯定受到了支持或影响,这就是**连锁**。例如,在购买家用游戏机时,虽然是母亲购买,但是使用者大多数时候都是儿子。如果价格过高,还需要得到父亲的批准。这个时候就要设定一个让母亲的钱袋子可以松一松的价格,而且还要让母亲和父亲也想尝试玩一玩。

④ **重视补充材料和服务**

一种产品畅销的时候,不是单纯卖掉它那么简单,其补充材料和服务也有很多关系。电脑配件商店有很多商品,便利店、购物中心里也配有停车场。重视这些补充材料和服务,可以提升本公司产品的价值。

⑤ **功能指向与感性指向的切换**

以技术为导向的中小型企业希望推出功能性很强的产品来吸引顾客,但不妨试着加强设计感或提升品牌形象等,在感性要素上下功夫,以达到同样目的。从技术要素可以转换到感性要素,反之亦然。**功能导向和感性导向之间的切换**,也许是一个重新定义市场的好机会。

⑥ **洞察未来**

并不是像评论家那样单纯预测未来的动向和潮流,而是要主动思考自家产品在未来如何发展。

适用案例

人们的生活和工作已经离不开电脑,用 6 个原则来分析电脑进入新市场的可能性。

① 观察成为"alternative"的产业
- 作为娱乐工具，用来读书、打游戏、看电视、看电影等
- 作为学习工具，用来看参考书、普通书籍、插画集等
- 作为商务工具，用来做计算器、便签纸、圆珠笔等

② 学习行业内的其他公司
- 不做原装电脑，而是做组装电脑
- 重视功能简化与低价电脑

③ 关注消费者的连锁反应
- 开发低价且功能简单的儿童电脑，上面描绘人气高的动漫人物，家长会为孩子购买
- 开发字体大的键盘，简化功能，减轻重量，便于高龄者的购买和使用

④ 重视补充材料和服务
- 收纳盒与行李箱
- 键盘、鼠标、液晶显示器等各种输入输出设备
- 出差中的维修服务

⑤ 功能指向与感性指向的切换
- 从高功能开始缩减功能，实现简易与低价。例如，电子书阅览器或小型笔记本电脑
- 苹果 Macintosh 计算机外观采用全新设计与颜色

⑥ 洞察未来
- 老龄化会带来更多使用大尺寸显示器的需求
- 普及日语，让海外的网站也有日文版

业务方面

1. PPM(Project Portfolio Management)(产品投资组合管理)分析

在安索夫的成长矩阵(第 296 页)中,多元化的产品和市场会由各个业务部门推广。最令管理者头疼的就是如何在多个多元化的业务之间合理分配资源。PPM 分析可以帮助解决问题,这是波士顿战略咨询集团开发的著名项目研究事业的投资组合。

纵轴是"市场增长率",横轴是"相对市场份额",做成一个 2×2 矩阵,如图 8-11 所示的四个象限。横轴表示的相对市场份额,越靠左说明份额越大,越靠右则越小,这点请大家注意。

四个象限的名字也很有趣,"明日之星"还好,"摇钱树""问题儿童"就表明有很大的冲击性,"丧家犬"这个就是很负面的感觉了。

在 PPM 分析中,横轴的相对市场份额可以理解为为事业投入资金(现金流入),纵轴的市场增长率表示为事业投入资金而流出(现金流出)。

① 明日之星

"明日之星"属于高市场增长率和高市场占有率的业务,虽然会回笼大量资金,但是为了保持高占有率还是会投入成本。这个业务的收益不够理想。金钱是明日之星,但不能独当一面,应当把"明日之星"培养成摇钱树。

图中内容：

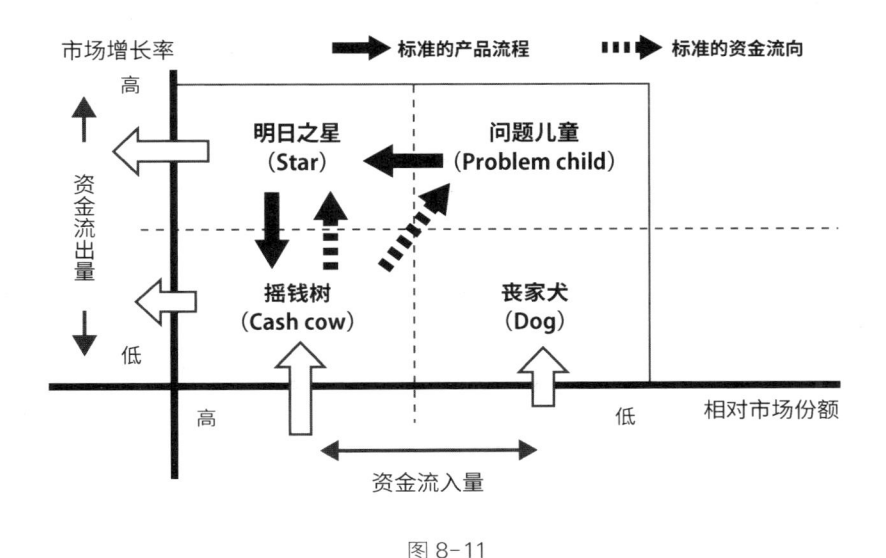

市场增长率（纵轴，高/低）；相对市场份额（横轴，高/低）

→ 标准的产品流程　　⇢ 标准的资金流向

- 明日之星（Star）
- 问题儿童（Problem child）
- 摇钱树（Cash cow）
- 丧家犬（Dog）

资金流出量（纵向箭头）
资金流入量（横向箭头）

图 8-11

② 摇钱树

由于市场增长率降低了，所以为了促进增长的投入资金也相应减少。从枯竭的市场中获得高收益从而投入到"明日之星"和"问题儿童"的培养上。

③ 问题儿童

虽然是个绰号，但是的确是有问题的业务。市场份额低，现金流入少，但是由于增长率又很高，钱不断流出，像是个败家子。因此，应该早点集中投资，把"问题儿童"转化为"明日之星"，千万别让它沦落成"丧家犬"。

④ 丧家犬

市场份额低，增长率也低。看名字就知道是个该撤销的业务了。

在图 8-11 中，同时表示出产品的动向和资金的动向。**产品会从"问题儿童"变成"明日之星"，继而变成"摇钱树"。另一方面，可以把"摇钱树"摇来的资金投入到"明日之星"或"问题儿童"那里去。**

> **适用案例**

大型钢铁公司 N，斥巨资建立了 6 个新业务部开展业务。使用 PPM 分析的结果如表 8-8 和图 8-12 所示。

用圆表示，**圆的中心坐标表示"相对市场份额"和"市场增长率"，圆的面积代表"销售额"。**

在图 8-12 中，化学业务部和电子机器业务部是"明日之星"，溶液业务部是"摇钱树"，半导体业务部是"问题儿童"，SI 业务部和不动产业务部是"丧家犬"。

表 8-8

	相对市场份额 (%)	市场增长率 (%)	年销售额 (亿日元)
电子机器	23	31	28
溶液	25	11	56
半导体	12	28	12
SI（系统集成 system integration）	9	7	9
不动产	5	9	5
化学	26	32	26

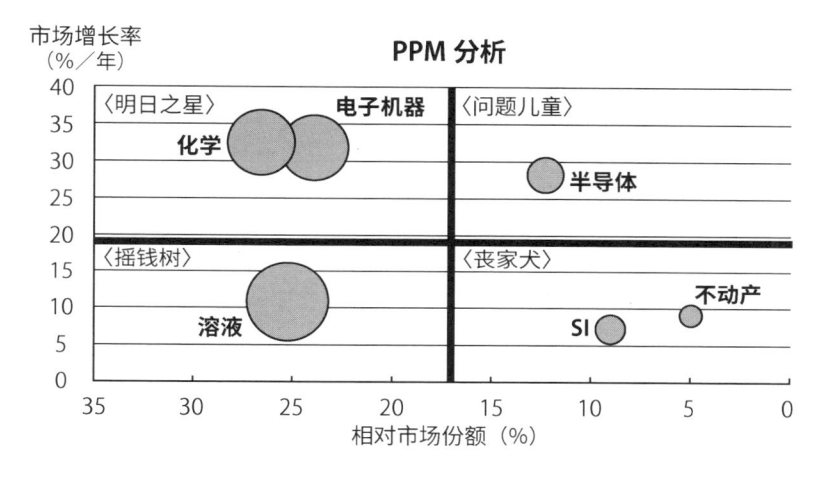

```
市场增长率
(%/年)
                    PPM 分析
 40
 35  〈明日之星〉        电子机器    〈问题儿童〉
 30        化学
 25                              半导体
 20
 15  〈摇钱树〉                    〈丧家犬〉
 10                                        不动产
  5        溶液                    SI
  0
    35    30    25    20    15    10    5    0
              相对市场份额(%)
```

图 8-12

2. 价值链分析

这是由在 5 Forces 分中登场的迈克尔·E·波特提出的方法。所谓价值链(value chain)分析,是指掌握本公司的业务流程会为消费者创造怎样的价值的分析方法。**在掌握各业务流程特征的基础上来分析一系列活动的链条。这个分析法的目的是通过引发竞争,导出最合适的流程和战略。**

下面以制造业公司(图 8-13)和零售业公司(图 8-14)的价值链为例进行说明。

① 制造业的价值链

首先,把主要活动和辅助活动一分为二来看。主要活动包含以下 5 个流程。

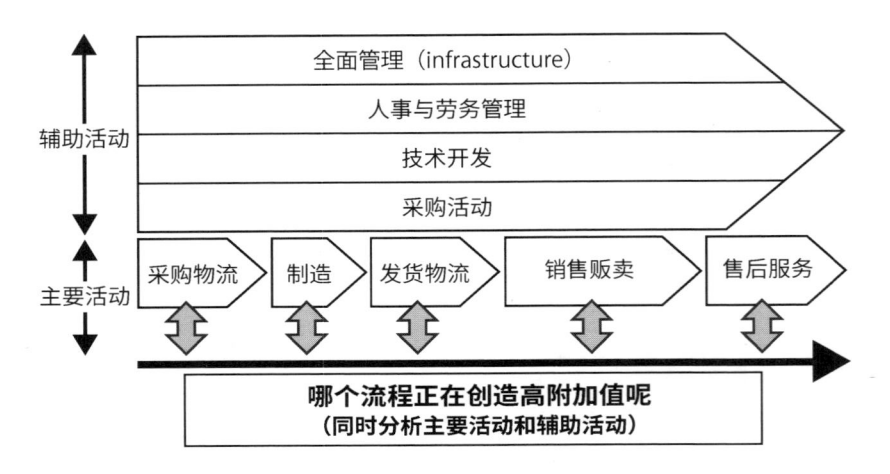

```
                全面管理 (infrastructure)
辅助活动        人事与劳务管理
                技术开发
                采购活动

主要活动   采购物流 → 制造 → 发货物流 → 销售贩卖 → 售后服务

哪个流程正在创造高附加值呢
（同时分析主要活动和辅助活动）
```

图 8-13

① 采购物流：采购、运进原材料并保管
② 制造：制成产品（或半成品）
③ 发货物流：向终端顾客（中间供应商）输送产品
④ 销售、市场营销：向终端顾客（中间供应商）销售
⑤ 售后服务：销售后的维修保养与售后服务

在 5 个流程中，除了主要活动，还讨论了辅助活动中哪一环可以创造高附加价值，向顾客提供最终价值。如果所有流程都能创造高附加价值的话就没有问题了，但是成本会成为瓶颈。

所以，要正确掌握各个流程中定量的附加价值与成本，了解它们的关系，同时分析各个流程的最优性（部分最优）和整体的最优性（整体最优），重新设计价值链。

② 零售业的价值链

零售业不像制造业那样包括制造的流程,而是直接从其他商家手中进货。但是,也有特殊例子——自主企划研发自有品牌(PB)商品的企业。这种情况下,可以参考图 8-14,看一下大致的 7 个流程。

店铺开发 → 商品开发 → 采购 → 物流 → 广告宣传 → 店面宣传 → 销售

图 8-14

① **店铺开发**:制定开店计划到完成开店
② **商品开发**:企划并开发 PB 商品(自主企划商品)
③ **采购**:采购并保管商品
④ **物流**:向中间供应商运输
⑤ **广告宣传**:广告等促销活动
⑥ **店铺宣传**:特别是店面的宣传
⑦ **销售**:销售活动

可以参考制造业的价值链重新设计以上 7 个流程。

功 能 方 面

1. 4P 分析

"4P 分析"在市场营销中非常有名。4P 取的是**产品(Product)**、价格(Price)、流通(Place)、促销(Promotion)4个单词首字母。从这4个角度分析案例,希望大家要学会并使用。

① 产品(Product)

首先投入市场的是产品或服务。除了产品或服务之外,还包括功能、设计、包装和品牌。

② 价格(Price)

价格就是产品或服务在市场交易时支付的金额。利润源于价格,因此价格的设定必须要合适。如果是批发价格、零售价格,还会有相关的支付条件和合同期限。

③ 流通(Place)

虽然有工厂直销的销售模式,但是一般来说,产品生产出来后,通常需要通过批发或零售才能来到消费者的手里。流通就是生产者把产品或服务销售给到消费者之前所进行的物品、货币、信息的流通。

④ 促销(Promotion)

产品做好,价格定好,就可以拿去卖了。如果销路不错的话,那就没有问题。但也会有消费者根本不知道这种商品的情况,所以要想提高销量,就必须向市场发布有效的促销信息。

2. 战略布局图与4原则(蓝海战略)

在前面已经介绍过蓝海战略了,在商业环境中,只要有人成功开展了蓝海战略就能获胜。现在我要介绍的就是帮助自己离成功更近一步的工具,也即"战略布局图与4原则"。

① **战略布局图**

战略布局图就是能直观地看到投入蓝海市场的产品价值与现有产品之间的差距的架构图。**横轴上是产品功能等各个要素，纵轴是表示价值等级的"价值曲线"。**

在前面学习整体经营管理层面的"6 原则"（第 298 页）时，已经接触到功能指向产品和感性指向产品了，将它们放在战略布局图中绘成"价值曲线，如图 8-15 所示。

功能指向产品，重视功能，同时功能越高价格就越高。然而，感性指向产品比起功能，更加重视设计与品牌形象，价格会比功能指向产品偏低一点。通过价值曲线就能清晰地看到全貌。

在战略布局图上，分别把当前市场的现有商品和新市场（蓝海）里自由遨游的产品的价格曲线画出来，可以看出它们有明显的分离，根本不像是同一个圈层的产品。这种情况到后面"第 12 章 逻辑思维与创造性思维组合使用的案例"（第 411 页）里就能理解了。

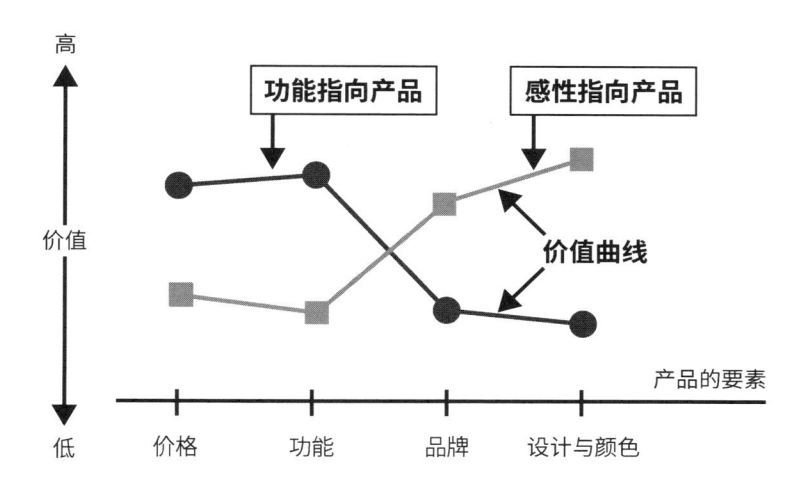

图 8-15

图 8-16a

图 8-16b

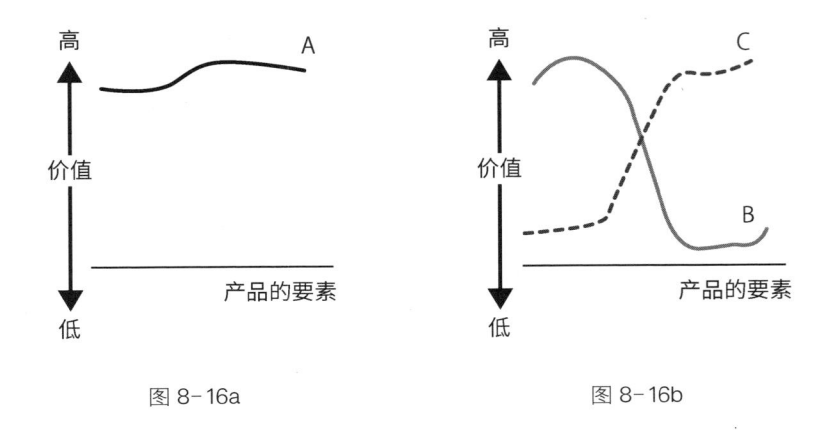

在战略布局图的价值曲线中，如图 8-16a 所示，A 产品在所有要素中都具有相同的价值，简直是**"八面玲珑"般的存在**，这和**蓝海战略**内容不符。此外，图 8-16b 中的 B 和 C 产品，**在不同的要素上有不同的价值，这才是适合投入"蓝海"的产品。**

② 4 原则

新市场"蓝海"战略的基本构想是，在降低产品成本的同时，还能提高产品价值。哪有这么美的事啊。最近，数码相机和电脑的功能日益增多，其实日常根本用不到那么多功能。如果能"简化功能→控制成本""增加其他功能→提高在客户眼中的价值"，那就完美了。而实现这一美梦的工具就是 4 个原则，也叫作价值创新计划（**ERRC**）（图 8-17）。

在 ERRC 网格中，通过消除（Eliminate）与降低（Reduce）达到降低成本的目的，通过提升（Raise）与创造（Create）提高产品在顾客眼中的价值。

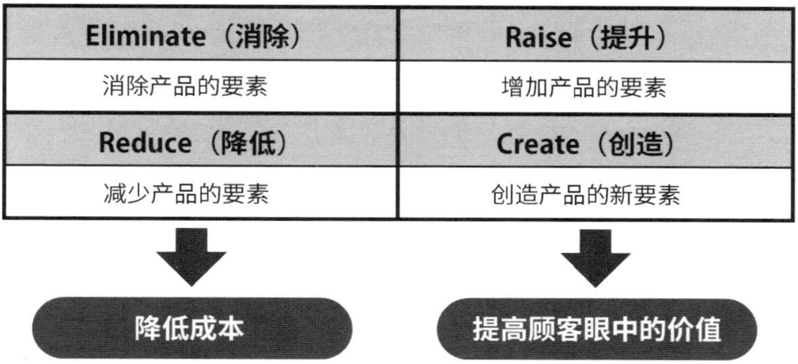

Eliminate（消除）	Raise（提升）
消除产品的要素	增加产品的要素
Reduce（降低）	Create（创造）
减少产品的要素	创造产品的新要素

↓ 降低成本　　↓ 提高顾客眼中的价值

图 8-17

日常业务方面

下面我想讲 3 个日常工作中常用的框架分析法。

1. PDCA

PDCA 也称为"PDCA 循环"，这是一种在制造业中进行生产管理和品质管理等管理业务中常用的沿着计划推进的管理方法。它由以下 4 个循环构成。

① Plan(计划) ➡ ②Do(执行) ➡ ③Check(评价) ➡ ④Act(改善)

它们的内容都很简单了，所以我就不做说明了，但是希望大家能明确意识到②Do 和④Act 是有区别的。②Do 是按照计划执行，但是④Act 是评价是否继续按照计划执行，如需要改善那就改善。

在这 4 个循环要素中，如果循环完一周就在④Act 这里停下来，是不正确的。要将最后的④Act 连接到下一轮的 PDCA 循环中，就要像上升的螺旋一样，持续改善业务，这是最理想的状态。

适用案例

企业中的销售业务与生产开发业务都可以使用 PDCA。

〈销售业务〉

P(计划)：销售人员计划、接单计划、销售计划、利润计划

D(执行)：报价、发表、谈判、接单(下单)、收货、收货后的跟踪、售后服务

C(评价)：接单、利润、收货、验收、收款、丢单跟踪

A(改善)：修改收货、修改利润计划(转结至次年度)

如果丢单，要查明丢单的原因，在下次的会议上要反映出来。

〈生产开发业务〉

P(计划)：产品计划、软件开发计划、销售人员计划、版本升级计划

D(执行)：购买部件材料、设计、生产、前期试验、版本升级、硬件改造

C(评价)：评价开发过程

A(改善)：重新审视生产与开发、重新审视市场发行量

当发现产品的不良情况，不得不重新考虑生产或发行量时，在和销售人员共同处理客户问题的同时还要注意在生产开发下一批产品的时候不要再出现类似的问题。

2. 5W1H

这可以说是基本中的基本了。在商业活动中，当你感到万般无奈时，不妨回归原点来分析，刚刚这个案例也可以用它来分析。

下列①～⑥是"**5W1H**"，①～⑦是"**5W2H**"。如果以销售人员为例进行说明，可以做成这样：

① **Who(谁)**：谁是销售人员，谁是顾客
② **What(做了什么)**：开发什么，交付什么
③ **When(何时)**：何时交货
④ **Where(何地)**：供货商在哪里，几楼
⑤ **Why(为何)**：为什么能接单
⑥ **How(如何)**：如何收货
⑦ **How much(多少钱)**：订单金额是多少

销售人员向上司汇报时，如果能按照 5W1H 进行的话，就很少出差错。

3. 特性要因图

特性(结果或需要解决的问题)与可能对它产生影响的要因之间的关系，可以用图8-18这种鱼骨头形状的图来表示，这种图被称作"特性要因图"。由于看上去像鱼骨，因此也叫作"**鱼骨图**"

(fishbone diagram)。

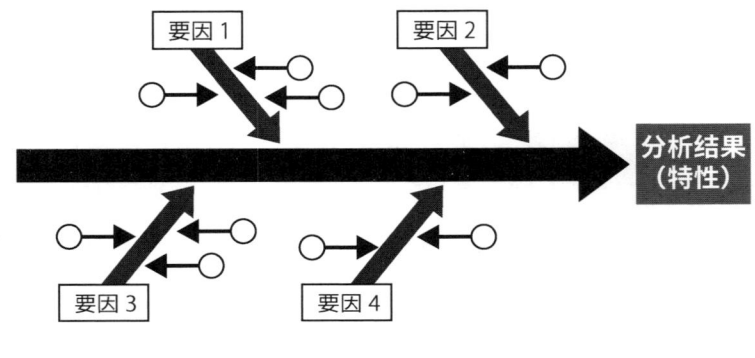

图 8-18

此外，特性要因图的结构和逻辑树的结构完全一样。

小知识

什么是"费米猜想"（Fermi estimate）？

如果有人问你"要移动富士山需要花多少年""东京都内有几根电线杆""日本全国一共有多少温泉"，你会怎么回答呢？如果在入职考试或面试中遇到了这样的问题，是不是会大脑一片空白，陷入恐慌呢？

在本书中，如果是需要用到定量分析的决策，就要从收集信息开始。的确，现在也有条件了，可以从网上查到答案。如果有充足的时间来解决问题，一定会好好试一试，但是应该收集什么样的信息呢？

在这种紧要关头，从少量信息中推想出结论的费米推定是非常有效的。费米被称为"原子能之父"，他的名字叫作Enrico Fermi，是一名物理学家。费米于1901年出生于意大利，1938年获得诺贝尔物理学奖。费米会在和学生或朋友的谈话中提出一些令人烦恼的问题，其中最有名的是"芝加哥一共有多少名钢琴调音师"。

最近，费米推定很受关注，据说是因为微软公司和咨询公司在入职员工考试中会出费米推定的题目。

费米推定由4步组成，①假设，②因数分解，③计算执行，④现实验证。这就是最近备受推崇的"地头力"，即从零开始思考。

问题在于,费米推定得出的结果,在做决策时能够在多大程度上信赖它。②因数分解中如果推测出的因数和现实相差太远,那么好几个因数相乘岂不是差得更远了吗?但是,在费米推定中,比起得出答案,更重要的是从较少的信息出发,在思考的过程中进行假设和建模的过程。当信息太少而又不得不进行定量分析时,费米推定是个不错的工具。

第 9 章

从根本上拓展设想的创造性思维

创造性思维的实践要素

在第 7 章讲述了创造性思维（creative thinking）的几个优点。创造性思维是发散思维，它可以在思维堵塞时帮助转换思维方式。也就是说，创造性思维是一种让人期待创意的扩展与实践的可能性的思考方法。本小节将讲述创造性思维的 4 个实践要素。

运用零基思维来把握

"零基思维"是指不局限于固定观念与既有框架的束缚，用全新的状态，即从零基础开始思考问题的思维方式。如果在现有框架中思考，以往的经历和各种规则等将会给思考带来偏见，进而限制思路开放，最终难以得到最佳的解决方法。换句话说，要根据不同的情况，尝试运用"零基思维"。

通常情况下，人们很容易沉迷于过去美好的回忆，尤其是成功的体验。我们应该清楚地认识到，成功早已是过去，情况已经发生改变。

在运动员中，哪怕是著名运动员，也有过低谷的阶段。如果在低谷期一直认为"自己的实力没有那么差"，那么将会推迟走出低谷的时机。而零基础意味着改变态度，这样或许能更容易走出低谷期。

零基思维是**与过去的诀别**，因此也称**重构思维**。一般情况下，人们的年龄越大，往往越会被过去的事情所拖累。也就是说，虽然中老年人经验丰富，但他们也因为经验丰富而失去了思考的自由度。另一方面，由于年轻人对过去的留恋较少，必然会向往未来。这种情况如图 9-1 所示。

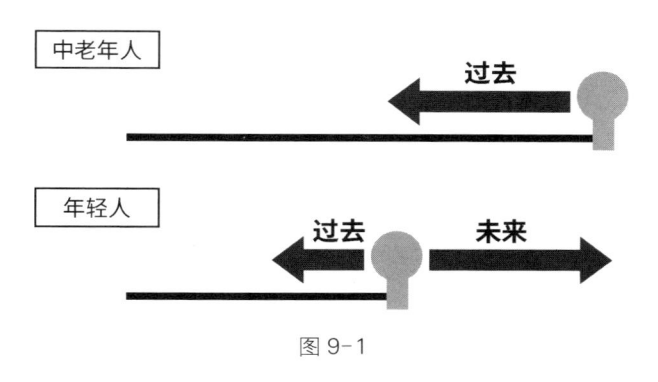

图 9-1

商业社会中的零基思维也很重要。可能有些突兀，但断定关东煮是冬天的食物已经是固定观念了。的确，在寒冷的冬天，热气腾腾的关东煮给人以美味的印象。但是，如果食物的形象被传统固定下来，那么之后将得不到任何发展。

运用零基思维思考，即使是炎热的夏天，也完全可以将关东煮冰镇后再吃。实际上，纪文食品已经将冰镇商品搬入了市场。茶泡饭也是如此，如今，冰镇茶泡饭成了永谷园的产品之一。

这就是突破陈规。在凛冬需要吹气散热才能吃的滚烫食品,摇身一变成了冰镇的全新形象。

无论是日常生活还是商业社会,都应该视实际情况而重新思考。充分运用零基思维,任思维自由发展。这样,无穷无尽的想法就会如泉水一般源源不断地涌出。

应用实例

任天堂的DS和Wii开创了游戏机的新时代,它们颠覆了以往游戏机的刻板印象。在过去,提起游戏机,就会浮现出游戏疯狂爱好者和游戏宅这类人在房间中沉默地玩着游戏的场景,所以游戏机不可避免地与阴暗、不健康的形象联系在一起。此外,游戏内容也包含很多过激的东西。这个形象被固定之后,游戏界担心游戏机行业前景堪忧,市场将会饱和。

但是,任天堂的DS让游戏机增添了大脑训练和学习素材等智能图像。这使得该产品成为一种安全产品而被儿童和家长所接受。

而Wii,则以音乐、健身等让身体保持健康的导向游戏为目标。这样的话,每个家庭至少都会希望拥有一台游戏机。虽然游戏机以前是阴暗、不健康的形象,但现在它已经被家庭这个大的新生市场所认可。这就是运用零基思维摆脱以往的旧观念而成功的实例。

转换思维和观点

逻辑思考如下所示,A导致B,B导致C,以因果关系和前提、结论为基础,有逻辑地展开思考。

A ➡ B ➡ C ➡ D ➡ E ➡ F ……

逻辑思考中的逻辑是一步一步循序渐进的，没有跳跃。换句话说，思考过程不能有任何逻辑上的跳跃。

然而，**创造性思维打破了这个制约**。在遇到难题时，不如试着主动转换思维的时空，尝试来一次大跳跃。

在处世接物方面有句谚语："只见树木，不见森林。"意为当人的注意力被某棵树的细微部分吸引，他就看不到森林的全貌。无论现实情况如何，都要试着将单棵树的微观视角，转换到森林全貌的宏观视角。这类似于鸟瞰和鱼眼，可以帮助我们把握全局。

转换视角后，将获得"该区域"的整体视图，从而无需在意细节。明确"该区域"的范围之后，再尝试变焦"该区域"。如同相机的变焦镜头，可以通过变焦看清细节。

比如，我们可以时不时看看新版世界地图和地球仪。过去，世界是广阔的。在美国发生的新闻，对日本来说事不关己。但现在随着全球化的发展，地球变小了。我们应该将视角转换成全球视角。

在商业世界中的转换思维和视角也很重要。单纯基于公司片面观点的产品有其局限性，这就需要将视角转移到消费者的角度进行商品开发。

比如，研发儿童服装类商品时，都是成年人回顾童年时代，或者让自己的孩子试穿研发出来的。有时甚至会自己蹲下来，假装 130～140 cm 左右高的儿童，用儿童的视角观察世界。尝试模拟儿童在这样的身高穿着这件衣服时会有何种感受，以及身边的人会如何看自己。

在研发残疾人寝具等护理产品时也一样，要自己躺在床上去亲身感受。假设自己是个翻身困难的残疾人,没有人照顾,那么产品开发人员躺在床上就能判断出该产品是否安全,能否能保障安全等问题。当然,**转换思维并不局限于空间,也指时间**。从过去的历史和教训中可以学到很多商业战略。从战国时代的武将,以及中国的古典文学和《孙子》等古籍历史中得到许多收获。类似于"温故而知新"。

这个方法也适用于预测未来。因为10年后的发展建立在现有基础上,所以预测起来并不十分困难。但20年后呢?**尝试大胆地转换思维来进行预测吧**。那时可能已经脱离了现有的发展,所以让我们集思广益,大胆预测。

> **应用实例**

近来,也许是单身的人增多的缘故,小包装的鱼块和单人套餐成为超市里的畅销品,甚至仅供单人使用的锅也加入了售卖行列。

从企业(生产者)的角度来说,让消费者大量购买3人份的组合装更加有利可图,无需耗费包装等材料成本。但是对单身的人来说,无论食物能在冰箱里保存多久,还是希望能够在当天吃完生鱼片等生鲜类食品。

所以在这里,我们可以尝试**将视角转向单身群体消费者**,或许可以期待新市场的开拓。

近来,"单身贵族"成为新的流行词。原本似乎是用来专门形容"30岁以上未婚未育的女性",但现在越来越多的男性也开始选择这样的单身状态。在市场上,为面向"单身贵族",出现了"独游(旅游)""单人温泉"等针对这部分受众的产品。未来,这个市场将会产生更多新创意。

从怀疑前提开始

在广辞苑第六版中,"前提"被定义为:

① 构成某一事物的基础的"前提条件"
② 在推理中,导出结论所依据的已知或假定的判断或命题。在三段论中,分大前提和小前提

前提是事物发生的必要条件,所以不容易改变,也不应该改变。

通常情况下,引用过去的成功经验和先例会比较轻松,比如已经获得的业绩,CEO 经常挂在嘴边的话,或者公司理念等。但是,这样只会不断地走下坡路,不会有跳跃性的发展,更不可能走向成功。

舍弃成见与常识。当事情一而再再而三地失败,面临应该继续还是放弃的选择时,**要尝试去质疑前提**。即使回到起点也没关系。因为如果总是浪费时机的话,将会导致巢倾卵覆。

作为质疑前提的科学案例,"地心说"向"日心说"的转变是一个非常著名的史实。地球位于宇宙的中心、天体围绕地球旋转运动的"地心说"时代已经过去了。在当时,"地心说"是由人们的传统观念和常识得出的,而伽利略从"地心说"的反面提出异议,由此成为向"日心说"发展的先驱。对于当时的人们来说,这无疑是引火上身的行为,但伽利略毫不犹豫地选择怀疑前提。

还有一个实例,19 世纪以前,人们一直认为一切都可以用牛顿关于物体运动的物理学理论体系,即"经典力学"来解释。有人认

为,"经典力学"就是力学的大前提,它决定了包括天体在内的宇宙运动。然而,德国的物理学家马克斯·普朗克等人发现了一些"经典力学"无法解释的物理现象。

自此,"经典力学"这一大前提被怀疑,尤其是在论述构成物质的原子核和电子的微观运动领域,建立非"经典力学"的新理论体系成为必要。后来,这在物理学中被称为"量子力学"体系,并得到了极大的发展。

很多商务人士认为自己的数理化不好。这可能是我妄加猜测,由于学生时代的数学成绩不太理想,所以他们就留下了心理阴影。但在商业社会里,无论销售部门还是会计事务,都有机会用到 Excel 等电子表格处理数字。更重要的是,如果成为管理者,这项工作无法避免。

即使学生时代的数学成绩不理想,在商业社会中也能打磨出敏锐的数字感。现在重新审视一下数学吧。尝试质疑"天生不擅长数学"的判断和观念。之后,你会发现自己身上发生了巨大的变化。如果能意识到自己虽然之前不擅长数学,但现在的情况已经不一样了的话,那就是好结果。

试着质疑前提和固有观念吧,如果可以的话就舍弃它们。脱掉沉重的衣服和外套,才能轻装上阵。思考也是一样。**没有前提和固有观念,思路才会变得开阔,创造性才能被充分地释放出来。**

应用实例

你听说过"男前豆腐(男子汉豆腐)""迎风而上的约翰尼豆腐店"这些商品吗?因为名字中带有豆腐,所以不难想象它们的商品类型。这些奇怪的名字都是男前豆腐店里的商品。

豆腐这种食品虽然男女老少都能吃，但相比较而言还是受年龄较高的顾客青睐。因为豆腐很柔软，适合牙口不好的老年人。此外，豆腐本身价格便宜、有益健康，但缺乏冲击力，给人一种传统的保守印象。总而言之是一个朴素不起眼的食物形象。

而男前豆腐店颠覆了这种常识，给豆腐增加了"（男性口吻）我就是豆腐！"的强烈男子气概色彩，突显存在感。力图招徕一拨二三十岁的男性顾客。同时，产品包装和公司网站也采用了风格独特的设计。

豆腐的品牌名并不吸引人，在超市里，很少有人买豆腐时是冲着品牌去的。然而，男前豆腐店以其创新的品牌名称，一扫豆腐长久以来的保守色彩，掀起了豆腐行业的新风潮。

不放过任何偶然与失败

当事情恰巧进行得十分顺利的时候，我们不能单纯地认为这是幸运，一笑置之。即使是巧合，也要思考如此顺利的原因。偶然是努力的结果，是偶然女神的垂青。

例如，挑战难度很高的资格考试，本以为自己不会通过，等到考试成绩发布竟然合格了。虽然有幸运的成分，但这却是努力的结果。对于这样的结果，也应该感到骄傲。

对于失败，人们不愿意去回顾，也不想让别人知道，希望这段失败的经历能被别人尽快忘掉。实际上，从失败中能够吸取很多教训。甚至，在临近失败时，再反转为成功的例子也并不在少数。

因"绿色荧光蛋白质（GFP）的发现和应用"而获得2008年诺贝

尔化学奖的下村悠的故事很有趣。

那时,下村致力于"水母发光原因"的研究,虽然失败了一次又一次,但他仍投入其中。某天,当他将实验用的水母残渣倒进水槽时,残渣竟然发出了光。**这个意想不到的行为,就是为他带来诺贝尔奖的偶然发现。**

还有二战后(1949年)不久获得诺贝尔物理学奖的汤川秀树,据说是在投接球时想起天花板上的图案而发现介子理论的。那时,汤川每天被失眠症所困扰,有一天晚上,他盯着天花板的年轮花纹,获得了介子理论的灵感。对于寻常人而言,这只是个打趣的话题,但诺贝尔奖获得者的趣闻带着某种传奇性,让人们津津乐道。

这些趣事并不是单纯的巧合,它是获奖者基于自己"一次又一次的失败,一次又一次的思考,思考到极致再极致,从而获得突破"的成果。**这就是将平时会忽略的偶然巧妙地结合在一起的结果。**

这些例子被称为**"机缘巧合"**,即从**偶然和失败中**获得巨大的成果。

回过头来看,在要求在短时间内取得成果的商业社会应该怎么做呢?在商业社会中如果出现问题,往往会立马追究负责人的责任,以及进行面向客户的紧急处理等。最终造成当事人因为害怕承担责任,不敢铤而走险。而当事人一直逃避面对失败,因此便无法从失败中吸取教训,更遑论学到东西了。

想介绍一下著名的"失败学"研究专家鸠村洋的思想,值得深思与学习。

失败既然已经产生,就去查明背后的原因。然后从失败中虚心吸取教训,想办法避免重蹈覆辙。此外,分享这些从失败中获得的诀窍,将思维方式系统化,提醒别人避免犯类似的错误。

珍惜偶然和失败，其中隐藏着走向成功的巨大逆转。

> **应用实例**

3M公司的产品"ポスト・イット®"（Post-it便利贴），如今在学校、企业和家庭中广泛使用，不可或缺。其实，便利贴的不干胶背后，有一个有趣且被人们所熟知的轶闻。

3M研究员原本计划开发强力黏合剂，但制作出的黏合剂大多粘力很弱。黏合剂由于"能粘住但容易脱落"，效果与预期不同，被当作失败品。按理说，由于感到沮丧和羞辱，研究员会将失败隐藏起来。但这个研究员不同，他反而不遗余力地和同事交流这件事。

交流过后，研究员萌生了将其用作书签的想法。如果用在书签上，不干胶的粘力不能太强，而太弱的话书签又容易脱落，所以需要适量的粘性。

如今，这款使用不干胶制作而成的书签，已经成为爆款商品，升级为可贴在书桌和墙壁上的备忘录。

本以为是失败品的不干胶成了一个典型的例子，从偶然和失败中抓住机会，成为了爆款商品。

创意增量法

前面讲述了创造性思维的4个实践要素。创造性思维首先要注重数量而不是质量，这是如何**产生创意的重中之重**。

众所周知，当空气中的水蒸气遇冷成为雨滴时，需要一个小凝结核。创意也是如此。如果要结出创意的果实，就要有契机的种子。种子越多，创意就越多。所以**重要的是拥有很多创意种子是有必要的**。

为此，要经常阅读报刊杂志，掌握最新信息。另外，还要把自己放在一个需要创意的环境或立场中，设定具体的目标，保持持续思考的状态也很重要。

本小节将介绍两种增加创意的方法。

头脑风暴

"头脑风暴"是一种流行的方法，指多个成员聚在一起，集思广益，也简称脑暴。优点是主题设定后可以立马展开讨论。因为熟悉这个方法的人很多，所以在这里介绍一下推进方法的要点。

- 明确头脑风暴的内容。如果只是单纯的谈笑，无疑是浪费时间。同时也要注意会议中不适合头脑风暴的内容。
- 营造自由发言的氛围。不仅是会议主持人，参会成员也应该注意，会议地点也可以选择公园等户外，不限于公司的会议室。
- 参会成员应尽可能由各相关部门和拥有各种专业知识的人员组成。你可以期待听到关于一个问题的多角度的发言和想法。同一部门的上司和下属同时在场时可能无法畅所欲言，所以要尽量避免让他们同席。
- 头脑风暴最最基本的原则是——不要批判别人的想法。突发奇想的想法可能会大受欢迎。因为其中可能蕴含巨大的发现。

SCAMPER

头脑风暴是人数多时才能使用的方法，而"SCAMPER"是根据个人情况而使用的工具。SCAMPER 由亚历克斯·奥斯本所提倡，由下列 7 个单词的首字母组成。在创造新产品或服务时，它是从现有产品和服务中引出各种方向性的有效工具（核对表）。

- **Substitute**(代替)
- **Combine**(联结或组合)

- **Adapt(应用和适用)**
- **Modify(修正)**
- **Put to other purposes(用于其他用途)**
- **Eliminate(消除)**
- **Rearrange，Reverse(排序或逆向)**

表9-1总结了在商品和服务的各种属性中能否成为SCAMPER的对象的一些例子。

例如，提供1 000日元剪发的QB House，在理发行业掀起了不小的波澜，拉开了新的商业模式的序幕。让我们从SCAMPER的角度确认一下内容吧。

- **Substitute(代替)**

  清理剪掉的头发，将洗发(洗发水)换成小口吸尘器。

- **Combine(联结或组合)**

  将功能和效率与传统的理发服务相结合。

- **Adapt(应用和适用)**

  将系统单元应用于工作场所。

- **Modify(修正)**

  理发时间由原来的1小时缩短到10分钟。

  价格由业内的均价4 000日元降为1 000日元。

- **Put to other purposes(用于其他用途)**

  用交通信号灯作QB信号灯(拥挤度和等待时间的长短一目了然)。

- **Eliminate(消除)**

  取消了洗发、吹干、剃须和聊天服务(缩短了理发时间)。

- **Rearrange、Reverse(排序或逆向)**

  传统的理发服务过于耗费时间和金钱,对此使用了逆向思维。

表 9-1

		S	C	A	M	P	E	R
		代替	组合	适用	修正	其他用途	消除	代替
商品属性	商品	○	○	○	○	○	○	○
	价格	—	—	○	○	—	—	—
	部件	○	○	○	○	—	○	—
	设计·颜色等	○	○	—	○	○	○	○
	品牌	—	○	○	○	○	○	—
	性能	○	○	○	○	○	○	—
	使用目的	—	○	○	○	○	—	—
	消费者(顾客)	○	○	—	—	—	—	—
	市场	—	—	—	—	—	—	—
服务属性	服务	○	○	○	○	○	○	○
	价格	—	○	—	—	—	—	—
	过程	○	○	○	○	—	—	—
	程序	○	○	○	○	—	—	—
	品牌	—	○	○	○	—	○	—
	适用目的	—	○	○	○	○	—	—
	消费者(顾客)	○	○	—	—	—	—	—
	市场	—	—	○	—	—	—	—

将思考过程"可视化"

在前一节讲述了两个增加创意的重要方法。创意增多了,但只放在脑海里而不付诸行动未免太浪费。**划时代的优秀创意,重要的是"可视化",即输出(曝光)。**

在这里粗略地认识一下创造性思维与输入·输出的关系。通常情况下,大多以书本或信息输入为基础思考,思考的结果也大多是以下列方式存在于记忆中。

输入→思考(脑海)

由于有时候会忘记,所以至少在书上画线,或者贴张便签纸做标记,如果是报纸,就把需要的部分剪下来,做成剪报集,防止遗忘。

思考的结果越重要,越要记录下来。如下图。

输入→思考(脑海)→输出

也就是说,每次思考时都要"简单记记笔记"。

甚至，也可以像图 9-2 一样，输出后，再连续输入，加速提升思维的创造力。

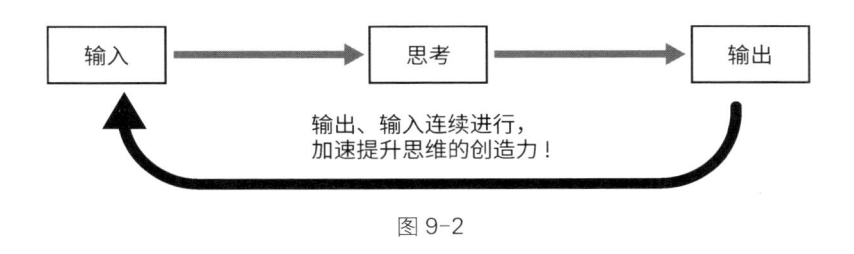

```
输入 → 思考 → 输出
 ↑_____|
   输出、输入连续进行，
   加速提升思维的创造力！
```

图 9-2

如果想进一步加速提升思维的创造力，可参照图 9-3。

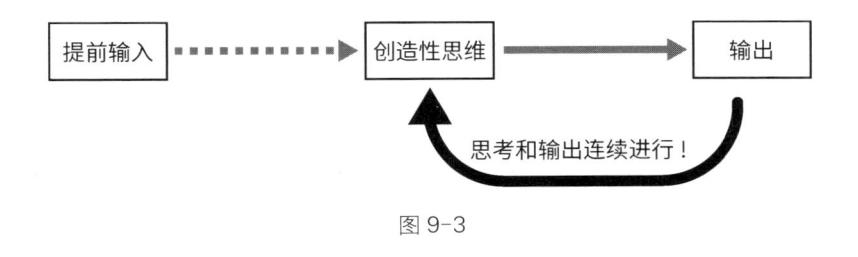

```
提前输入 ┄┄► 创造性思维 → 输出
              ↑_____|
              思考和输出连续进行！
```

图 9-3

总之，事先获取必要的信息，**然后进行连续思考和输出。由于不需要每次都输入，从创造性思考到输出的过程就可以连续、循环地进行。**这个现象在第 10 章的系统思考（第 346 页）中会讲解，意为形成**扩张反馈循环**。

如果能形成类似图 9-3 的模式，那将形成在输出的同时也会深化创造性思维的模式。希望大家能认识到从创造性思考到输出的重要性。

创意手账·笔记

首先，推荐每次思考都"简单快速记录"。即使处在无法用言语表达的混沌状态，也可以随意地在纸上写写画画。在写的过程中，想法会慢慢地通过语言表现出来。

当能够用语言表达出来时，也可以使用电脑记录。刚开始可以只列出关键词。将这些罗列出来的零散关键词用线条按顺序联系在一起，思维就会由点到线，再到面，最终成为三维立体结构。

用电脑记录的优点是，将记录的想法保存为文件之后，之后还可以自由添加或编辑。

具体来说，使用可以输入文字的记事本或 Word 等文本编辑器。如果不想受空间的制约，Excel 比较合适。Excel 并不是只能用于表格计算，试着将它作为文本编辑器灵活使用吧。

在电脑上做笔记的方法很多，使用自己日常习惯的方法即可。但是要注意，电脑只是一个工具，重点在于记录想法。如果因为使用电脑而妨碍创意的产生，那就本末倒置了。

思维导图

托尼·布赞提出的思维导图，是一种设定主题并以**放射状方式发散和展开图形思维的工具**。又称心灵地图或思维地图。对于实现创造性思维的发散性形象来说，它是最合适的工具。如今知名度不断扩大。

思维导图让人联想到脑细胞。脑细胞向四面八方延伸被称为神经元的神经细胞,并在突触的交界处连接。思维导图与脑细胞的工作原理类似,将信息通过神经元的突触在脑细胞间传递。

以下是制定思维导图时需要考虑的一些关键点。

- **在图的中心写下设定的主题。**
- **与主题相关的创意关键词以放射状、分层的方式写出,并用线条连接相关的创意。这里很重要的一点是,与逻辑思维不同,同类想法不必与逻辑有关。希望你能随着自己的思想自由自在地描绘。**
- **当你认为自己已经没有想法的时候,思维导图就完成了。**
- **思维导图不只是文本,重要的是加入图表和插图等。这将充分发挥创造性思维,可能使想法数量增加。**

思维导图最初是用笔画在纸上,但也可以借助电脑工具描绘。比如,人们常用 MindManager 及 FreeMind 等软件,其中 FreeMind 是免费软件。

小知识

什么是"数据科学家"?

本书讲述了许多关于数据定量分析和定性分析的方法。最近,分析数据的方法随着数据科学这个名词而备受关注。

研究数据科学并在商业领域工作的专业人士被称为"数据科学家"。

根据日本数据科学协会的说法,"数据科学家"所需要的技能可以分为以下3类。

① 商业能力。在了解问题背景的基础上,组织和解决业务问题的能力

② 数据科学能力。理解和运用信息处理、人工智能、统计学等信息科学系统的能力

③ 数据工程学能力。数据科学的使用、实施和操作能力

本书主要讲述②相关的能力,这些方法基于传统的统计方法。

然而,要想获得"数据科学家"的认证,必须充分了解并利用人工智能领域发展的方法,如机械学习和深度学习,甚至要求有①的商业能力和③的数据工程学能力。换句话说,整理与了解一个给定的业务课题,确定各种分析方法中的哪一种能产生最佳效果。要做到这一点,仅仅从理论上理解各种分析方法是不够的,还要在实践中用语言等对实际数据进

行分析，确认效果。如果判断这种方法是最好的，就会在系统中实施操作，看是否能为企业创造商业价值。

要达到"数据科学家"的专业群体水平，就要克服很大的障碍。然而，认真分析并阐明获得数据所传递的信息，并且认为这个过程极具吸引力和挑战性的人并不在少数。

第10章

阐明复杂因果关系的系统思维

理解"因果循环图"

本节将讲解**"因果循环图"**,对于系统思维中的定性分析,它是不可或缺的工具。理解因果循环图的规则,通过对因果循环图的读写,自然就会加深对系统思维的理解,最终能独自进行深度的定性分析。

何谓因果关系

系统思维始于对**因果关系**的认知。A,B 两个要素之间"存在某种因果关系"是什么意思呢?意为由于 A,导致结果 B。

这个关系并不复杂,在因果循环图中可表现为:

A(原因) ➡ B(结果)

如果两个要素之间存在因果关系,准确来说必须要满足 **3 个条件**,其中第一个如下。

> 【因果关系的第一个条件】
> A 和 B 之间有时间间隔,并且相较于 B,A 更早发生。

具体用几个例子来说明。

■ "加班 ➡ 疲劳"的因果关系

这个因果关系为加班导致疲劳累积。加班是原因,疲劳是结果。图 10-1 展示了两者随着时间推移的过程曲线。这说明随着时间的推移,加班后疲劳递增的产生情况。

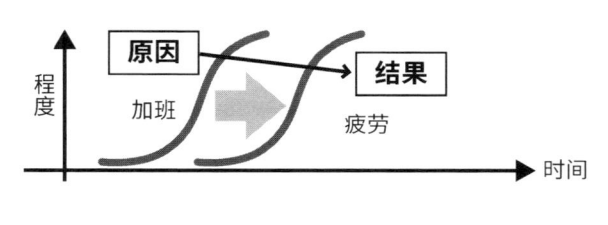

图 10-1

图 10-1 展示了加班与疲劳随着时间推移的因果关系。现在不妨转变视角,重新看待加班和疲劳的关系,思考它们两者之间拥有何种关联性。

例如,选定 10 名公司职员,调查他们的加班时间与疲劳程度,绘制图表,得到了如图 10-2 的结果。加班越多,疲劳程度也相应增加,呈现向右上升的趋势,即正相关关系。

在图 10-3 中,表示休假次数与疲劳度呈负相关,休假次数越多,疲劳度会相应减少。

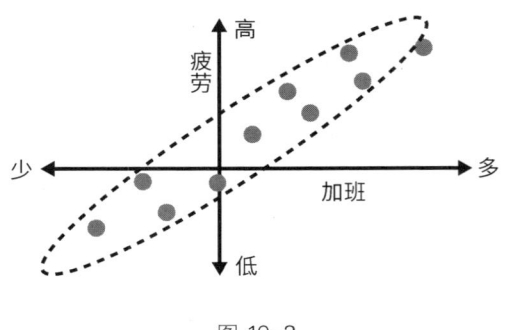

图 10-2

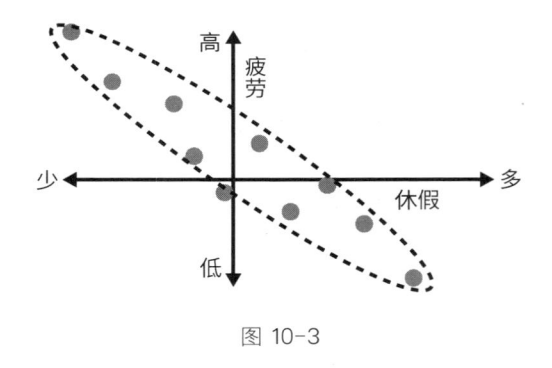

图 10-3

由此可知。

> **【因果关系的第二个条件】**
> 如果两个要素之间存在因果关系,那么无论是正相关还是负相关,它们二者之间一定存在着某种关联性。

第二个条件与第一个条件不同,没有将两个要素必须拥有时间差作为一个严格的条件。

第三个条件则要满足以下关系。

【因果关系的第 3 个条件】
B 的原因只有 A 一个。

具体用几个例子来说明。

■ "店铺服务好 ➡ 评价变好 ➡ 顾客增加 ➡ 营业额上升"
的因果关系

这个因果关系是，假设某店铺的服务质量非常好，那么店铺在大众点评或博客等处将会备受好评，之后顾客人数不断增加，营业额也随之上涨。这是由多个因素相互作用产生的线性因果关系。图10-4 表示多个因素随着时间推移的过程。

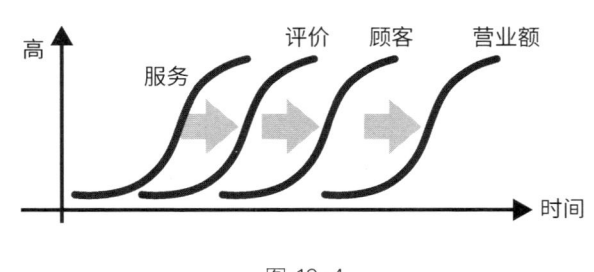

图 10-4

■ "努力学习 ➡ 成绩提高 ➡ 得到老师和父母的夸奖 ➡ 干劲提高 ➡ 努力学习"的因果关系

一般情况下，通过努力学习提高成绩的学生，会受到老师和父母的夸奖。之后就会愈加努力，更加专注于学习，形成良性循环。

努力的结果就是形成了一个加速学习的循环(图 10-5)。

上班族的循环与之类似,工作受到老板的表扬,就会越来越努力。

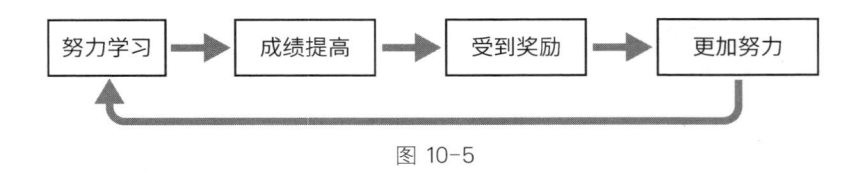

努力学习 → 成绩提高 → 受到奖励 → 更加努力

图 10-5

因果循环图

这里将说明构成**"因果循环图"**的 **3 个基本概念**。如果理解了这些概念,就说明对因果循环图已经理解得非常透彻了。

1. 因果关系的箭头(连接)

在说明因果关系时,"加班→疲劳"的例子显示加班时长和疲劳度之间存在正相关关系。在这种情况下,可以在**箭头**上方加上"+",如图 10-6 所示。这表明加班减少,疲劳度也相应减轻,两个因素的增减趋势相同。

加班 —+→ 疲劳度

图 10-6

另一方面,在考虑"休假→疲劳"的因果关系时,如果有充足的带薪休假,疲劳度也会减弱,相反,休假越少,疲劳度越高,即两个要素之间呈现负相关关系。这种情况如图 10-7,在箭头上方加上

"一"。注意,这两个因素的增减趋势是相反的。

$$\text{获得休假} \xrightarrow{\quad - \quad} \text{疲劳度}$$

图 10-7

在因果关系的箭头上加"＋"或"－",是为了使因果关系看起来更清晰。"＋"意为如果原因增加(减少),结果也相应增加(减少),即原因与结果的增减趋势相同。

另一方面,"－"意为如果原因增加(减少),结果也相应减少(增加),即原因和结果的增减趋势相反。

此外,关于给因果关系的原因和结果命名,在图 10-7 中,原因的名称是休假,结果的名称是疲劳,但**如果对因果循环图不熟悉,往往会像图 10-8 一样,在要素的名称里加上增加或减少,将原因和结果分别命名**,如加班增多和疲劳度增加。但这样的话可能会混淆原意,应该尽量避免。

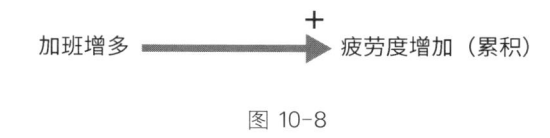

$$\text{加班增多} \xrightarrow{\quad + \quad} \text{疲劳度增加(累积)}$$

图 10-8

图 10-8 中,如果加班增多且呈增长趋势,那么疲劳度的增加也呈增长趋势。反之,如果加班增多但呈下降趋势,那么疲劳度的增加也呈下降趋势。理解起来非常冗余,希望在因果循环图中注意。

2. 时间差(延时)

在因果关系中,原因对结果造成影响之前有一段时间间隔。当可以明确区别这段时间是瞬间还是伴有明确的时间差时,**需要在因果循环图中明确地标识出"时间间隔"**。

在图 10-6 中,加班与疲劳感的产生基本同步。但是,如果在加班几天后才出现疲劳度的增加,那么为了强调,则如图 10-9 所示。

加班 ═══延时═══▶ ＋疲劳度

图 10-9

延时在因果循环图中没有一个明确的标准,例如规定达到多长时间以上才需要在因果循环图上标识出来。但要坚持一个原则,当判断标明延时对分析过程非常重要时,就要在"因果循环图"中标记出来。

3. 循环

如图 10-6 所示,表示因果关系的箭头闭合时,就会形成循环。我们称它为反馈循环,分以下两种类型。

● **增强回路**

如图 10-10 中的循环,工作量大,业绩提高,得到别人的赞赏后从而愈发努力地工作。这个循环表明工作量一直不断增多,称为**"增强回路"**。

增强的英文单词为"Reinforce",所以在循环中用粗体"**R**"表示。

● **调节回路**

在图 10-11 中,工作量过多,疲劳累积,导致工作效率低下。最

图 10-10

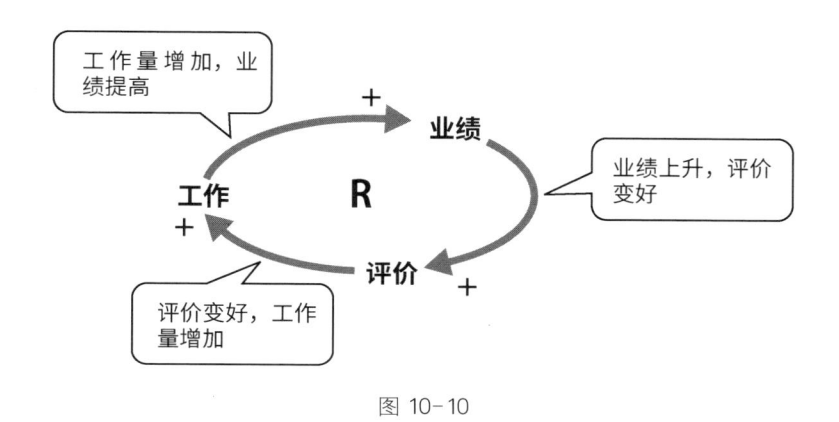

终不得不减少工作量。另一方面,减少工作量,疲劳度就会减弱,效率提高,从而能做更多的工作。

在此循环中,工作量并非单方面增加或减少,而是随着疲劳与效率的调节而增加或减少,并表现出向某种平衡状态发展的倾向。这称为**调节回路**,由于调节的英文单词是"Balance",因此在循环中用粗体"**B**"表示。

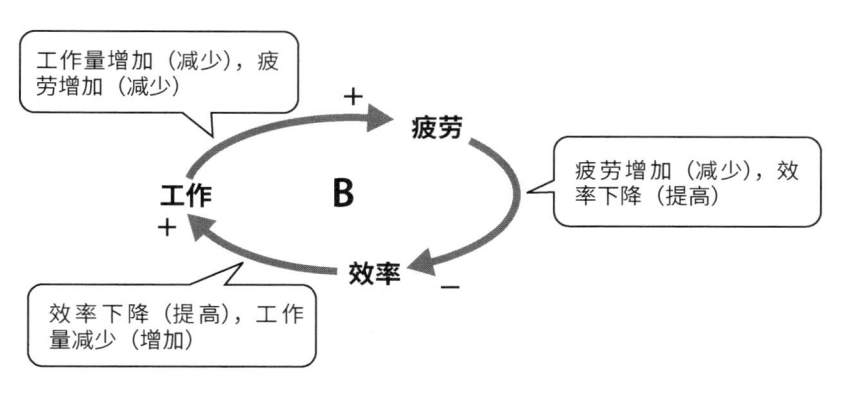

图 10-11

注意，图 10-10 和图 10-11 中箭头（连接）后"－"的数量。图 10-11 中有 1 个，图 10-10 中有 0 个。

实际上，**如果"－"数量为奇数个，则表示调节回路；如果数量为 0 个或偶数个，则表示增强回路**。在数学中，奇数个"－1"相乘将得到"－1"，偶数个"－1"相乘将得到"＋1"。

例如，在图 10-11 中加入休息·休假的要素。工作量增多，则需要更多休息·休假的时间来缓解疲劳。然后之后的工作效率与工作量才能回归正常，变为增强回路。如图 10-12 所示，增强回路中有两个"－"，即偶数个"－"。

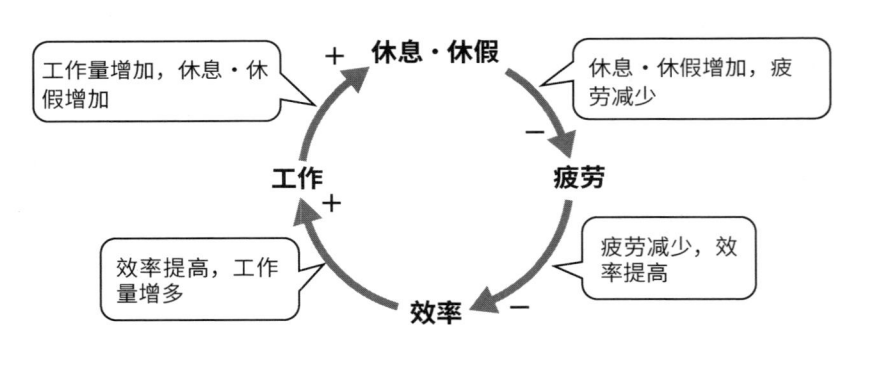

图 10-12

线性箭头（连接）和循环的区别

到这里，对因果循环图已经有了大致的了解。下面通过再次举例来说明线性箭头（连接）和循环的区别。

大多数人都了解利息的单利和复利。实际上，将单利想象成线性箭头、把复利想象成循环来理解,就会容易明白很多。

假设,你在某个金融机构里存了 100 万日元的本金。虽然现实中并不存在 20% 的年利率,但为了强调差距,假定一年的利率(年利率)为 20%。然后分别统计单利和复利的利息与本息合计(本金＋利息)。

单利如图 10-13 所示,利息按照本金计算,一年后(延迟)获得利息。

图 10-13

10 年后,单利的利息与本息合计的计算结果如图 10-14 所示。

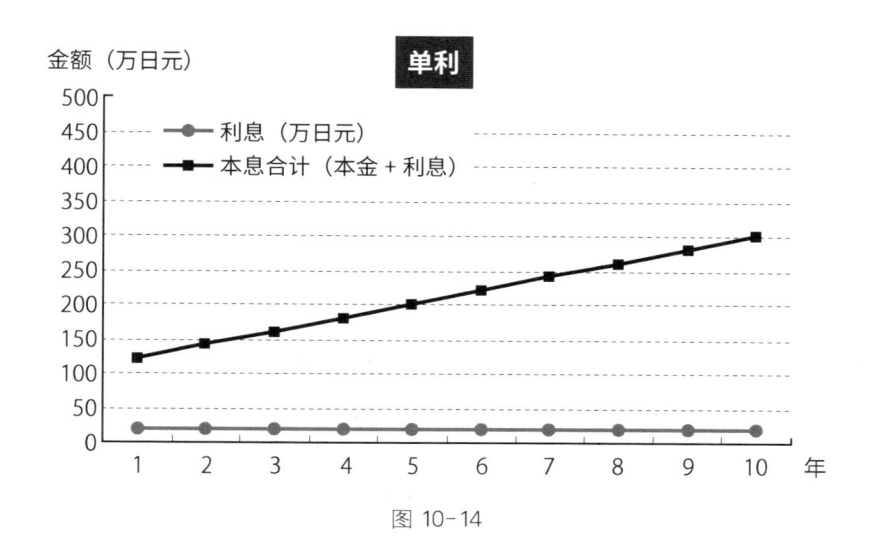

图 10-14

复利如图 10-15 所示。单利的利息仅产生于本金，而复利的利息则来源于本息合计（本金＋利息）。换句话说，在复利中，利息与本金相加作为本息合计，形成一个产生更多利息的循环。

图 10-15

10 年后，复利的利息和本息合计的计算结果如图 10-16 所示。

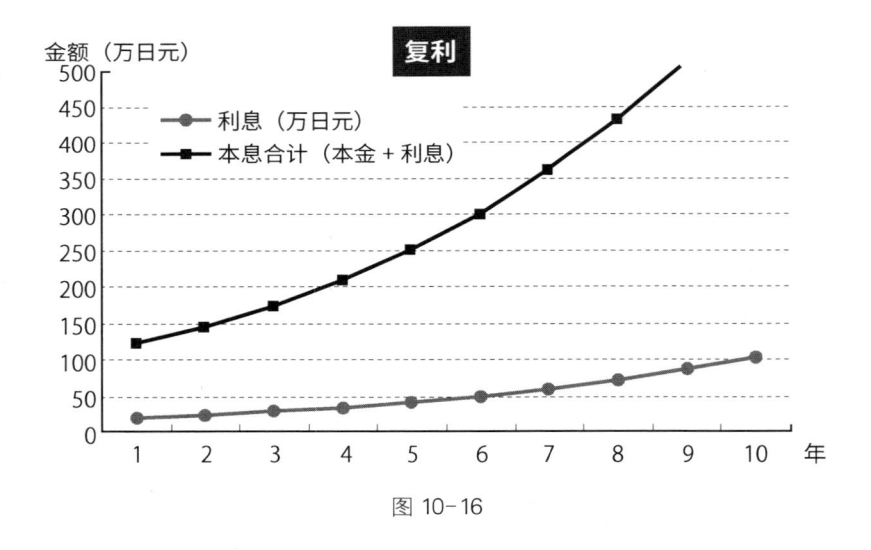

图 10-16

从上面的例子可以了解到，在图 10-13 的单利中，利息不计入本金计算，而在图 10-15 的复利中，利息计入本金计算，形成增强回路。

在单利中，由于利息按照本金的固定利率（年利率）计算得来，因此利息的值是固定的。而由于每年的本息合计中都要加上一定的值（利息），因此呈直线上升趋势。数学上称之为"线性关系"。"线性关系"可以比喻为上游的水按照恒定的流速向下游流动。流速是恒定的，因此如果上游的水量多，流向下游的水量也会相应增多。

复利中的利息增长如同蛇扬起的脖子。从表示10年以上利息增长的图中可以看出，增长率不断增大。

增长率在数学上定义为导数。导数逐渐变大，在图表上则呈现指数函数式的增长。这就是所谓的非线性关系。非线性关系通常呈现复杂的态势。因此可以理解为线性箭头（连接）是线性关系，循环是非线型关系。

在因果关系错综复杂、变化迅速的经济与社会中，很多实际问题都属于非线性关系。系统思维对非线型关系的理解非常有用。也就是说，系统思维拥有进行高度精确的定性分析的优势，适用于上述经济和社会现象。而这也是系统思维强大的力量源泉所在。

掌握系统思维的"3种固定模式"

在第7章阐述了系统思维适合分析因果关系错综复杂、变化快的问题。对于这些问题,"因果循环图"可以将它们的逻辑完整地表现出来,而前一节也已经说明了因果循环图的阅读与编写方法。

熟练掌握因果循环图后,就能将头脑中处于混乱状态的问题通过因果循环图表现出来,使问题"可视化"。利用这种方式,发现问题的源头,也能在错综复杂的线索中找到成功的解决方案。

本节首先介绍**"系统思维的 5 原型"**(系统 5 原型)。分别介绍系统 5 原型的特征,以及可以用哪种因果循环图来表示。**当把系统思维运用到解决实际问题中时,多思考系统 5 原型中的哪一种与实际遇到的问题最接近以此作为解决问题的第一步。**

系统 5 原型分别是:①急救措施的失败;②推迟问题;③升级;④以成功推进成功;⑤成功的极限。根据调节回路和增强回路的特征,这 5 种原型可以分为"3 种固定模式"(3 模式)。

系统 5 原型和 3 模式的关系会在后文讨论(第 364 页)。首先,概述一下系统思维的 5 种原型。

系统 5 原型

1. 急救措施的失败

相信大多数人都有过这样的经历，对蛀牙引发的牙痛采取急救措施。当工作忙、没有办法看牙医时，人们大多会服用止痛药进行急救处理。但这只能暂时缓解疼痛，并不能达到根本的治疗效果，最终仍然需要牙科医生的治疗。

对于这类问题，首先要采取措施阻止问题的恶化，哪怕只是暂时的。通常情况下人们会一边施以急救处理与对症治疗，一边查清原因，采取根本措施，解决问题。但是，如果错以为急救处理已经解决问题，放松警惕，逃避采取根本性治疗措施的话，反而会产生意想不到的副作用和危害。下面通过一个案例来探究原因。

应用实例

假设系统开发公司 K 向客户交付某系统软件。由于订单的价格可观，所以虽然交货期很短，但 K 公司也勉强接受了订单。由于开发时间短，K 公司在发货前并没有经过充分测试，便将软件交付给了客户。

由于客户也急于引进，因此在系统交付后便立马投入使用，但很快发现了问题。然而，由于客户无法停用由此软件组成的系统，所以 K 公司的 SE（系统工程师）就暂时更换了软件中有缺陷的部分。换句话说，就是采取了急救措施。

表面上看问题得到了解决，系统运行已经没有任何问题。但不久之后，系统渐渐地无法正常运行，甚至产生了比以前更加致命的误差。最终出现了系统故障，导致系统全面瘫痪。

可以认为，系统开发公司 K 的系统工程师在急救时更换的软件，给其他软件带来了不良影响，最终导致整个系统瘫痪。

用以下因果循环图来表示**"急救措施的失败"**。

首先，如图 10-17 所示，采取急救措施后，问题暂时得到解决。

由于采取了急救措施，因此问题暂时得到缓解。当问题暂时得到缓解后，急救措施减少，结果问题又重新产生，两个要素互相牵制对方的行动，最终保持平衡，形成调节回路（B）。

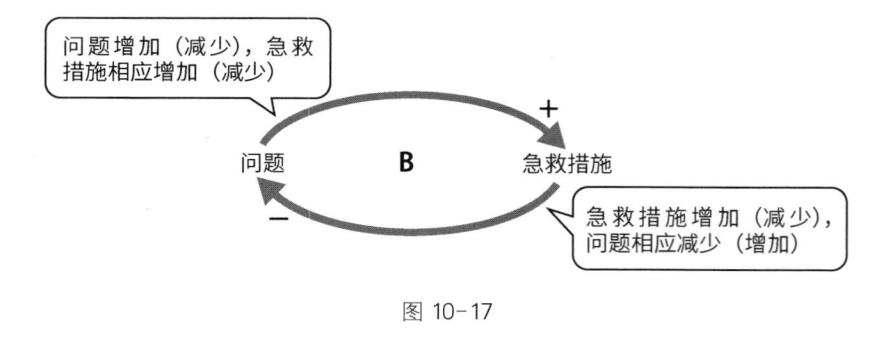

图 10-17

如果现实能够按照图 10-17 的循环运转，就不会产生新的问题。但现实是单纯的急救措施，最终只会产生副作用（side-effect），带来不良影响，形成问题不断产生的**增强回路(R)**（图 10-18）。

表面看起来已经解决的问题，实际上是一座受到刺激就会爆发的休眠火山。希望大家牢记，急救措施不过是权宜之计。

问题 B 急救措施
+ − +
副作用 R ‖ 延时
+

副作用增加,问题增多

急救措施增加,一段时间之后,副作用增加

简化 → B / R

图 10-18

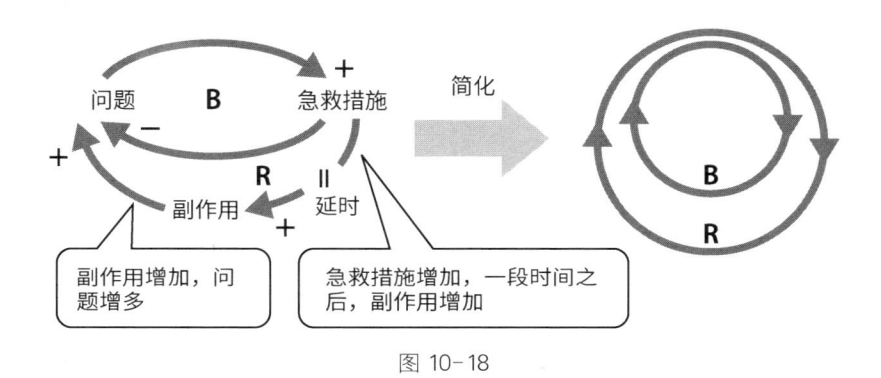

2. 拖延问题

前面提到了进行急救处理后,还要必须从根源上解决问题。在"急救措施的失败"中,急救措施导致了预料之外的结果,使问题恶化。所以,**"拖延问题"** 是指,在急救措施中,幻想仅凭急救措施解决问题的危险想法,最终会因此导致浪费时间,而丧失采取根本措施的时机。

将其用放入因果循环图中,如图 10-19 所示,在实施急救措施的同时,采取根本措施解决问题,最终使问题得以完美解决。

在图 10-19 中,有左右两个调节回路(B),分别为急救措施的短期对策(右)和根本措施的中长期对策(左),二者共同发挥作用,解决问题。

图 10-19 为理想状态,实际上急救措施中潜藏着一个危险的陷阱,即如果一直依赖急救措施,将重新产生副作用,会对今后根本措施的实施产生不良影响(图 10-20)。

在图 10-20 中,左右两个调节回路(B)的下方,生成了一个增强回路(R)。**这个循环意味着,由急救措施产生的副作用将对问题的**

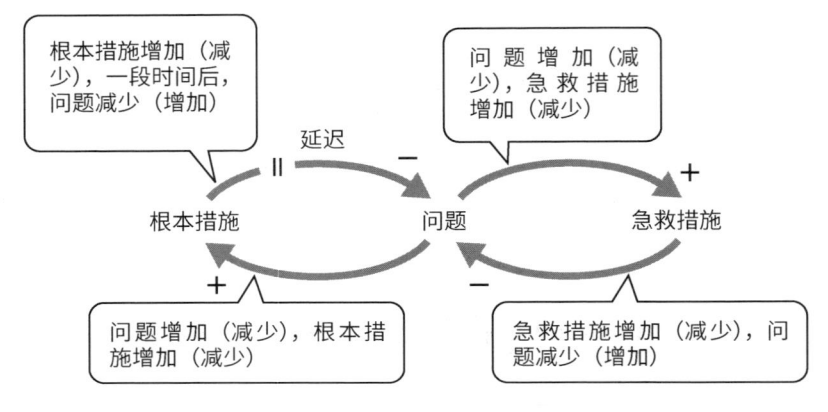

图 10-19

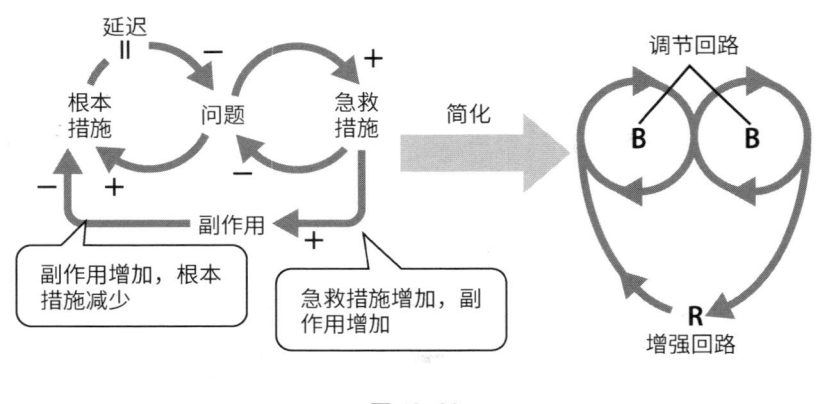

图 10-20

彻底解决产生不良影响，进而导致恶性循环——削弱人们对根本解决方法的重视，使人们依赖于急救措施，而不是专注于解决问题。

"急救措施的失败"与"拖延问题"的模式都是急救措施产生副作用，最终导致问题整体不断恶化。

相信读者已经明白"急救措施的失败"与"拖延问题"两个模式所产生的后果了。**记住切勿对急救措施存有侥幸心理，必须尽快采取根本措施。**权宜之计最终会恶化为毒瘤。

3. 升级

事物**升级**指以下状态。例如，A 和 B 两个人的性格都比较容易冲动。假设 A 在 B 的背后说坏话，"以牙还牙、以眼还眼"，生气的 B 也会对 A 恶语相向。A 听到 B 嚼舌根后，也会变本加厉地骂回去。

在商业活动中，以车站两边相邻两家电器店的价格战为例。同型号的数码相机，如果 A 店标价 39 800 日元，那么 B 店得知消息后就会降价到 36 800 日元。然后得知消息的 A 店再次降价为 35 800 日元……降价大战无止境。

以 A，B 为例来说明这种"升级"现象。A 通过自己的行动提高业绩，增加了对 B 的威胁。当 B 感受到危机时，会采取一定的行动来对抗 A。B 的这种示威行动会刺激 A，使 A 对 B 的示威行动进一步升级。这就是升级的现实状态。

这个升级现象的因果循环图如图 10-21 所示。

实际上，图 10-21 的循环可以用图 10-22 中的 8 个符号简略表示(①→②→③→④→①→……)。

将图 10-21 与图 10-22 相对应，当 A 通过行动获得业绩时，就会增加其对 B 的相对优势。这会刺激 B，增加 B 的危机感。于是 B 为了获得业绩，也会采取一定的措施。这就导致 A 对 B 的优势下降，进而增加对 A 的威胁。A 为了不输给 B，继续采取行动，于是陷入无限循环。

从图 10-21 中可以看出，在表示升级的因果循环图中，左右两

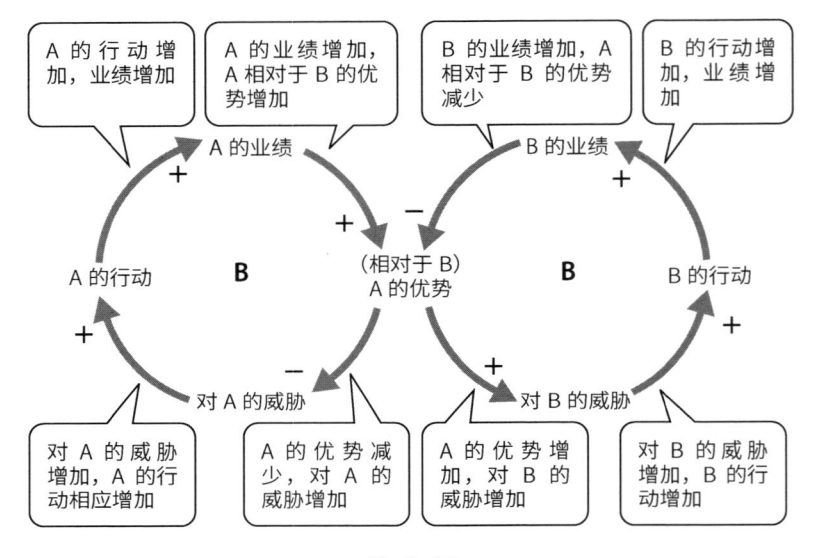

图 10-21

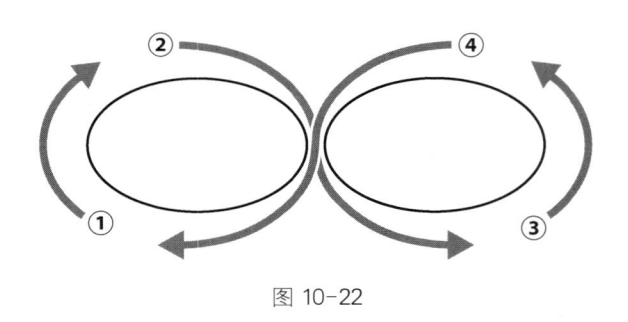

图 10-22

侧的循环图中都只有 1 个 "—"，为奇数个，所以这是两个调节回路。

调节回路表示循环处于平衡状态，那么为什么会转变为升级现象呢？原因如图 10-22 所示，**调节回路的②和④交叉循环，使整个循环中"—"的数目变成了偶数个**。也就是说，形成了增强回路，最终引起升级的现象（图 10-23）。

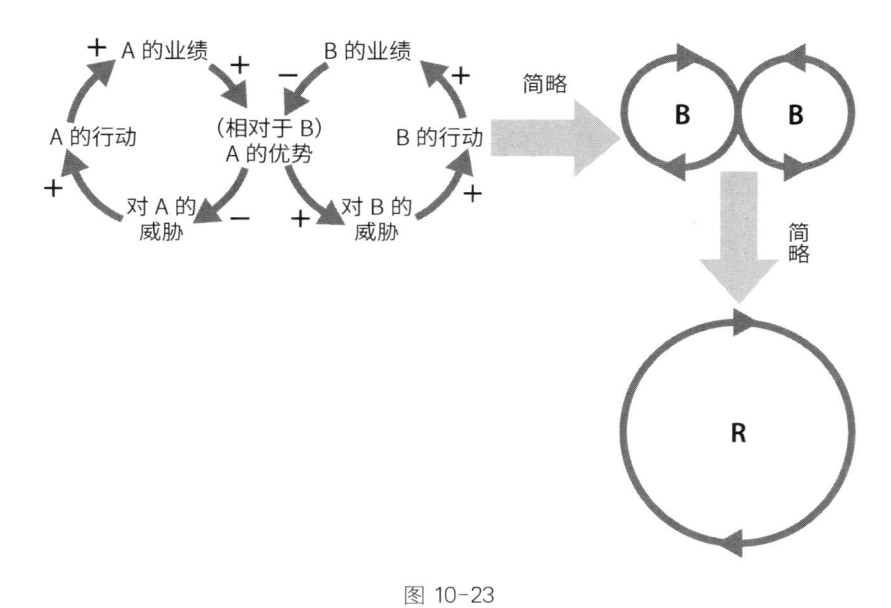

图 10-23

4. 以成功推进成功

说起"**以成功推进成功**"，会让人联想到万事如意，诸事顺遂，但实际上并非如此。

举个例子，N 职员同时负责 A 项目和 B 项目。如果条件允许，N 自然希望两个项目都能成功，但实际上资金和时间等资源是有限的。于是，N 职员自然而然地将注意力放在过去有实际业绩的 A 项目上。因此，为了使 A 项目成功，就要投入更多的资金和其他资源，从而迫使 N 职员将越来越多的精力放在 A 项目上。

另一方面，相对不足的 B 项目离成功越来越远，得不到追加投资,游离在成功之外。

最后的结果是,两个项目无法同时成功,并且结果很明显,A项目为赢家,B项目为输家。因果循环图如图10-24所示。

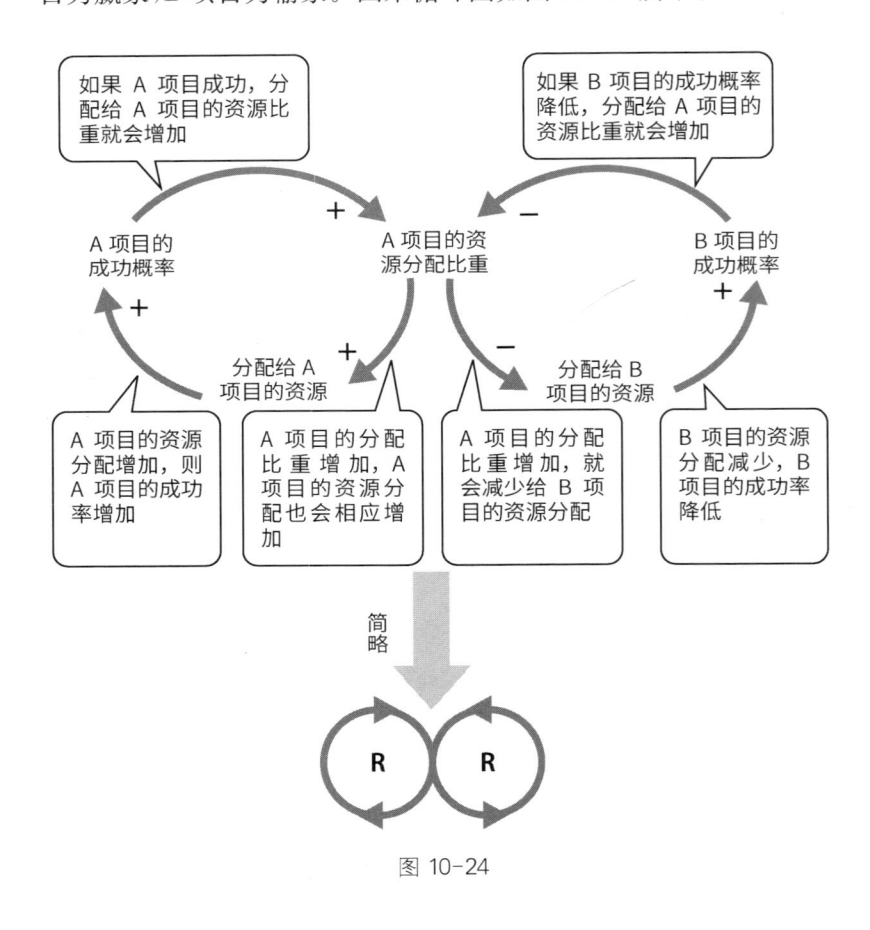

图 10-24

图10-24有左右两个增强回路,左侧是A项目的"以成功推进成功",右侧是B项目的"以失败加速失败"。在图表中间位置,由于分配给A项目和B项目的资源比重不平衡,最终导致两个项目的

结果大相径庭。

5. 成功的极限

上面所说的 4 种原型,展示了成功或者失败向某一方向发展的情况。而在"**成功的极限**"中,无论成功还是失败,最终在时间轴上都会呈现停止发展的趋势。

用下图来帮助理解。图 10-25a 表示"急救措施的失败""拖延问题""升级"的发展趋势。图 10-25b 表示"以成功推进成功"的发展趋势。图 10-25c 表示"成功的极限"的发展趋势。

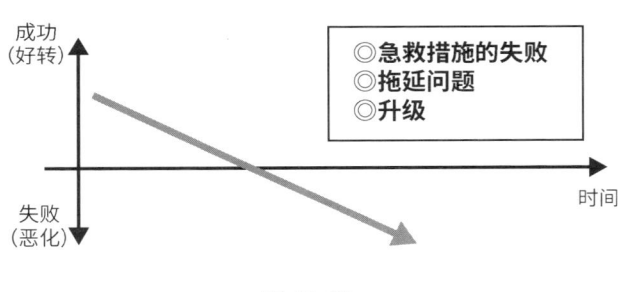

图 10-25a

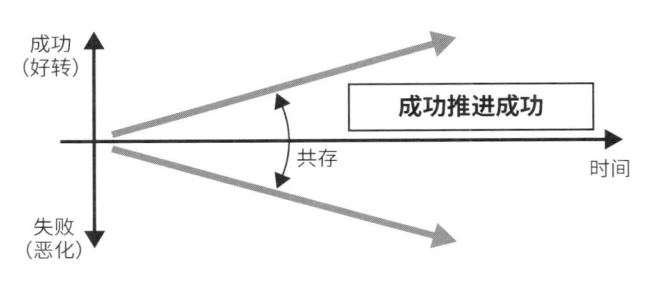

图 10-25b

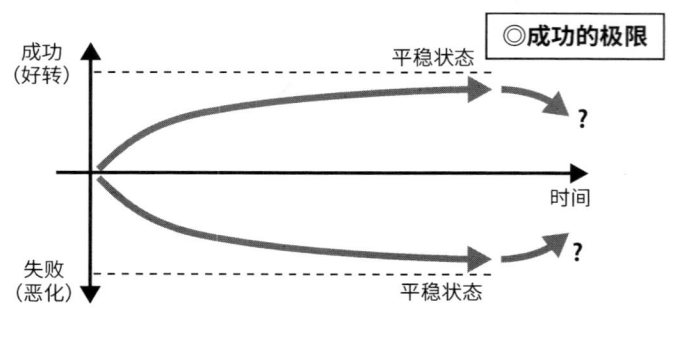

图 10-25c

"成功的极限"的原因是，最初看似成功并有可能继续发展的局面，在某一时刻出现了减缓发展的制约因素。制约因素可能会让发展陷入稳定状态（停滞），也可能会根据制约的强弱转变为下滑（上升）状态。

因果循环图如图 10-26 所示。

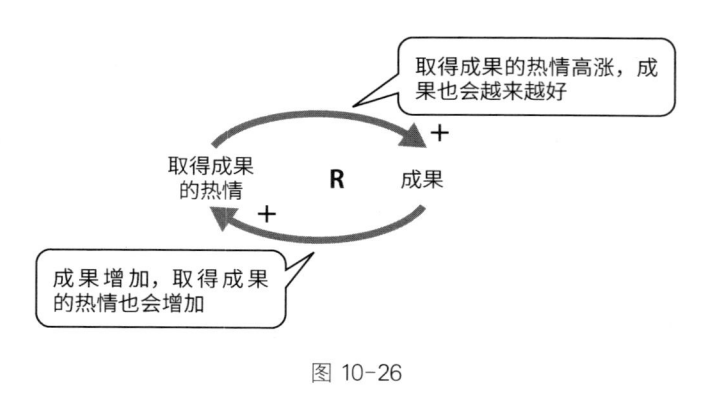

图 10-26

图 10-26 展示了一个增强回路。在这个循环中，因为动力实现了结果，这就促使实现结果的热情越来越高。但图 10-27 展示了由

阐明复杂因果关系的系统思维

```
取得成果的制约增多,         由于制约的存
一段时间之后,成果           在,取得成果
也会减少                     的速度减缓
                                              制约
                  一段时间后
                      ═
              +         −                        +
取得成果                                    取得成果
的热情        ＋   成果        ═           的制约
                                +
        +
                         延迟
              简略       制约        成果减少,一
                                    段时间之后,
                                    取得成果的制
                                    约减少

              R       B
```

图 10-27

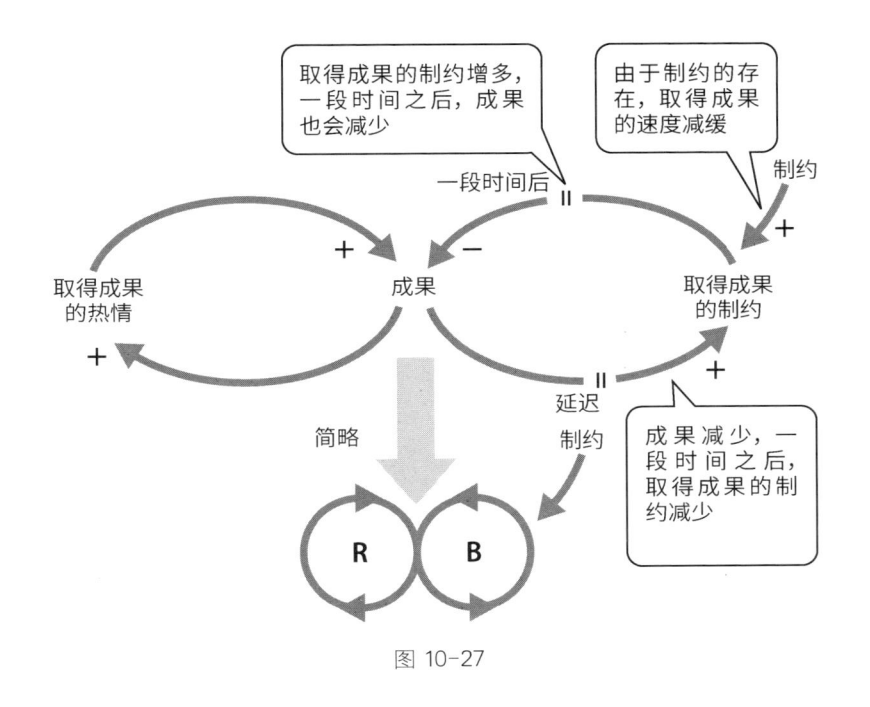

于某种制约减缓了取得成果的速度,生成调节回路,即获得的成果减少,发展转变为停滞状态。

在"成功的极限"中,如果没有产生制约,事物会一直呈现良好的发展局势,但在事物的发展过程中,一定会产生制约吗?人的能力如果经过锻炼,在二三十岁之后可能也会一直增强。但是在年龄的增长的过程中,身体逐渐受到老化的限制。因此人们之间虽然存在着一些个体差异,但到了某个年龄,整体能力就会停滞不前,甚至开始走下坡路。

企业的成长轨迹也是一样,在创立初期成长迅速,规模不断扩大。初期企业规模尚小,处于成长过程,可以迅速做出决策。但随

着企业规模的不断扩大，外部环境将变得不可预测，发展速度减慢。从而导致发展受到制约，企业经营陷入僵局。

制约因素在发展过程中可能早有预兆，但想要提前发觉它其实非常困难。在下一节里会谈如何应对制约因素（第 358 页）。

系统思维的 5 原型和定型 3 模式的关系

上面讲述的 5 原型，根据调节回路和增强回路的特征，可分为以下 3 种模式。

1. 恶化模式

为了解决问题，本想充分发挥因果循环图中调节回路的作用，但事实上形成了增强回路，反而使问题恶化。下列 3 种原型属于恶化模式。

在"**急救措施的失败**"中，看起来急救措施解决了问题，实际上一段时间后会出现副作用，使问题变得更加严重。

在"**拖延问题**"中，虽然同时采取了急救措施与根本措施，但事实上只采取了急救措施，根本性措施力度不够。所以最终不仅没能解决问题，反而使情况恶化。

在"**升级**"中，看似是两个调节回路在共同发挥作用解决问题。但实际上，A 采取行动，就会感到心安，行动就会稳定下来；B 感受到 A 带来的威胁后，也会行动起来。察觉到这一点的 A 感受到威胁，也同样会增加行动，以此类推，一系列的增强回路发挥作用。

2. 差距模式

"以成功推进成功"属于这个模式。为了获得成功,设计增强回路发挥作用,但事实上生成了另外的增强回路,反而造成了不良影响。最终产生差距,形成"以成功推进成功"与"以失败加速失败"共存的格局。

3. 停止模式

"成功的极限"属于这个模式。该模式为,为了获得成功,设计增强回路发挥作用,然而现实中产生的制约导致形成调节回路,调节回路使发展陷入停滞状态。接下来将展开讨论生成制约的原因,以及制约能否避免。

本章节所描述的定型 3 模式与 5 原型,总结如表 10-1 所示。

表 10-1

3 种固定模式	5 个原型	因果循环图的特征
恶化模式	急救措施的失败 拖延问题 升级	B 首先发挥作用,但最终发挥作用的循环为 R,结果变坏。
差距模式	以成功推进成功	首先 R 发挥作用,但最终发挥作用的是另外的 R,产生差距(成功与不成功)。
停止模式	成功的极限	首先 R 发挥作用,但是因为制约的产生,发挥作用的为 B,发展停滞。

※R 表示增强回路,B 表示调节回路。

灵活运用系统思维的3个视角

在上一节中,讨论了系统思维的5原型与3模式之间的关系。接下来可以对因果循环图的特征模式进行分类。

现实世界中包含着复杂的因果关系,而且在时间上处于动态变化。在将现实问题进行分类时,可能无法在上述模式中找到适当的模式,但我们应该尽可能找到相近的模式,然后对其进行分析。

在本节,基于因果循环图的3种模式(5个原型),将从3个方面阐述如何运用系统思维。

顾全大局

在分析问题时,可能会遇到非常复杂的因果循环图。首先确定问题属于3种模式(5个原型)中的哪一个,或者与哪种类别相似,不要囿于细节,抓住问题的整体规律和动向。这就是顾全大局,这也是定性分析的一大特征(第10页)。

想要形成顾全大局的思考方法,首先要观察事物能否形成循环,是属于调节回路还是增强回路,留意发展处于不断扩张还是逐渐达到平衡的状态。

此外，要根据实际情况，看清楚现实问题是否在向越来越坏（好）的方向发展，以及这种发展是否在逐渐达到某种稳定状态。

因此，希望读者能够记住前一节中因果循环图的 3 种模式，以及与之相对应的整体规律和动向（系统 5 原型）。

找 准 瓶 颈

"**瓶颈**"是指对整个系统有重大影响的制约因素。如果产生的影响属于良性影响，那就没什么问题，而事实上产生的不良影响居多。由于系统思维中适用于定性分析的问题大多变化快且错综复杂，所以找到瓶颈很重要。

可以运用下列的因果循环图找到瓶颈（图 10-28）。

图 10-28

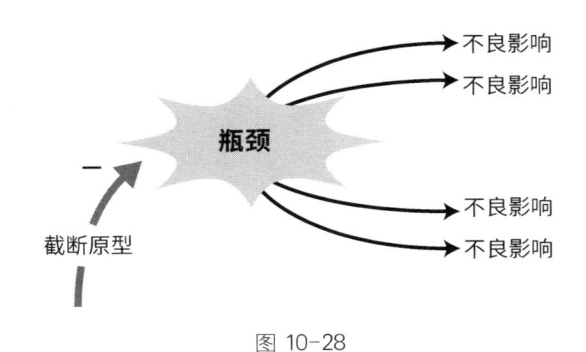

图 10-29 中的几个因果箭头（连接）表示由瓶颈带来的不良影响。箭头（连接）也可以是单箭头。从上图中，可以发现瓶颈带有负

面效应。

根据情况不同，瓶颈也会导致图 10-29 的循环。

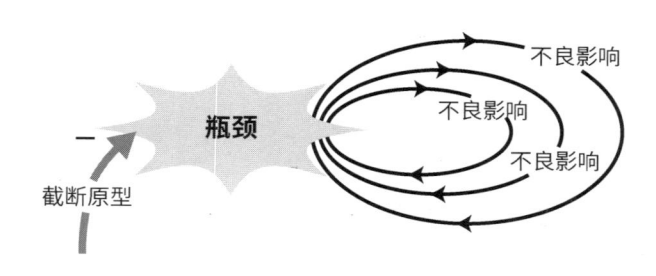

图 10-29

不要对发现的瓶颈置之不理。如果可能的话，尽量从源头上解决它；如果不能，也应该采取一些措施来缓解问题。

上述系统 5 原型中，每个原型的瓶颈及相应的对策如下。

1. "急救措施的失败"的瓶颈及其对策

瓶颈在于"急救措施"。对策是尽快将急救措施转换为根本措施。

2. "拖延问题"的瓶颈及其对策

瓶颈同样在"急救措施"。一味地依赖急救措施，只会导致推迟采取根本措施。要下定决心，尽快将权宜之计转换成解决根本问题的举措。

3. "升级"的瓶颈及其对策

瓶颈是"利他"，这会招致对方的威胁。为了减少二者的接触和干涉，双方当事人的交流最好有第三方的介入。

4. "以成功推进成功"的瓶颈及其对策

瓶颈是"资源分配比重的不平衡"。由于资源有限，倾斜的比例造成了成功者（赢家）和不成功者（输家）之间的差距，因此，有必要设定差距适当的分配比例。但如何设定一个合适的分配比例是一个非常困难的问题。它甚至涉及政治以及行政领域的问题。

5. "成功的极限"的瓶颈及其对策

瓶颈是"制约"。这些制约因素阻碍成功。清除这种制约是最快的方法，但如果难以消除，就必须削弱这种制约或采取其他措施。

加速良性循环

要解决瓶颈问题，最重要的是进一步加快增强回路，形成良性循环。这种方法如图 10-30 所示。定位良性循环的原因所在，最大程度发挥优势，强化良性循环。

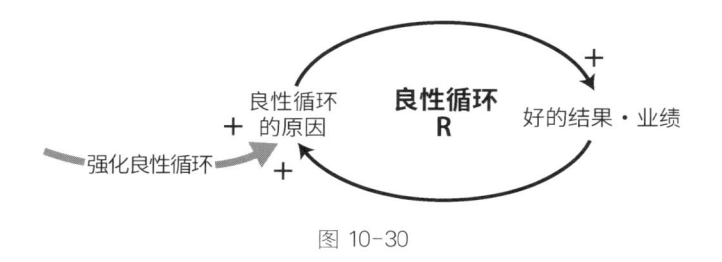

图 10-30

在因果循环图中进行系统思维，首先要观察因果循环图的整体，把握大局，然后找准瓶颈，定位良性循环的原因。

前一个瓶颈重要的是安抚措施，而后一个瓶颈重要的是反过来强化良性循环。

第 11 章

案例研究 4

如何区分使用定性分析的"3 种思维方式"

运用逻辑思维的实例
【以绿町商店街的丰年酒铺为例】

本章将介绍几个实例,思考遇到此类问题时,应该运用"逻辑思维""创造性思维""系统思维"中的哪种思维进行处理,或者相比较而言使用哪种思维作为具体的工具更好。希望本章所介绍的实例分析方法的思考过程能够提供参考。看到案例时,经过自己的思考之后再看书中的分析,比没有经过思考立马看分析方法的阅读方式效果更好。不过,在一边阅读答案的过程中,跟随笔者的思路思考也能够得到足够的思维锻炼。那么接下来,进入实例分析。

以绿町商店街的老字号(现已传到第 4 代)丰年酒铺为例。以下是对丰年酒铺周边情况调查之后所得到的信息汇总。

- 老字号丰年酒铺位于绿町的商店街,是一家专门经营酒类产品的零售店。近来,虽然曾经繁华的绿町商店街店铺空置现象明显,但附近建起了大型公寓楼,年轻居民数量增加。
丰年酒铺的主要顾客是商圈的老顾客和居住在当地城镇的普通市民。附近有个大公园,种植着樱花树,每到赏樱季节,公园里的游客络绎不绝,店里的酒类销量暂时增加。此外,园内有时也会举办纸飞机比赛等活动,届时很多游客都会光顾丰年酒铺。
- 在同一条商店街上,还有万作屋酒铺,主要经营国产和进口红酒、洋酒。另外,公园附近有新开的超市 G。
- 万作屋酒铺与丰年酒铺的酒类商品种类略有不同,所以两店之间没有特别的竞争关系。

  而在超市 G 可以买到食品、日用杂货,以及丰年酒铺的同款酒类商品,所以自超市 G 营业以来,丰年酒铺里普通市民所带来的营业额呈现减少趋势。并且,超市 G 与丰年酒铺中的酒类价格基本相同。
- 丰年酒铺从第一任店主开始,便从熟人的酿酒屋和酒类批发商进货。如今到了第 4 代店主,仍然尽可能频繁地拜访酿酒屋,保持密切关系,计划进一步优化和强化进货的业务关系。此外,丰年酒铺平时也会储存一些酿酒屋的清酒和鲜榨酒等当季的热点商品进行售卖。
- 随着 2003 年政府对酒类零售许可证放松限制,办理许可证变得容易了很多,所以在大型超市和便利店都能轻松购买到酒类。数月后,商业街附近建成"折扣店 S",地铁站附近也规划建设"便利店 F"。据可靠消息,这两家店都将售卖酒类。尤其折扣店 S 的酒类价格比丰年酒铺便宜约 10%,而且提供单瓶啤酒的免费配送服务。
- 近年销售酒类商品的网店增多。
- 最近,因为健康与美容的流行,酒类饮料被取代的趋势越来越明显,为预防生活习惯病,人们开始饮用茶和矿物质水等健康饮料和运动饮料。这一点在年轻人和女性中尤其明显。

根据上述信息,在讨论丰年酒铺今后该如何开展营业时,应采用哪种思维方法、哪种具体工具更恰当呢?

分析方法

围绕丰年酒铺的外部环境,为分析其中存在的各项威胁与竞争因素,以及制定今后的对策和战略,此处比较适用"逻辑思维"中的 **5 个竞争因素(5 Forces)** 作为思考框架(第 282 页)。这样做可以明确丰年酒铺所处的形势,明确如何提高竞争力、如何制定战略等问题。

如图 11-1 所示,5 大竞争要因(5 Forces)分别是允许卖酒的新店、顾客(买家)、竞争对手(同行其他公司)、供应商(进货)、替代品。首先将这些因素的影响力(威胁程度)根据当下的调查结果,大致整理为图 11-1。

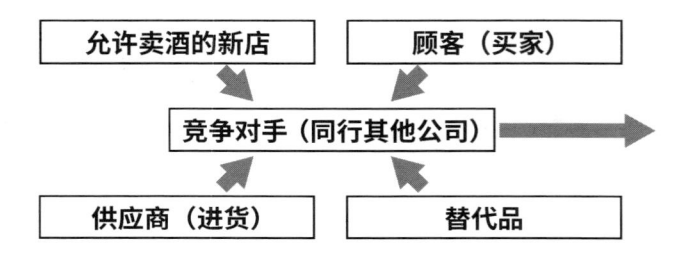

图 11-1

表 11-1

	调查结果（概要）
1. 允许卖酒的新店	折扣店 S 便利店 F 网店
2. 顾客（买家）	商圈的老顾客和居住在当地城镇的普通市民 赏花的游客（赏花时期） 参加活动时光临的顾客
3. 竞争对手（同行其他公司）	万作屋酒铺 超市 G
4. 供应商（进货）	酒类批发商 酿酒屋
5. 替代品	健康饮料和运动饮料（茶、矿物质水等）

对这 5 个竞争要素（5 Forces）进行整理和分类，只能够了解当前的形势而已。接下来将展开具体的分析，**试着预测这 5 个竞争要素各自的影响力（威胁程度）的等级以及相对应的未来发展情况。影响力（威胁程度）依次分为特大、大、中、小、微小这 5 个等级排列。**

1. 允许卖酒的新店

① 折扣店 S

② 便利店 F

③ 网店

考虑以上 3 个因素。

自 2003 年 9 月以来，酒类零售许可证放松限制，销售酒类的零售店增多。实际上，可以预见数月后建成并且经营酒类的①和②，对丰年酒铺威胁非常大。尤其是①的定价比丰年酒铺便宜约 10%，甚至还配有单瓶啤酒的免费配送服务。

再加之最近销售酒类的网店不断增加，隐形威胁也在增加。

预测：自 2003 年 9 月以来酒类零售许可证放松限制，以及绿町商店街建起大型公寓楼，年轻居民数量增加，由这两个原因可以预测今后销售酒类的店铺将增多。

同时可以预见，互联网销售也将在无形中慢慢蚕食丰年酒业的销售。

威胁程度：特大

2. 顾客（买家）

① 商圈的老顾客和居住在当地城镇的普通市民
② 赏花的游客（赏花时期）
③ 参加活动时光临的顾客

考虑以上 3 个因素。

由于①商圈的顾客都是回头客，所以这部分销量不会发生变化。但是住在当地城镇的普通市民可能会选择光临其他酒铺，有向其他店铺流动的倾向。

②③的顾客来源于附近的公园，只有在活动与赏花等特定的时间才会提升营业额，所以只要在活动期间进行积极的宣传即可。

预测：随着同行竞争者以及今后各种销售酒类商品新店铺的开张，对于包括居住在公寓楼在内的当地普通市民，各个店铺将争夺这部分市场份额。所以在目前的情况下，顾客争夺战将会升级。

威胁程度：大

3. 竞争对手（同行其他公司）

① 万作屋酒铺

② 超市 G

考虑以上两个因素。

①虽然经营酒类商品，但商品种类稍微存在不同，所以现在还不存在竞争关系。另一方面，②是综合超市，经营食品与丰年酒铺的同款酒类商品，导致丰年酒店的普通顾客呈现减少趋势。

预测：虽然现在还没有到打价格战的境地，但丰年酒铺不能忽视超市 G 所带来的威胁。同时，虽然万作屋酒铺现在销售的酒类商品与丰年酒铺不同，但今后有可能会售卖同类商品。另一方面，允许卖酒的新店铺不断开张，预测目前的竞争对手将会有很大不同。

威胁程度：大

4. 供应商（进货）

① 酒类批发商

② 酿酒屋

考虑以上两个因素。

与①的价格谈判比较困难,所有的店铺都只能用商业化的方式进行谈判,所以不具备特别的威胁性。值得一提的是,丰年酒铺从第一代店主开始就非常重视与②的关系,不时到当地的产地参观,计划优先和加强彼此之间的业务关系,并从酿酒厂购买原酒和鲜榨酒等季节性产品。希望丰年酒铺能好好保持这段关系。

预测:今后,与①将继续保持商业化的业务关系,继续进货。与②也继续保持稳定的合作关系。

威胁程度:小~中

5. 替代品

在提倡健康的今天,茶、矿物质水等健康与运动饮料的需求不断上升。

预测:倡导健康的健康饮品与运动饮料等带来的威胁很大,但适当饮用酒类可以调节情绪,在活动与聚会中不可缺少,所以今后酒类市场仍然有一定的需求。

威胁程度:中

以上就是对 5 个竞争要素的分析汇总,在此基础上探讨丰年酒铺最终应该采取的对策。图 11-2 用箭头的粗细来表示它们各自的影响力(威胁程度)大小。

而且,**在对 5 个竞争要素进行分析时,可以运用逻辑思维中的 SWOT(第 288 页)分析与 PEST(第 279 页)分析进行分析。**

运用 **SWOT** 分析,分析丰年酒铺的自身优势与弱势等核心竞争力,提示了应该如何迎接外部环境带来的威胁与机会(机遇),以及

```
    允许卖酒的新店              顾客（买家）
              ↘ 特大      大 ↙
           竞争对手（同行其他公司） ——→
              ↗ 小~中    中 ↗        大
    供应商（进货）              替代品
```

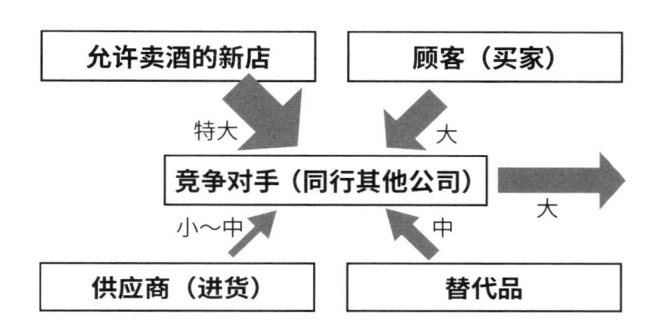

图 11-2

如何顺应当下的时代潮流等重要问题。

在 **PEST 分析**中，可以将外部的宏观环境分为政治、经济、社会、技术 4 个部分，因此可以从更高层面的视角进行分析。

从上述分析可知，丰年酒铺要想留存下去，应该特别注意允许卖酒的新店的经营策略，最大限度地关注顾客的动向。

之后，虽然丰年酒铺感知到了对允许卖酒的新店、顾客（买家）、竞争对手（同行其他公司）的威胁，但要充分发挥出自身的特色与优势，追求与同行业其他店铺的差异化，提高应对外部威胁的竞争力，同时展开制定销售战略。

另外，绝对不能做的事是：忘记与同行业其他店铺的差异化。照搬获得酒类经营许可证的便利店、折扣店等店铺的经营方式，延长营业时间或提供价格折扣等，模仿零售业所擅长的经营。没有人会特意跳到对手擅长的战斗中去。

再次强调丰年酒铺的特色与优势是，从第一代店主时就注重保持与**酿酒屋的良好关系**，来往于各酿酒屋的产地之间结下亲密关系，计划优先、强化双方的业务关系，并从酿酒厂购买原酒和鲜榨酒等季节性产品。**没有理由不继续发展这种良好的关系。丰年酒铺应该从中找到生存的余地，积极利用这一点，凸显与其他店铺的与众不同，使自己在竞争中脱颖而出。**

将从酿酒屋购买的酒类，通过以下方式销售也非常有趣。

- **利用店内爆款 POP 和吸引眼球（eye catcher）等方式，开展积极的推广宣传。**
- **通过官网主页宣传与互联网销售等方式，主动推广宣传。**

此外，今后还应与酿酒屋继续保持友好关系，进行适当的信息交流与近况的发展汇报。

丰年酒铺也可以进一步思考良策，在营业时加强以下重点。

- **将公寓楼里的居民转化为回头客（固定客人）**

附近公园的活动与赏花是一个难得的销售机会。

搬到公寓楼的居民，一定会与当地居民进行生活上的接触。例如在赏花季节打出"樱花配清酒"的招牌，如果允许的话，可以考虑在公园摆一个简单摊位，与公寓居民进建立联系，加速回头客转化。公寓居民是非常有望转化为固定客人的目标群体。

另外，不要局限于公寓里的居民，也要与当地的其他居民多多交流。考虑到今后健康的老年人人数不断增加，也可以此群体为目标，推出"长寿与健康生活的清酒一隅"而闻名的店铺促销活动。针对不同年龄段的人、不同的生活方式等客户群体细化市场提出的诉求，也是一种促销手段。

- **强化与绿町商店街其他店铺的合作**

商店街的周边环境非常严峻。很多商业街的现状是店铺空置现象严重,绿町的商店街也不例外。所以,丰年酒铺可以考虑在商业街里实行积分卡制度,积攒到一定积分,就可以将兑换目录中顾客心仪的商品寄送给顾客。

案 例 启 示

▶ 在此实例中,为分析老字号丰年酒铺的周边环境,运用了逻辑思维中"5 个竞争因素(5 Forces)"的框架。

▶ 对于丰年酒铺周边的 5 个竞争要素,通过考虑分析每个要素的影响力(威胁程度)的强弱,确定竞争关系的特点与战略方向。

运用创造性思维的实例
【以 K 中学的教育现状为例】

- 根据近日的调查结果显示,位于 N 市的公立学校 K 初中,学生的学习能力明显下降,低于 N 市公立学校的平均水平。K 初中在 10 年前的学习水平还非常高,很多学生都能在升学考试中考进名牌高中,是一所升学率很高的学校。
- 如今成绩优秀(优生)学生只有一部分,与成绩不好的学生(差生)呈现"两极分化"。上课时,老师必须要照顾人数占大多数的差生,成绩好的学生得不到重视,学习积极性下降。但成绩好的学生通过补习班保持成绩。
- K 初中的校长担心,如果这种情况持续下去,优生会越来越少,K 校将成为只有差生的"教育困难学校"。
- 认为这是由宽松教育带来的弊病也不为过。K 初中的学习能力很难恢复到 10 年前的水平,F 校长就学习能力能否提高到 N 市公立初中的平均值问题,在教师会议上与教师们展开认真的探讨。提出在平日放学后或者周六上午对学生进行补习授课的方案,但学生以忙于社团活动、老师以不希望在忙碌的工作日程之上增加更多工作量为由,不赞成的声音居多，因此此方案最终不了了之。

为了打开这种闭塞的局面，F校长应该怎么做呢？不妨试试以下3种思维。如果可以的话，具体应该使用哪种思维呢？

分析方法

F校长决定先试着将自己能想到的对策罗列出来，于是他想到了运用自己在教师培训中学到的"5W1H"方法。"5W1H"在第8章已经讲述（第313页），适用于用完所有方法认为应该回归原点的情况。F校长试图以"5W1H"的结论为基础与教师们协商探讨，"5W1H"的结论如图11-3所示。

How是从两个视角进行分类的，所以准确来说是"5W2H"。

F校长看到11-3的图表，感到非常吃惊。因为这个结论是理所当然的。如果以此为依据与教师们探讨，恐怕得不出建设性的解决方案。他开始考虑究竟有没有必要使用"5W1H"的分析方法。

"5W1H"作为逻辑思考领域使用的分析架构。**正是因为分析架构将内容限制在一定范围内，才能得到确切的结果。因此以"5W1H"为依据进行分析可能未必能得到相应的结果。但F校长并不满足于此。**他希望能够打开当下闭塞的局面。但是，使用逻辑思考的分析架构不能期待达成"打开"的目标。

F校长一边与企业就职的友人商量，一边在书店里翻阅书籍。他发现，"打开"与创意思维中的"零基思考"相似。"零基思考"不局限于固定观念与已存框架，指从空白的阶段开始思考达成目的

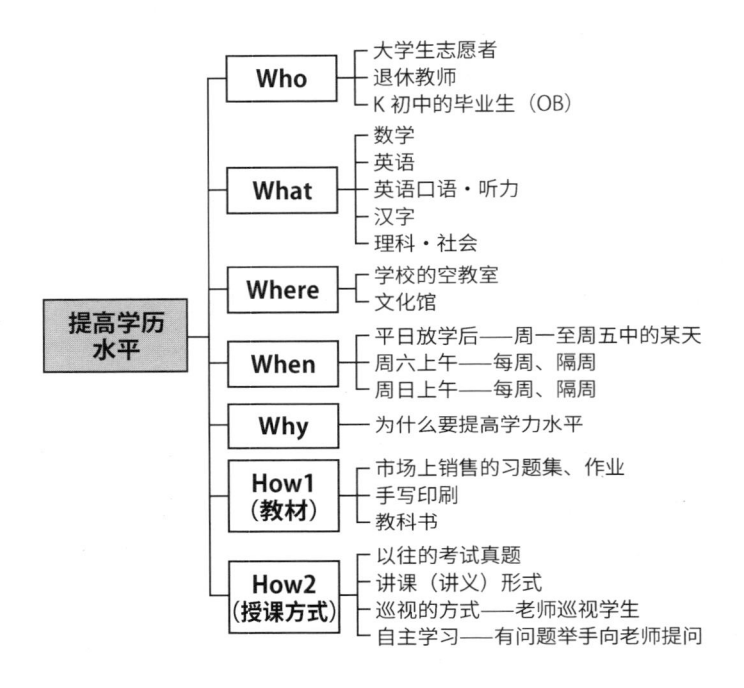

```
                    ┌── Who ──── 大学生志愿者
                    │           退休教师
                    │           K 初中的毕业生（OB）
                    │
                    ├── What ─── 数学
                    │           英语
                    │           英语口语·听力
                    │           汉字
                    │           理科·社会
                    │
                    ├── Where ── 学校的空教室
  提高学历          │           文化馆
    水平   ─────────┤
                    ├── When ─── 平日放学后——周一至周五中的某天
                    │           周六上午——每周、隔周
                    │           周日上午——每周、隔周
                    │
                    ├── Why ──── 为什么要提高学力水平
                    │
                    ├── How1 ─── 市场上销售的习题集、作业
                    │  (教材)   手写印刷
                    │           教科书
                    │
                    └── How2 ─── 以往的考试真题
                       (授课方式) 讲课（讲义）形式
                                巡视的方式——老师巡视学生
                                自主学习——有问题举手向老师提问
```

图 11-3

的思考方式。如果在既存的结构，即框架中思考，以往的实例和各种各样的规则、束缚等会使思路变狭窄，无法实现打开局面的目的。从图 11-3 中可以看到 F 校长被过去的实例和固定观念所束缚。

在这个实例中，最重要的是运用创造性思维中的"零基思考"。运用"零基思考"告别过去。从不彻底的成功案例或安全意向中无法获得"超越"。现在尝试放空头脑，转换思维模式。

F 校长重新审视图 11-3 发现，在"Who（何人教授课程）"中列举了以下 3 项。

- 大学生志愿者
- 退休教师
- K 初中的毕业生(OB)

直白点说,无论哪一类人教授课程都过于正经,不吸引学生。但是通常情况下,大多数学生希望大学生志愿者当他们的老师。但是大学生志愿者教学经验不足,并且由于志愿者的缘故,教学积极性不高。

另一方面,退休教师与大学生不同,具有丰富的教学经验。但同时,退休的老教师沿用过去的教学方法,教学方式有些老套。此外,他们与初中生的年龄差距过大也不太好。

K 中学的毕业生(OB)有多少人住在本地,并且对教学怀有热情呢?

F 校长试图改变对"Who(何人教授课程)"的思考,消除常识所带来的束缚。于是,他想到了是否能向"补习班老师"求助。如果这种方法遇到阻碍,就考虑向进行数学和英语等测试机构请求"认证机构派遣教员"。目前初中开设了这些测试,是否可以请他们直接辅导学生呢?

如果能够实现这些,就能够从外部组织获得指导经验丰富的讲师。在某种意义上,这对学校来说是一种文化冲击。就像佩里上将的"黑船事件"。对于在编的教师来说,补习班老师如同异类,可能会在心里对此怀有敌意。但这对于学生来说,补习班和认证机构里的老师来学校上课,是一种新鲜和愉悦的体验。想必这些老师一定非常擅长教学,可以期待学生们认真学习从而提高成绩。

但是从教师的角度来看,这将使他们产生一种自己的神圣领域被侵犯的危机感。这可能也是一个转机。F校长非常坚信,积极引进不同的文化,给当下的教育环境施以创造性破坏的刺激。

F校长在附近的居酒屋里,将自己的思考在喝酒的轻松气氛中讲给了老师们听,而没有选择在学校里讲。刚开始表情严肃的老师们,慢慢地对F校长的话产生了兴趣,提出了很多有创意的想法。

聘请补习班和认证机构的老师到学校里来,需要得到县教育委员会和本地学生家长的同意,此外,还要支付给老师们一定的报酬。怎样筹备这部分资金呢?从县政府只能得到有限的预算。于是F校长想到了强化与当地居民的合作,每年在学校里进行两次"义卖"。通过互联网等途径进行宣传,并且如果与附近的初中进行合作的话,应该可以凑齐资金。

虽然需要花费一些时间,但这些问题在K初中如期得到了解决。最后,以提高学习成绩为目的,制定了"K初中学业计划",将在不久的将来进行实施。关于"K初中学业计划"的具体内容如表11-2所示。

表11-2　K初中学业计划

辅导者	指导项目	辅导对象所在年级	辅导内容·目标	时间段
认证机构	数学测试对策	初一～初三的学生	初三之前,数学测试3级合格(有利于升学考试)	周六上午(每年15次)
	英语测试对策	初一～初三的学生	初三之前,英语测试3级合格(有利于升学考试)	周六上午(每年15次)
ABC补习班	升学考试对策	以初三为主	考上本地县立XY高中	每天放学后(每年5次)

(续表)

辅导者	指导项目	辅导对象所在年级	辅导内容·目标	时间段
K初中教师	补充基础学力水平（主要为数学和英语）	初一和初二学生	以差生为主	平日放学后
K初中毕业生OB	特邀讲习	以初二和初三学生为主	K中学的毕业生OB讲述初中学习在社会上发挥的作用	平日上课时间（每年2次）

认证机构和补习班的老师，分别提供数学和英语的学习对策，以及针对升学的备考对策。这些都是至今为止前所未有的举措。

另外，邀请现在活跃在各个领域的K初中毕业生，谈谈初中学习对他们走上社会之后的重要作用，这也是一个非常独特的话题。

有趣的是，K初中在招聘认证机构和补习班的老师时，至今为止处于犹豫状况的学校教师也贡献了力量。可能教师同样对F初中的学习能力下降的情况产生了危机感，所以逐渐对学业计划表示赞同，积极地将它作为补充基础学能力的学习项目，力求提高底层学生的学习水平。

实施"K初中学业计划"一年之后，成果显著。升学率提高，K初中升入当地名校XY高中的比例整体上升。提升最多的是数学测试，初二学生甚至有已经通过了相当于高二水平的数学测试2级，得到了认证机构的表扬。更令人欣慰的是，学生的基础学习能力开始提升，学习能力的调查结果显示，K初中排名上升。

案 例 启 示

▶ 以初中为例,在如何提高学习能力的具体方案中,起初运用了逻辑思维中的5W1H框架进行分析。在逻辑思维的框架内得出了结论。

▶ 在此实例中,相对于逻辑思维,打破既存规则的创造性思维更为合适。运用创新思维中的"零基思考",可以制定出前所未有的计划,也达成了起初提高学习能力的目的。

运用系统思维的实例
【以各种各样的升级案例（逐步扩展）为例】

- 在牛肉盖浇饭连锁店领域，分别有 A 店和 B 店两家大公司。这两家店总计约占市场份额的 70%。自从进口牛肉品质问题被曝光，牛肉盖浇饭的销量略微下降。为了打破现状，A 店将牛肉盖浇饭的价格降低 10%。于是，客人大量涌入 A 店，而 B 店为了扭转局面，同样调低了价格。A 店紧随其后，再次调低了价格，两家店的价格竞争趋于白热化。

- A 国无视 B 国的忠告，计划扩充核装备。感受到 A 国军事威胁的 B 国，于是也开始秘密进行核武器与弹道导弹的武装化。之后，探收到此消息的 A 国开始进一步的行动，在国内大肆进行核试验和实战演习，B 国看到新闻之后，同样不甘落后。于是两国的核武装竞争不断加剧。

- 政治家之间讨论升级的场景也经常出现。不同政党之间的争论口水飞溅，导致混乱。可能这是议员们策划的表演，但上升到国会层面，将会妨碍国会进行的议事程序，进而影响到国民的生活。

接下来介绍以下案例，可能有些案例不太妥当。

- 假设居酒屋里相邻的两桌客人(标为 A 桌和 B 桌)都开始喝起了酒。在客人慢慢喝尽兴之后，说话的音量也变大了。A 桌的客人感觉听不到自己说话的声音，于是调高自己交流的音量。B 桌的感受与 A 桌相同，所以讲话声更大了。之后的发展情况想必大家都能预想到。

- 在网络博客上，A 写了一篇无凭无据的造谣文，试图污蔑 B。B 看到谣言后很生气，要求 A 向他道歉。而 A 拒绝道歉，并且进一步污蔑 B。博客上的其他会员看到此情况，站在 B 的角度，共同要求 A 向 B 道歉。最终这篇造谣文引起大家的讨论和批判，被系统删除。

上述实例的结果都不太好。那么在分析这类竞争加剧的现象时，为了找到解决策略，应该运用 3 种思维里的哪一种呢？

分析方法

看到升级的标题，立马灵机闪现——**前面分析过的系统思维非常适用于此场景。系统思维适用于分析类似升级这类因果关系错综复杂的问题。**

在第 10 章已经讲述过升级以及因果循环图(第 357 页)。在这里，以牛肉盖浇饭连锁店 A 店和 B 店为例，用因果循环图来分析说明。

由图 11-4 可知，A 店降低牛肉盖浇饭的价格后，客流量增多，营业额上升。由此 B 店产生危机感，不甘示弱，紧随 A 店调整价格。于是当 B 店的营业额上升时，A 店将继续降低单价，两家店就此展开牛肉盖浇饭的价格竞争（价格战），并且呈现竞争不断加剧的趋势。

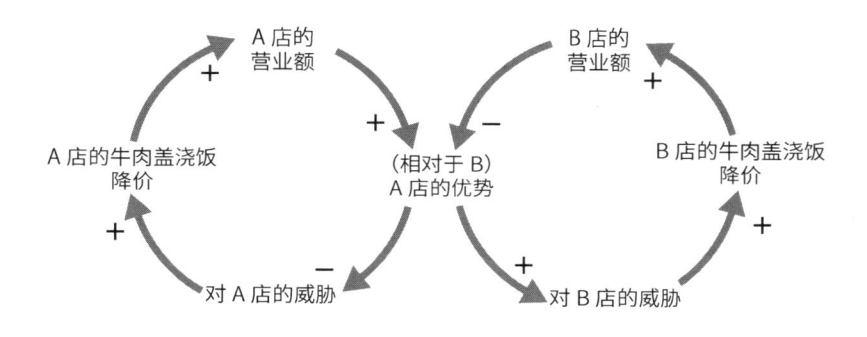

图 11-4

那么，这种价格竞争会持续多久呢？ 恐怕受益者只有顾客，因为客人们会为吃得到便宜的牛肉盖浇饭而感到开心。而两家店将会因此进入预算紧张的营业状态，采买价格低廉的牛肉，导致品质下降，甚至可能导致食品安全问题。当客人们意识到这种情况时，可能不会再选择这两家店。

怎样解决这类实际问题呢？最重要的是尽量避免竞争双方当事人之间的接触与干涉，可以参考以下 3 种解决方法。

① **两店之间进行协商，结束彼此的价格竞争**
② **由第三方介入，在第三方的调解下停止两店的竞价行为**

③ A 店和 B 店中的某家率先放弃竞价行为

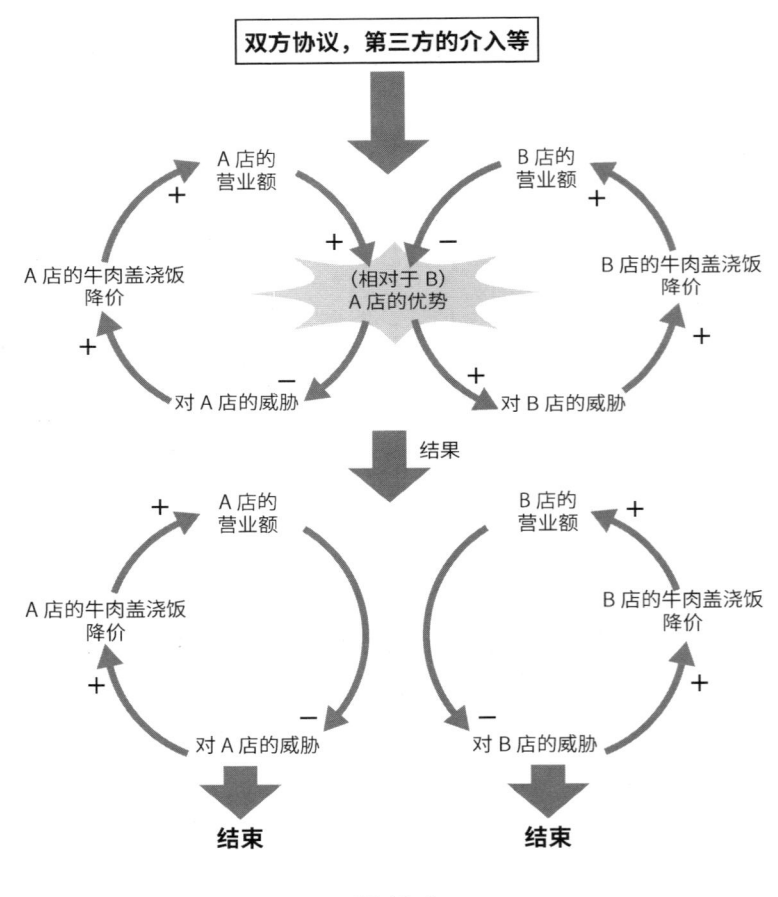

图 11-5

① 是理想情况，普遍认为它的可行性最高。价格竞争会引发两店的经营困境，可能还会产生食品安全等方面的恶劣影响。

② 从食物的安全性考虑，厚生劳动省（译者注：相当于中华人民共和国劳动和社会保障部）等政府部门进行指导比较合适。

③ A店或B店的某家如果发出宣布停战、破产等让步的宣言，竞价也会结束。

①②用因果循环图来表示，如图11-5所示。最后的结果是左右交叉的两个分离循环，即为两个独立的调节循环分别发挥作用，两家店的经营各自归于平静。

案例启示

▶ 在分析牛肉盖浇饭价格竞争的实例时，这类升级现象适合使用系统思维进行分析。

双方的降价行为增加了对彼此的威胁，从而导致降价不断加剧。

▶ 如果想要终止加剧的竞争，可以考虑双方之间进行协议或者由外部介入调解。

同时运用逻辑思维与创造性思维的实例
【以办公用品制造商 F 公司为例】

- 主要生产办公桌椅等办公用品的制造商 F 公司，近日为追求办公功能和业务效率，向企业客户积极提供包括办公室布局和设计在内的整体解决方案。

- 但碎纸机 A 作为 F 公司的主要经营产品，近年来市场份额不断下降。在图 11-6 中，同样绘制了数年来主力产品 B，C 的市场份额的变化曲线。将这 3 种产品的曲线进行对比，可以看出产品 A

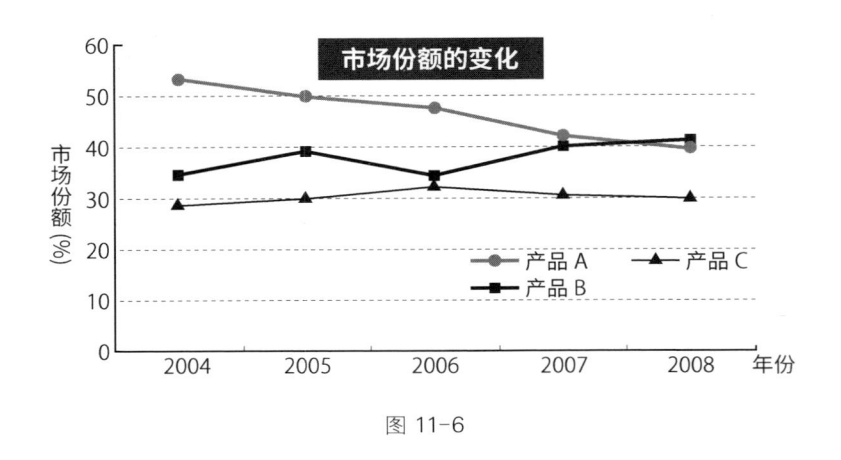

图 11-6

的市场份额明显下降。

- 此外，在 F 公司的销售部门中，销售 1 科负责产品 A，销售 2 科和 3 科分别负责产品 B 与 C。

在调查产品 A 的市场份额下降的原因时，运用 3 种思维里的哪种思维方式比较恰当，以及应该具体使用哪种工具进行分析呢？

假设可以将原因限制在某个范围内。接下来应该要做的是确定具体的解决方法、行动计划。在讨论具体的解决策略时，应该运用 3 种思维里的哪一种工具呢？

因此，本实例可以分为两个阶段讨论。

① 调查主要产品 A 的市场份额下降的原因
② 从原因中找出具体有效的解决策略

可以列举几个备选的思路和具体工具，但总的来说，①适用于以下两个分析方法。在解释的过程中会说明采用的理由。

◎ 定性分析（逻辑思维—特性要因图）
◎ 定量分析

特性要因图也可以是逻辑树。但是在这里用逻辑树分析②，用特性要因图分析①。

另一方面，在②中采用了以下两个方法。

◎ 逻辑思维——逻辑树
◎ 创造性思维——头脑风暴

在本小节中，"②从原因中找出具体有效的解决策略"既可以使用逻辑思维，也可以使用创造性思维。

另一方面，在"①调查主要产品 A 的市场份额下降的原因"中，定性分析和定量分析这两种分析方法一起使用，所以可以更加精确地将原因分析出来，并作说明。①的内容放在第 2 章（定量分析与定性分析混合使用的实例）介绍可能更恰当，但由于在本案例研究的分析流程中会有涉及，因此在本节也会有介绍。

分析方法

1. 关于"①调查主要产品 A 市场份额下降的原因"

在使用特性要因图时，分析要因的切入点就是所谓的营销的 **4p**，即**"产品""价格""流通""促销"4 种**。4p 是分析产品的销售情况，商业的基本框架，所以非常适用于本实例。关于特性要因图和 4p 具体情况，请看第 8 章（特性要因图第 313 页和 4p 分析第 307 页）。

但是，无论是特性要因图还是逻辑树（第 269 页），两者都需要有足够的广度和深度，以便从分析要因中找出原因。

特性要因图分析的结果如图 11-7 所示，这只是基本的例子，根据实际情况，可能会出现原本粗略分析的细节处反而要进行细致的分析。

F 公司通过对近来销售活动的调查，得到了以下信息。

◎ 营业 1 科做了以新商品的企划与宣传、展览会为中心的策

特性要因图（切入点：4p）

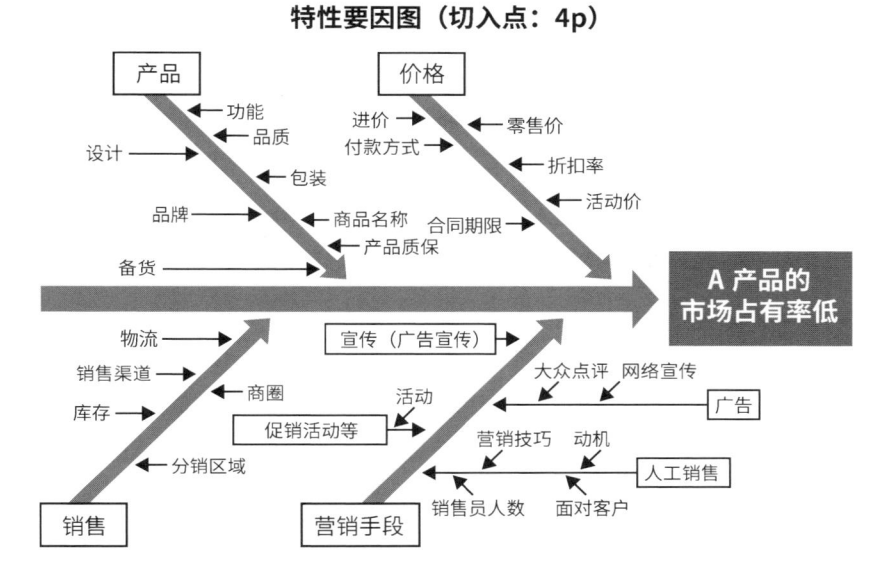

图 11-7

划准备。

◎ 需要大量时间准备与上述有关的会议用材料。
◎ 由于没有增加科内人数和销售人员数量，不得不削减向顾客电话回访、实际回访的时间。

从特性要因图和营业活动调查中可以推测，在销售人员的营销手段方面，尤其是减少对顾客的联络时间可能是本次产品 A 的市场份额下降的原因之一。

之后分析了产品 A，产品 B，产品 C 每年接到的顾客投诉情况。结果发现，产品 A 的投诉数量呈现逐年增长的趋势，其中面向销售应对的投诉明显增加(图 **11-8a**)。另一方面，产品 B 与产品 C 则没有出现这种倾向(图 11-8b、图 11-8c)。

此外,从营业活动报告书中,估计销售 1 科到 3 科的各科室的员工数构成比例(各部门员工在全体员工数量的比率)。结果发现,**主要销售产品 A 的销售 1 科,销售员回访(联络)顾客的时间明显减少。**

图 11-8a

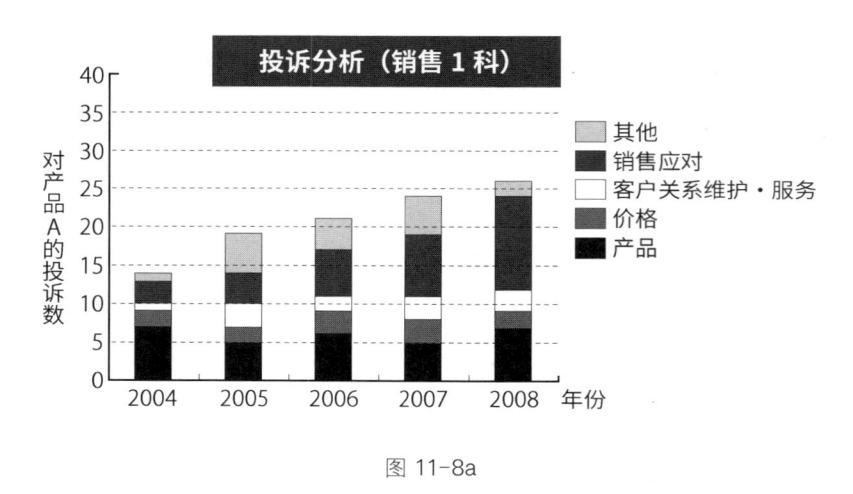

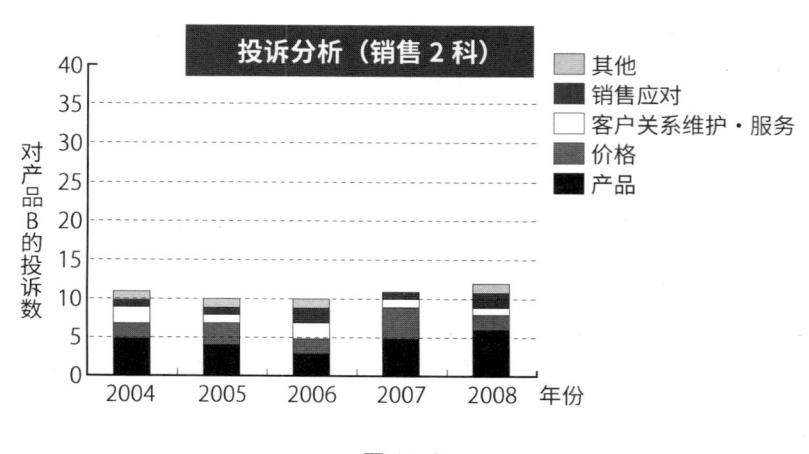

图 11-8b

投诉分析（销售 3 科）

图例：其他、销售应对、客户关系维护·服务、价格、产品

纵轴：对产品 C 的投诉数
横轴：年份（2004—2008）

图 11-8c

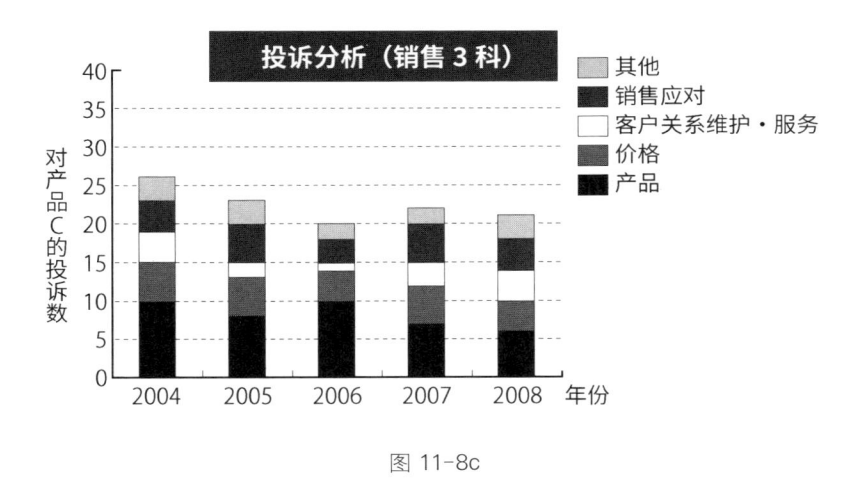

也就是说，根据以上调查，可以判断产品 A 的市场份额下降的原因与销售 1 科对顾客的回访时间减少有很大的关系（→图 11-9a，图 11-9b，图 11-9c）。

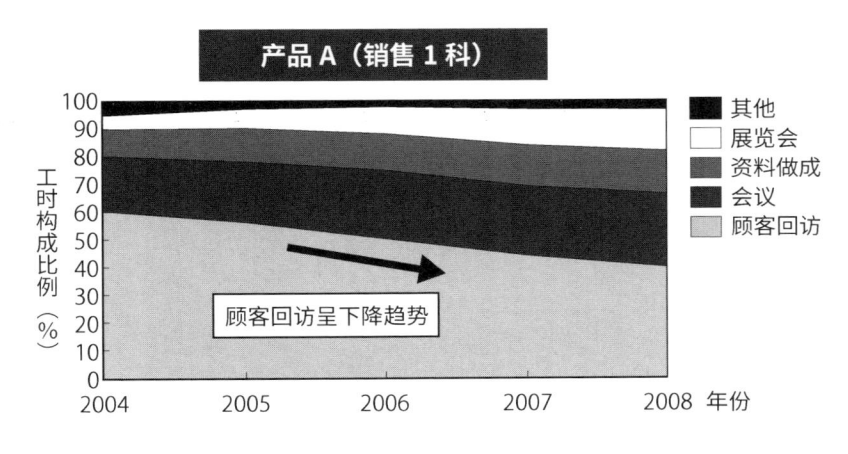

产品 A（销售 1 科）

图例：其他、展览会、资料做成、会议、顾客回访

纵轴：工时构成比例（%）
横轴：年份（2004—2008）

顾客回访呈下降趋势

图 11-9a

图 11-9b

图 11-9c

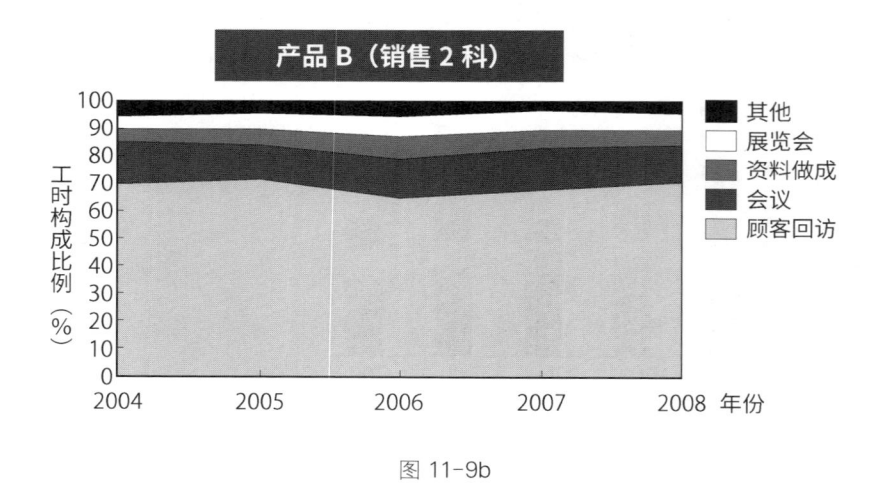

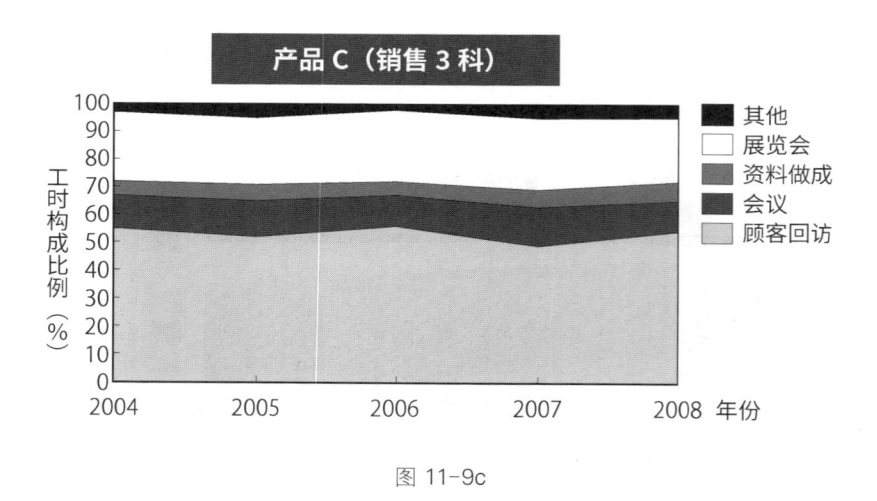

投诉分析和工时构成比例的分析,都属于定量分析。在特性要因图和销售活动调查等定性分析中,把握原因大局的同时缩小原因范围,在投诉分析和工时构成比例分析等定量分析中,明确原因的

客观证据。

在上述原因的基础上,关于对待顾客应该如何热情,如何增加访问和电话等联络的时间,将它们转向②这些有效的具体解决方法。②分为②′和②″。

2. 关于"②′从原因中找出具体有效的解决策略"

接下来,运用**逻辑思维**的"逻辑树"来将有效的解决方法具体化。

逻辑树是一种有效的工具,它可以将问题按照 MECE 原则分解并挖掘出要因,然后解决根本问题,或根据根本问题得出具体的解决对策(第 269 页)。

在此基础上,从如何有效地配置管理资源以达到高产的效果的角度出发,从管理资源的"人""物""钱"以及"信息·技术"为切入点进行探讨。

在本实例中,由于管理资源是仅限于销售部门内的资源,物和钱结合起来就是"物·钱",考虑和其他部门的合作也很重要,所以从"人""物·钱""信息·技术""跨部门合作"这 4 个切入点进行讨论。

分析得出的逻辑树,如图 11-10 所示。从这 4 个切入口,尽可能多地思考解决方案。由于不可能想到所有的解决策略,所以问题在于怎样决定优先顺序、并具体实施。

这个决定要根据现实的具体情况具体处理。例如,**可以把每个方案的费用成本和期望成果划分为 5 个层级,并赋予分值,用 效果÷费用(花费) 来计分**。这样费用相对于效果的结果就属于定量分析了。

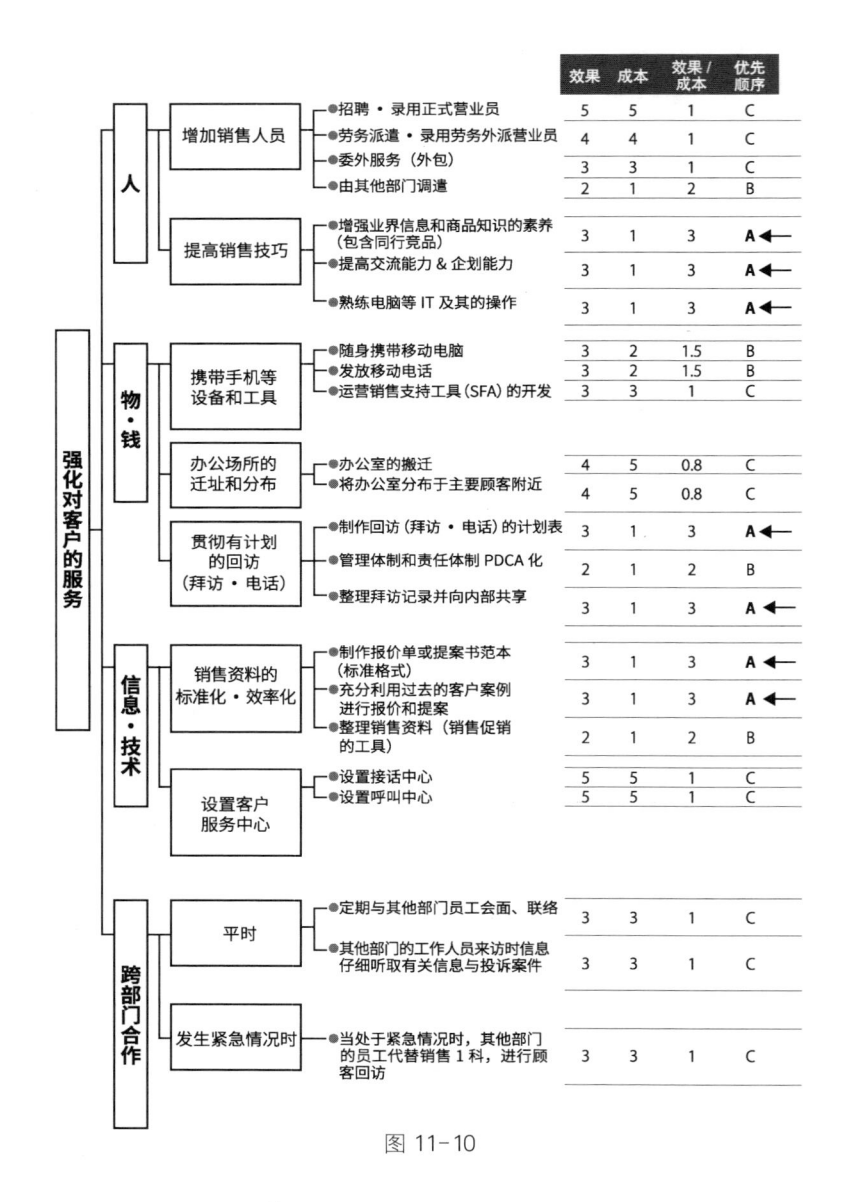

大分类	中分类	小分类	措施	效果	成本	效果/成本	优先顺序
强化对客户的服务	人	增加销售人员	●招聘・录用正式营业员	5	5	1	C
			●劳务派遣・录用劳务外派营业员	4	4	1	C
			●委外服务（外包）	3	3	1	C
			●由其他部门调遣	2	1	2	B
		提高销售技巧	●增强业界信息和商品知识的素养（包含同行竞品）	3	1	3	A←
			●提高交流能力＆企划能力	3	1	3	A←
			●熟练电脑等 IT 及其的操作	3	1	3	A←
	物・钱	携带手机等设备和工具	●随身携带移动电脑	3	2	1.5	B
			●发放移动电话	3	2	1.5	B
			●运营销售支持工具（SFA）的开发	3	3	1	C
		办公场所的迁址和分布	●办公室的搬迁	4	5	0.8	C
			●将办公室分布于主要顾客附近	4	5	0.8	C
		贯彻有计划的回访（拜访・电话）	●制作回访（拜访・电话）的计划表	3	1	3	A←
			●管理体制和责任体制 PDCA 化	2	1	2	B
			●整理拜访记录并向内部共享	3	1	3	A←
	信息・技术	销售资料的标准化・效率化	●制作报价单或提案书范本（标准格式）	3	1	3	A←
			●充分利用过去的客户案例进行报价和提案	3	1	3	A←
			●整理销售资料（销售促销的工具）	2	1	2	B
		设置客户服务中心	●设置接话中心	5	5	1	C
			●设置呼叫中心	5	5	1	C
	跨部门合作	平时	●定期与其他部门员工会面、联络	3	3	1	C
			●其他部门的工作人员来访时信息仔细听取有关信息与投诉案件	3	3	1	C
		发生紧急情况时	●当处于紧急情况时，其他部门的员工代替销售1科，进行顾客回访	3	3	1	C

图 11-10

在这里，我们把效果除以费用得到的数值，大于 3 定为"A"级，大于 1 小于 3 定为"B"级，数值小于 1 则为"C"级。本实例中属于"A"级的解决方法，已经在图 11-10 中标注出来。

◎ 提高销售技巧
◎ 贯彻有计划的回访（拜访·电话）
◎ 销售资料的标准化·效率化

首先，从不需要花费太多费用就能预期在短时间内看到成效的问题开始，此为上上之策。但是，"A"级属于对症下药，只能起到暂时的治疗效果，不能解决根本问题。而"C"级即使花费大量费用，也未必能彻底解决问题。

◎ 增加销售人员
◎ 设置客户服务中心

对于这类问题，要花费相对合理的时间和预算。注意不要以含糊其辞的结尾结束。如果花费了时间进行讨论，那么知道问题解决之前都要专心致志地去做。

3. "②"通过创造性思维将有效解决方案具体化"的探讨

运用"逻辑树"进行讨论时，可以根据实际情况的不同，灵活运用**创造性思维中增加创意的"头脑风暴"工具。**使用头脑风暴可以轻松达到目的，所以要积极主动地多使用。

在第 9 章已经介绍过头脑风暴（第 328 页），要点如下。

◎ 虽然称为头脑风暴，但为了解决当下的紧迫问题，仍然需要设定一个主题。同时，会议主持人需要注意营造自由发言的氛围，让大家能够自由地交流意见。

◎ 可能会议的主要参与人员为销售部门的员工。由于销售部门以销售活动等业务为主，所以会议无需太长。尽可能地提高效率，在短时间内得出有效的结论。如果在头脑风暴上花费大量时间，会导致服务顾客的时长减少，那就本末倒置。

在头脑风暴中，会议主持人应该多在准备与营造气氛方面上多花心思，**这样才能得到各种新颖的想法，才能对解决问题有所助益。**除了逻辑树中的"提高销售技巧"与"贯彻有计划的回访（拜访·电话）"等对策之外，有可能会产生前所未有的见解。此外，这不仅能提升 F 公司的碎纸机 A 的市场份额，还可能**产生提高 F 公司整体业绩的划时代的创意。**

案 例 启 示

▶ 在本小节，讨论了可以运用逻辑思维或创造性思维的实例。先后分析了"①探明问题原因"和"②具体化的解决方案"。

▶ 在"①探明问题原因"中，同时运用定性分析与定量分析，从客观方面找到了明确的原因。

▶ 在"②具体化的解决方案"中，同时运用"逻辑思维"中的逻辑树与"创造性思维"的头脑风暴等工具，得出有效的对策方案。

第 12 章

案例研究 5

结合定性分析的"3 种思维"解决问题

3 种思维方式的组合模式

本书中我提倡了 3 种思维方式,在第 8 章至第 10 章里对各自的特征与应用案例做出了说明,但是,在实际解决问题或进行定性分析的时候,如果能把它们组合起来使用,也许效果会更好,分析的精确度也更高。

3 种思维方式的实践组合有以下 3 种模式。

逻辑思维＋创造性思维

这种模式通常在最初需要新点子的时候,首先充分发挥创造性思维的作用,在积累到一定程度后开始逻辑分析,也可以在逻辑分析的过程中适当地运用创造性思维,加入新的想法。

具体可以使用在新产品的创意、企划开发、投入新市场和开拓新业务等可行性的验证阶段。

逻辑思维＋系统性思维

该模式适用于当仅凭逻辑思维不足以解决问题时而不得不求助于系统性思维的情况。

归因于逻辑思考的局限性。这种模式非常重要，在此我想举个例子进行说明。

某公司正在使用逻辑思维探讨如何提高利润。图 12-1 是列满了分解要素的逻辑树。

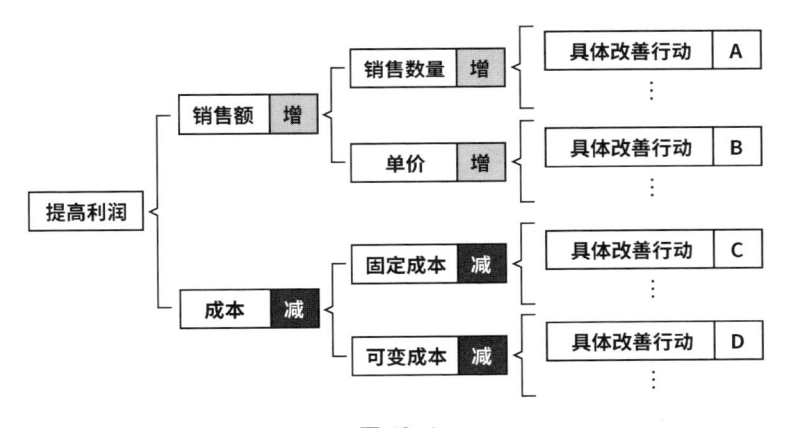

```
                            ┌─ 销售数量 增 ─┬─ 具体改善行动 A
              ┌─ 销售额 增 ─┤               ⋮
              │             └─ 单价   增 ──┬─ 具体改善行动 B
提高利润 ─────┤                             ⋮
              │             ┌─ 固定成本 减 ─┬─ 具体改善行动 C
              └─ 成本   减 ─┤               ⋮
                            └─ 可变成本 减 ─┬─ 具体改善行动 D
                                            ⋮
```

图 12-1

之前已经反复说明过，逻辑思考的前提是在分解要素时要遵循 MECE 原则，分解出直线型因果关系。直线型因果关系非常简单，就是从分解出的各个现象画出一根箭头，一直画到得出最终的结论为止。

而且，如果这个案例按照逻辑树的方法进行分解，那么就会导致直线型因果关系的前提不复存在。也就是说，如果要处理复杂的

因果关系，就必须要发挥系统思考的能力。

具体来看，在图 12-2 中，用长箭头来表示因果关系，从中可以看到包含了复杂的因果关系。在本案例中，如果销售数量增加，那么可变成本就会减少，单价也降低，存在因果关系。如果单价降低，那么市场规模就会扩大，销售数量就会增加。

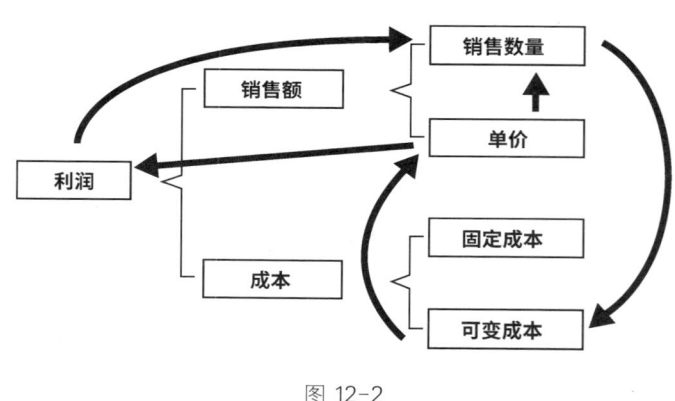

图 12-2

但是，如果降低产品价格，利润会降低，所以销售数量也不会太高。

可以用因果循环图来表示案例中复杂的因果关系(图 12-3)。

在第 10 章里已经详细说明过看因果循环图的方法了，因此不再赘述。图 12-3 其实就是由内外两层循环构成的(图 12-4)。

图 12-4 的内环解说如下。各要素的增减分别用↑↓来表示。

> 销售量↑ ➡ 规模经济↑ ➡ 可变成本(商品成本)↓
> ➡ 单价(商品价格)↓ ➡ 市场规模↑ ➡ 销售量(返回)↑

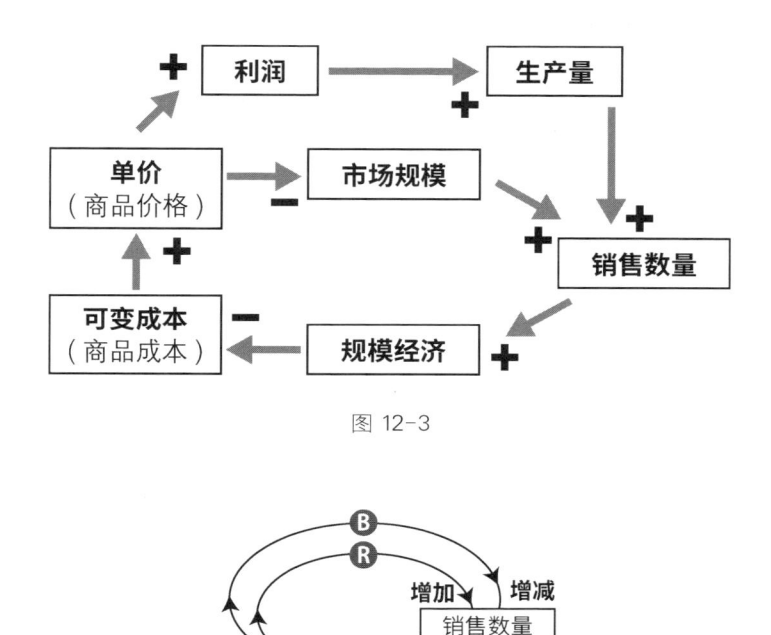

结合定性分析的"3种思维"解决问题

图 12-3

图 12-4

内侧的椭圆 R 表示的是销售量逐渐增加的扩张型循环。接下来我们看一下外圈的情况。

销售量↑ ➡ 规模经济↑ ➡ 可变成本(商品成本)↓
➡ 单价(商品单价)↓ ➡利润↓➡生产量↓
➡销售量↓（返回）

外侧的椭圆 B 表示的是调节销售量平衡的循环。
在这两个循环的作用下,销售量也在发生变化。

创造性思维＋系统思维

创造性思维与系统性思维组合适用的情况。**起初由创造性思维打开局面，之后开始转向系统思维，在运用系统思维进行讨论之后，再返回到创造性思维。**

接下来，依次介绍"逻辑思维＋创造性思维""逻辑思维＋系统思维""创造性思维＋系统思维"各自的实践分析案例。

逻辑思维与创造性思维组合使用的案例①
【以面向初学者、老年人群的手机为例】

在第 11 章里我强调过,介绍案例时,重要的是思考案例的分析过程。虽然用到了思维组合的模式,也许难度会稍高,但是希望读者们在阅读的同时能够跟上我的思考脚步。接下来我们就来看案例吧。

最近,无论是在地铁里还是在马路上,我们都能看到许多人正在捧着手机。智能手机的普及和进步让人惊叹,而它们也加持了最新功能,是名副其实的高附加值商品。

智能手机的高层管理者们正在探讨今后如何拓展首次接触智能手机的人以及老年人的使用市场,应当推出何种机型与设计。

产品的企划与开发,应该如何展开呢?

逻辑思维的分析方法

智能手机的标准规格是基于大部分消费者的需求而定的。但是,在本案例指定的初学者与 60 岁以上的老年人消费群体中,标准规格的机型真的适用吗?

实际上,面向初学者与60岁以上的老年人消费群体,市面上已经有了au(KDDI)公司的"简单手机"与NTT docomo的"乐乐机"产品,所以在讨论本节的案例时可以以它们为参考,辅助思考与理解。

目前的智能手机市场竞争惨烈,也就是所谓的"红海"。在第8章里我们介绍了与"红海"战略相对的概念"蓝海"战略,即开创新市场的战略(第297页)。

在本案例中,探讨的是如何将现有产品经过改良后投入"蓝海"这片新市场的故事。

在展开"蓝海"战略时,可以使用一个非常便利的分析工具"战略布局图/价值曲线"(第309页),首先像图12-5这样画出一般智能手机的价值曲线。它的功能强大,附有丰富的网络相关的内容,而且设计与色彩也富有多样性,如果经常使用的话,通信费等开销也会非常大,因此形成了图12-5中的价值曲线。

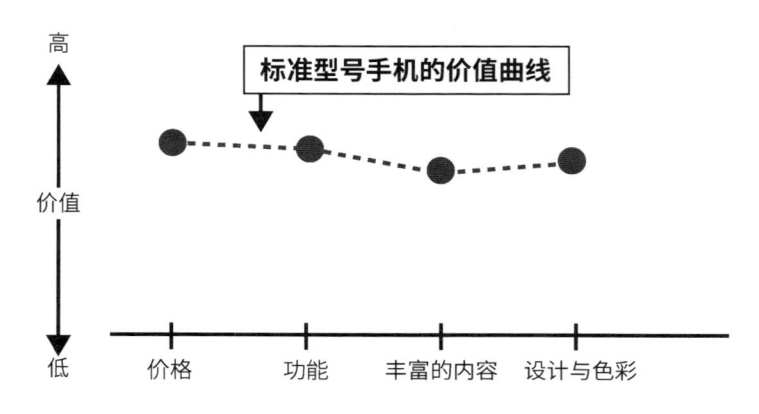

图12-5 价值曲线

结合定性分析的"3种思维"解决问题

如果以初学者与 60 岁以上的老年人消费群体为目标，那么就可以用到一个非常方便的分析工具，分析如何改变现有的机型设计，那就是图 12-6 展示的 ERRC 网格（第 311 页）。可以用这个网格来分析初学者与 60 岁以上的老年人需要什么样的智能手机。

Eliminate（消除）	Raise（提升）
● 设计感与色彩 ● 网络相关高级功能 ● One-Seg 手机电视服务功能	● 文字大小与阅读便利性 ● 操作简易性（用户友好型） ● 音质与音量
Reduce（降低）	Create（创造）
● 使用内容的费用 ● 按键数量 ● GPS 功能	● 简单易懂的说明书 ● 安全感与安心感

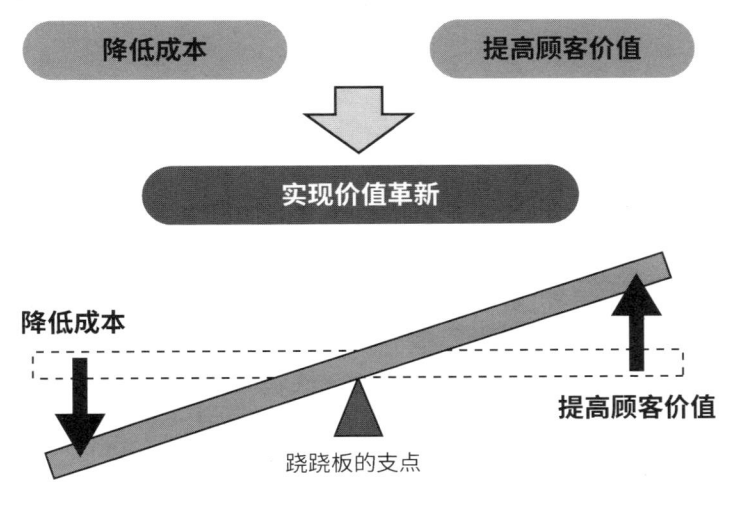

降低成本　　　　　　　提高顾客价值

⬇

实现价值革新

降低成本　　　　　　　提高顾客价值

跷跷板的支点

图 12-6　ERRC 网格

在图 12-6 中展示了 ERRC 网格的 4 个组成部分,分别是 **Eliminate(消除)、Reduce(降低)、Raise(提升)、Create(创造)**。左半边的两个网格是 Eliminate(消除)和 Reduce(降低),讨论的是应当把哪些功能完全消除,以及把哪些功能按照行业标准减少一部分。

右半部分的两个格子,Raise(提升)和 Create(创造),讨论的是在行业标准的基础上增添哪些功能,以及创造哪些新功能。

结果就是,把 ERRC 网格左边的现有产品功能剔除或减少,增加右半边的功能或创造前所未有的新功能。最终可以向市场投放这种侧重个别功能性的产品,实现创造新市场的"蓝海"战略。

也就是说,我们可以借用一个跷跷板辅助理解左半边和右半边的关系。如果左边的成本下降,那么顾客的价值创造就会提升。成本越低,就会越重视功能的取舍,产品的顾客价值就会越高,这个跷跷板可以和"蓝海"战略结合起来。

在使用了 ERRC 网格后讨论得出的结果,如果用图 12-5 的"战略布局图/价值曲线"来表示的话,就是图 12-7。

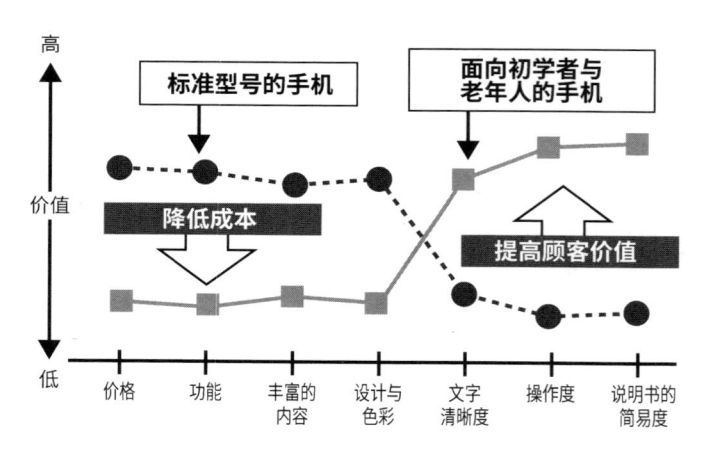

图 12-7

结果一目了然。"标准型号的智能手机"和"面向初学者与60岁以上的老年人的手机"的价值曲线完全不一样。我们脑中会浮现出初学者与60岁以上的老年人在"蓝海"这片广阔的大海中自由欢快游动的场景。通过在标准机型的手机上有针对性地做出改善,创造出新产品,开拓新市场。

创造性思维的分析方法

ERRC网格的左半边Eliminate(消除)和Reduce(降低)强调的是如何简化现有功能。但是很有可能就简化成了功能贫乏的商品。因此,关键在于要确定好消除和降低的功能对象。同样,右半边的Raise(提升)和Create(创造),重点在于在现有功能的基础上增加多少,以及开发什么样的新功能。**尤其是在探讨右半边的内容时,就要发挥创造性思维的优势。**

在自由讨论的场合中特别容易产生创造性思维碰撞引发的火花,例如头脑风暴等讨论形式,但是如果只有你独自思考的时候,就可以按照SCAMPER(奔驰法)的7个切入点来进行思考。

在第9章里我们已经接触过SCAMPER方法(第329页)了,可以从以下7个切入口来思考是否有可能在现有商品理念的基础上创造出新的产品或服务,这个方法非常适合本小节的案例。

- **Substitute(以他物替代)**
- **Combine(合并或组合)**
- **Adapt(改造以求适应)**

- **Modify(调整)**
- **Put to other purposes(改变用途)**
- **Eliminate(去除)**
- **Rearrange, Reverse(反向行之)**

接下来就让我们结合前文中 ERRC 网格的 4 个切入点来进行分析,其实就是将逻辑思维与创造性思维结合起来分析。

Eliminate(消除)和 Create(创造)分别意味着实现某项功能的从有到无和从无到有。Raise(提升)和 Reduce(降低)分别意味着增强某项功能或削弱某项功能(如图 12-8)。

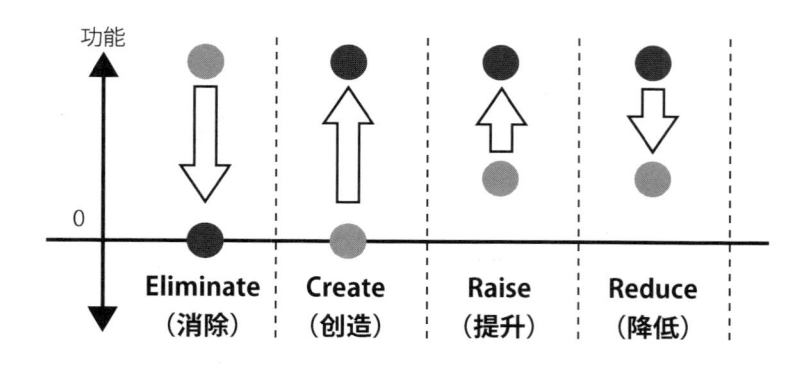

图 12-8

SCAMPER 中的 E(去除)和 ERRC 中的 Eliminate(消除)是同样的意思。但是在 SCAMPER 中却找不到与 ERRC 中的 Create(创造)相对应的方法。

实际上,除了 SCAMPER 的 E(去除)之外,S,C,A,M,P,R 都可以对应 ERRC 中的 Raise(提升)或 Reduce(降低)。ERRC 中的

Raise(提升)或 Reduce(降低)可以像 S,C,A,M,P,R 这样更加细致地提示如何增加新的创意与想法。

可以用表 12-1 来表示上面的总结内容。结果就是，在 SCAMPER 中找不到可以对应 ERRC 的 Create(创造)的字母，但是 S,C,A,M,P,R 的结果最终可以构建 Create(创造)。

表 12-1 SCAMPER 与 ERRC 网格的对照表

创造性思维 SCAMPER	逻辑思维 （蓝海战略） ERRC 网格
● Eliminate（去除）	● Eliminate（消除）
● Substitute（以他物替代） ● Combine（合并或组合） ● Adapt（改造以求适应） ● Modify（调整） ● Put to other purposes（改变用途） ● Rearrange、Reverse（反向行之）	● Raise（提升） ● Reduce（降低）
构建一个相当于 Create（创造）的事物！	Create（创造）

比如说现在的智能手机在标准功能的基础上增加了拍照功能与通过网络收发邮件的功能，这就是 SCAMPER 的 Combine(合并或组合)的设想结果。

在面向初学者与老年人的手机中，对可使用的内容或按键数量进行缩减优化，这一步叫作 Modify(调整)。通过增加视频电话功能，可以满足听觉障碍者通过手语进行交流的需求。这就是从 Put to other purposes（改变用途）这个点进行切入的效果。

创造性思维工具 SCAMPER 相较于逻辑思维工具 ERRC 网格，可以对实际分析提供更加丰富的切入口，因此它的实际操作性更高一些。

像这样，通过使用 SCAMPER 工具，在不断产生新想法的同时，还可以和其他创意结合起来，改变形态，是一种非常有用的分析工具。在新产品的企划阶段或讨论时，如果灵感枯竭，不妨使用 SCAMPER 分析工具，也许它会成为强大的助推器。

案 例 启 示

▶ 在探讨如何面向初学者与老年人推出一款新手机时，首先运用了逻辑思维的"蓝海"战略。

▶ 使用"蓝海"战略的战略布局图/价值曲线、ERRC 网格，想象出一个跷跷板，当降低现有商品的成本时，另一边的顾客价值就会提升，这样就出现了推出一款适用于初学者和老年人的新手机的可能。

▶ 在企划新产品时，如果找不到灵感和创意，可以使用创造性思维的 SCAMPER 分析工具帮助自己。

逻辑思维与创造性思维组合使用的案例②
【以百货店、超市的生存游戏为例】

最近,百货商店和超市的生意萧条。尤其是百货商店,在 2008 年度的年销售额都被便利店超过了(如图 12-9)。

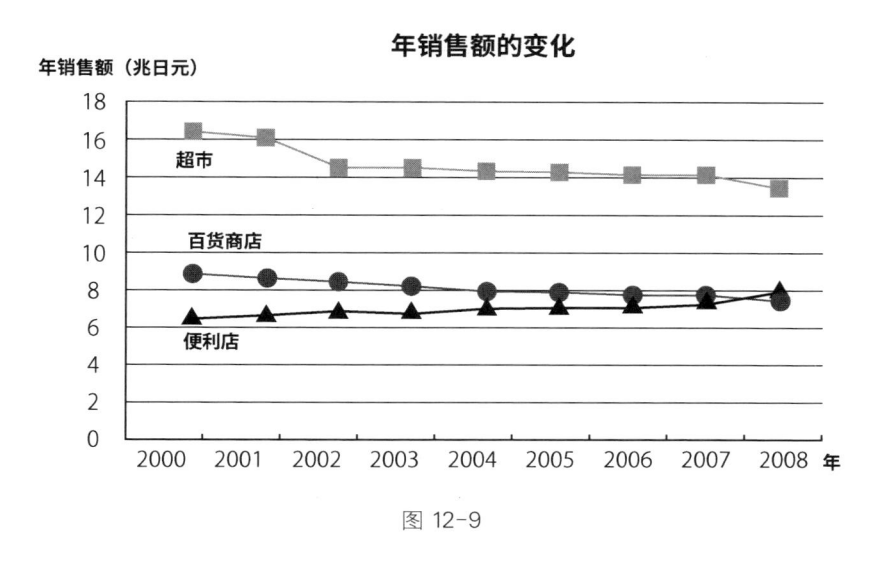

年销售额的变化

年销售额(兆日元)

图 12-9

百货商店和超市的管理人员意识到如果这么下去,肯定要走向灭亡，所以必须要进行管理整合，最终整合成大型百货商店。但是这种颓势仍未停止。受经济低迷和消费低迷的影响，大型百货商店可能会面临进一步的经营战略变革。

了解了故事的背景，我们用逻辑思维和创造性思维来相结合的方式来分析这个案例。

大型百货商店阵营中的一员——ABC 百货公司，旗下的 XYZ 超市因经营不善而陷入困境。XYZ 超市现在采用以下 3 种运营方式，以获得协同作用。

① 以自主企划（PB）商品为主的自主型运营
② 将店铺运营委托给租户的外包型运营
③ 在网站上进行电子商务店铺运营

3 种方式的年销售额占比分别是①15％，②80％，③5％。

②的做法是基本上把店铺运营外包给租户，所以渠道也是由承包方独自判断，成本较高。而且，承包商与 ABC 百货公司总部之间的权限和责任体制都不明确，所以容易引起混乱，这也是导致高成本的原因之一。

为了彻底解决外包型运营带来的弊端，例如可以采用一元化管理供应商等方式来控制成本，但是在目前各个承包商和客户之间都有各种关系，要想改善现有的体制，不是那么容易的事。

①的做法是，通过活用各家供应商对 PB 商品的自主企划，和厂家联合起来，从企划到生产、销售，削减中间环节的成本，把顾客的需求反映在商品中。由于追求利润，所以百货公司 ABC 希望利润能从现在的 15％提高到 25％。

③的做法是以中老年女性为目标群体,把利润从 5% 提升到 10%。

那么,在①模式下提高 PB 商品的销售额,具体应该怎么做呢?

首先,在"逻辑思维分析方法 1"中,使用逻辑树,从问题原因和目标中深化具体对策。

要想知道如何改善②外包型运营,**在"逻辑思维分析方法 2"中,使用价值链分析,在业务流程中分析出它们是如何创造价值的,从而探讨解决方案。**

逻辑思维分析方法 1

首先,使用**逻辑思维的"逻辑树"**,写明 PB 商品销售提升的具体数值目标,例如希望年销售额提高 10%,然后再制定行动计划。

在这个案例中,运用"市场营销的 4P"和"特性要因图"找出问题的原因,通过"逻辑树"思考解决问题的对策,在第 11 章(第 394 页)里已经讲过这一串的流程了,所以在这里为了避免重复,只讲述分析得到的结果。

以市场营销的 4P 为切入口制作逻辑树,如图 12-10 所示。在图 12-10 的基础上,使用期待效果等定量指标,为了达到 PB 商品的销售额提高 10% 的目标,我们先假定在产品品牌,尤其是**自主企划(PB)能力的强化和销售接待的技能强化**上着重下功夫。

在下一个阶段,会遇到就实际操作中如何展开以上两种能力强化的问题。在相关人员讨论后,得出以下结论。

```
                  ※以市场营销
                   的4P为切入口
                              ┌─ 功能 ┐
                      ┌ 产品 ─┤       ├─── 强化 PB 商品能力 ✦
                      │       └─ 品牌 ┘
   ┌──────────┐       │
   │ PB 商品的 │       │       ┌─ 批发价
   │ 销售额(提高├──────┼ 价格 ─┤
   │   10%)   │       │       └─ ⋮
   └──────────┘       │
                      ├ 渠道 ──── 库存
                      │
                      │       ┌─ 广告 ┐
                      └ 促销 ─┤       ├─── 强化一线销售人员的待客技能 ✦
                              └ 人为销售
```

图 12-10

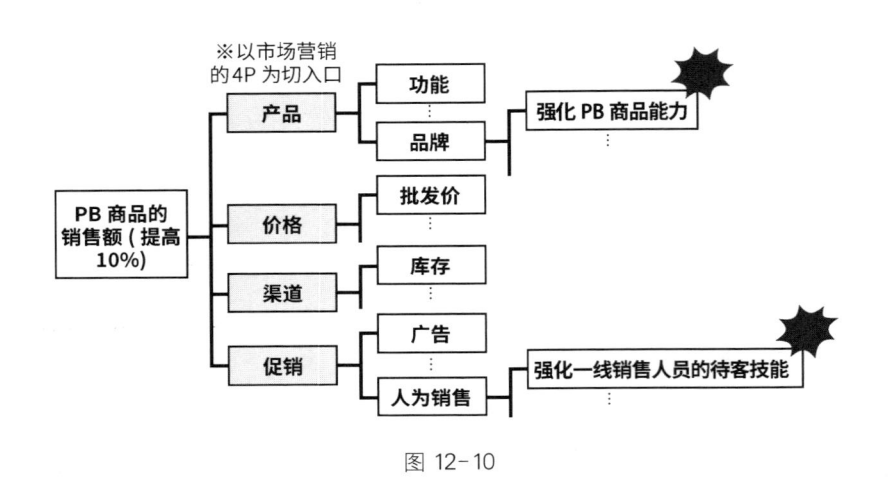

1. 强化自主企划(PB)商品能力

在百货商店和超市里，自主企划(PB)商品的存在感正在提升。在民族品牌(National Brand)不断提高价格的同时，PB 商品也受到了一众热衷生活保障的消费者的追捧。

在这个背景下，

- 应当定期召开创意会议
- 应当每年召开两次公司内部的创意大赛

这样，接下来就会定期召开有关 PB 商品的创意会议和比赛了。**创意会议，就是一个积极活用创新性思维的场合**。关于这点，在稍后的第 425 页"创造性思维分析方法 2"里会再次提及。

2. 强化一线销售人员的待客技能

人们常常认为店铺的一线销售人员是单纯的成本，但他们也是在店铺接待顾客时创造价值的源泉。为了提高销售人员的待客技巧与工作积极性，会要求他们参加每年一次的"全国待客角色扮演大赛"。成绩优秀的员工将会在全体员工面前受到表彰。

当然，比赛的目的并不是获得优胜。真正的目的在于，在每天的工作中提高待客技巧并且自我审查，在备赛时，与一同参与竞赛的同事进行"晨练角色扮演对策"的训练，积极向竞争对手展示自己的待客技巧，从而提升销售员的整体业务水平。

逻辑思维分析方法 2

针对改善外包型运营方式，我们将采用**逻辑思维的"价值链分析"**进行讨论。

在这之前，各承包商和 ABC 百货公司总部的模糊的管理体制可以用图 12-11 来表示。

改善后的管理体制便从图 12-11 变成图 12-12 了。也就是说，承包商负责日常采购、店铺打折促销和销售的责任，而店铺开发、商品开发、广告宣传则由 ABC 百货公司的总部进行后方支持，这样就可以使各自的职责变得"可视化"。

除此之外，还用了 3 种符号来区分哪个流程的附加价值更高。**从图 12-12 中可以看出，有必要在以 PB 商品为主的产品开发与销售上投入更多精力。**

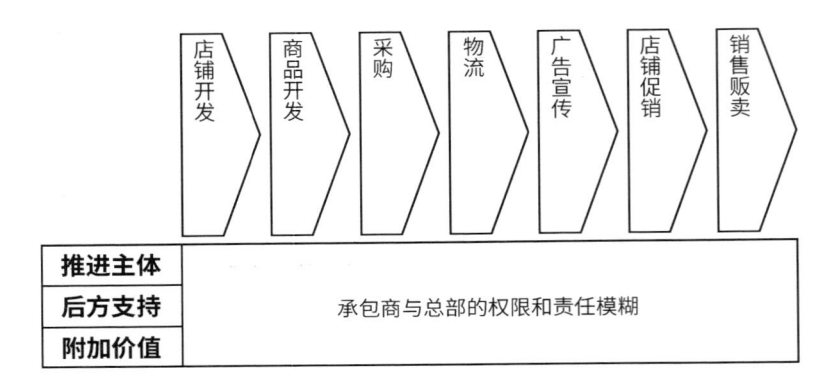

| 店铺开发 | 商品开发 | 采购 | 物流 | 广告宣传 | 店铺促销 | 销售贩卖 |

推进主体	
后方支持	承包商与总部的权限和责任模糊
附加价值	

图 12-11

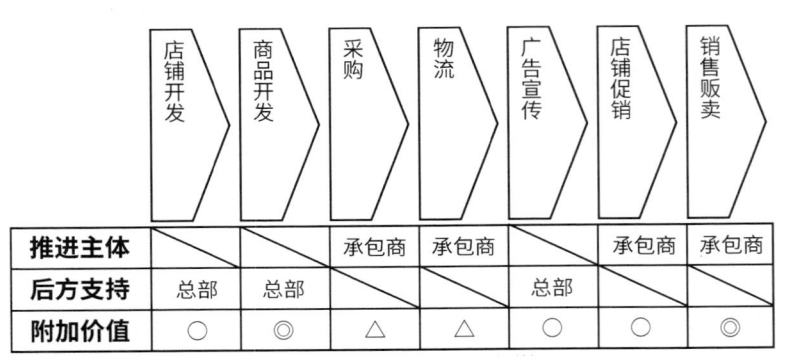

| 店铺开发 | 商品开发 | 采购 | 物流 | 广告宣传 | 店铺促销 | 销售贩卖 |

推进主体			承包商	承包商		承包商	承包商
后方支持	总部	总部			总部		
附加价值	○	◎	△	△	○	○	◎

(◎非常高的附加值；○高附加值；△一般附加值)

图 12-12

创造性思维分析方法

第 422 页提到过，PB 商品的创意会议是一个创造性思维无限活跃的场合。

说到增加创意量的方法，头脑风暴是一种可以轻松组织讨论的形式，但是在"案例①"（第 415 页）中介绍的 SCAMPER 方法的一览表则是个更有效率的方法。**要想从零得出一个新产品其实非常难。如何对大卖产品进行改良，是否能有其他用途，如何将产品组合起来等问题，通过 SCAMPER 分析，都能够找到这些问题的答案。**

希望各位能按照第 415 页中的顺序进行创造性思维的分析。一个创意会议不是一定只能在会议室这种沉闷的地方召开。在休息区可以，在公司的草坪上等可以休闲放松的区域都可以，这样才有助于迸发新鲜的创意。

如果你遇到了创意瓶颈，不妨去会议室外面走一走。可以去百货商店或者超市，去调查和这次要开发的商品相似的东西也可以。但是，想在热销的商品上做文章可能已经晚了。重要的是，能捕捉到那些在未来会大卖的商品。

案 例 启 示

▶ 在百货商店的案例中，为了提高 PB 商品的销售额，具体应该怎么做呢？首先可以运用逻辑思维的"逻辑树"来讨论具体对策。最终可以得出强化自主企划（PB）商品能力和强化一线销售人员的待客技能的结论。

▶ 对于强化 PB 商品能力,想出具体的商品创意,需要发挥创造性思维的作用。

在这个案例中,通过结合逻辑思维与创造性思维,强调了可以找到整体解决问题的方法。

▶ 对于强化销售人员的待客技能,销售人员通过参加"全国待客角色扮演大赛",既提高了工作积极性,又提高了实际操作能力。

▶ 在改善外包型运营时,通过逻辑思维的"价值链分析",让权限、责任体制以及通过哪一个流程的附加价值更高,实现了"可视化"。

逻辑思维与系统思维组合使用的案例
【以全球金融危机为例】

在这一节,我们用逻辑思维与系统思维相结合的方法分析美国的"次贷危机"引发的全球金融危机。

美国房价下跌引发次级抵押贷款问题,在世界范围内引起金融市场震荡,导致全球股价暴跌。对此,美国通过了金融稳定法案,开始向金融机构注入公共资金。

实际上,公共资金的注入并不是很顺畅,其中发生了雷曼事件。美国政府最终使得雷曼兄弟证券公司破产。坊间仍有传闻认为雷曼事件是当时的财务长官有预谋的行为。

另一方面美国大型保险公司 AIG(American International Group)得到了救助,为何雷曼兄弟公司会破产?在美国议会内部也有众多猜想,但是经过了雷曼事件,美国通过了金融稳定法案,开始向金融机构注入公共资金。

日本在泡沫经济之后实施的金融政策里,公共资本对于金融机构早期解决不良债权问题有一定的帮助作用。日本的泡沫经济破灭和美国的次贷危机比起来,前者的问题仅限于日本国内,而后者引发了世界性的金融海啸,一瞬间波及全球。

欧美国家采取了将公共资金注入金融机构的政策,那么它的实际效果如何呢?

请看一则 2009 年 1 月下旬的新闻报道。

"美国政府宣布再次向美国银行(Bank of America)注入资金。在欧洲,英国政府也宣布了金融安定化追加策略。虽然投入巨额公共资金,但是仍然无法改变金融市场不稳定的事实。"

这种注入公共资金的做法真的是根本性措施吗?的确,在日本泡沫经济崩溃时,向疲软的金融机构注入公共资金确实起到了非凡的效果,但是这场全球性的金融危机也可以用这种方式解决吗?这应该只是个暂时性的缓解措施吧。如果继续向无底的损失注入资金,以后也不会有起色,在某个时点一定会迎来大灾难。

系统思维分析方法

全球金融危机是一个非常严重且难以解决的问题。谁都没有明确的解决办法。尤其是金融、经济专家,不得不比以往更加慎重地发言。问题的根源很深,原因也非常复杂,变化也非常迅速。我们能看到的只是冰山一角,大部分都在我们看不到的水面以下活动,也许下面的这部分才是性质最恶劣的问题。

我已强调多次,对于这种要因错综复杂的问题,应当运用系统思维。

面对这种问题,逻辑思维没有用武之地。即使使用架构分析,例如"PEST 分析",恐怕最多也是对现象进行整理和分类,根本看不清它们之间的因果关系。因为因果关系太复杂,所以找不到解决的切入口。另外,如果使用"逻辑树",会发现很难从切入口继续深入分析,因此也无法得到期待的结果。**在这里,逻辑思维有其局限性。也就是说,当逻辑思维不适用的时候,就要转向系统思维了。**

在这个案例中不得不使用系统思维。首先用系统思维把全球金融危机的实际情况画在一张"因果循环图"上。画成之后可以思考一下,席卷世界的金融危机的根因是什么,具体的对策又是什么,这次金融危机后会有什么样的走向等等。这是非常重要的内容,在本小节中我会客观描述系统思维得出的见解。

以这个案例为焦点,希望大家注意以下事实。

美国政府向银行和证券公司等金融机构注入了公共资金,但却不见效果,不得不再次注入。**在定型系统思维时,这就是推测到的恶化模式"拖延问题"(第 364 页)。**也许事态过于复杂,无法套入定型的模式进行分析,在这里我们试着简单化思考。

如果用"拖延问题"的模式来应对,那么对于企业来说,重要的经营指标,也就是损益表就会恶化,导致政府向其注入公共资金,在短期内改善问题。如果没有起到改善的效果,那么税金就会打水漂。

最理想的状态是,在注入公共资金的同时,实行根本对策,二者并行,从根本上解决金融机构盈亏失衡的问题。实际上,如果注入公共资金,那么在某种程度上就会产生效果,这对于寻找根本对策的动力是一种打击和阻碍,会陷入放弃治疗(**对症疗法的副作用**)的境地。换句话说,就是会落入"拖延问题"的恶性模式中(图 12-13)。

```
        ══
 根本  ←——  —  金融机构        +    由政府注入
 对策    B    盈亏恶化    B       公共资金
      +              —
   —            R
          对症疗法    +
          的副作用
```

图 12-13

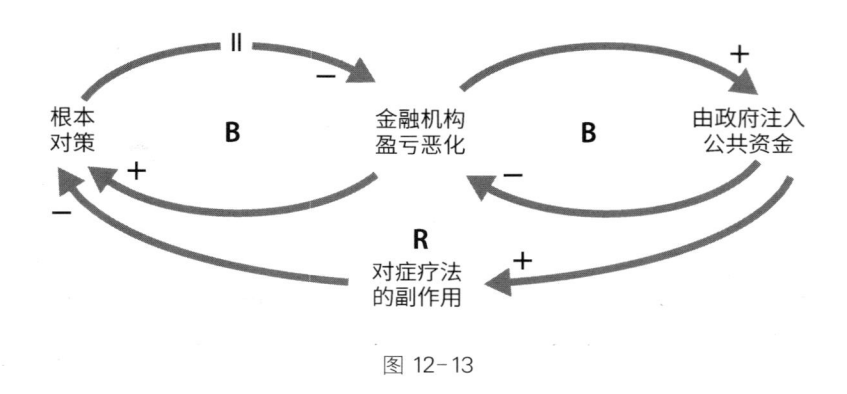

人们仍在议论，注入公共资金究竟是根本对策还是权宜之计，但是在这里我们把它看作是短期的对症下药就可以了。不注入公共资金的根本对策是什么样的，这个问题不是本书讨论的主题。最好也别期待金融专家们能给出什么绝妙的根本性对策。但是我想说的是，所谓的根本性对策，并非短期的解决对策，而是在中长期内会取得切实成果，在这个案例中，就是能够让金融机构盈亏平衡的对策。

在图 12-13 的基础上，制作出世界金融危机的因果循环图（图 12-14）。可能画得有点粗糙，但大致还是可以看出世界金融危机的全貌。

这次的金融危机被称作"百年一遇的危机"，其中的根源非常深。从图12-14可以看出，金融机构盈亏失衡会造成很严重的负面影响。经过这次事件，可以看出金融机构是经济增长的心脏，从这里向外流出的金钱血液，支撑着整个社会的经济互动。如果心脏出了问题，就像这个案例中金融机构的盈亏出了问题，那么就会产生波及到整个经济的恶性影响。

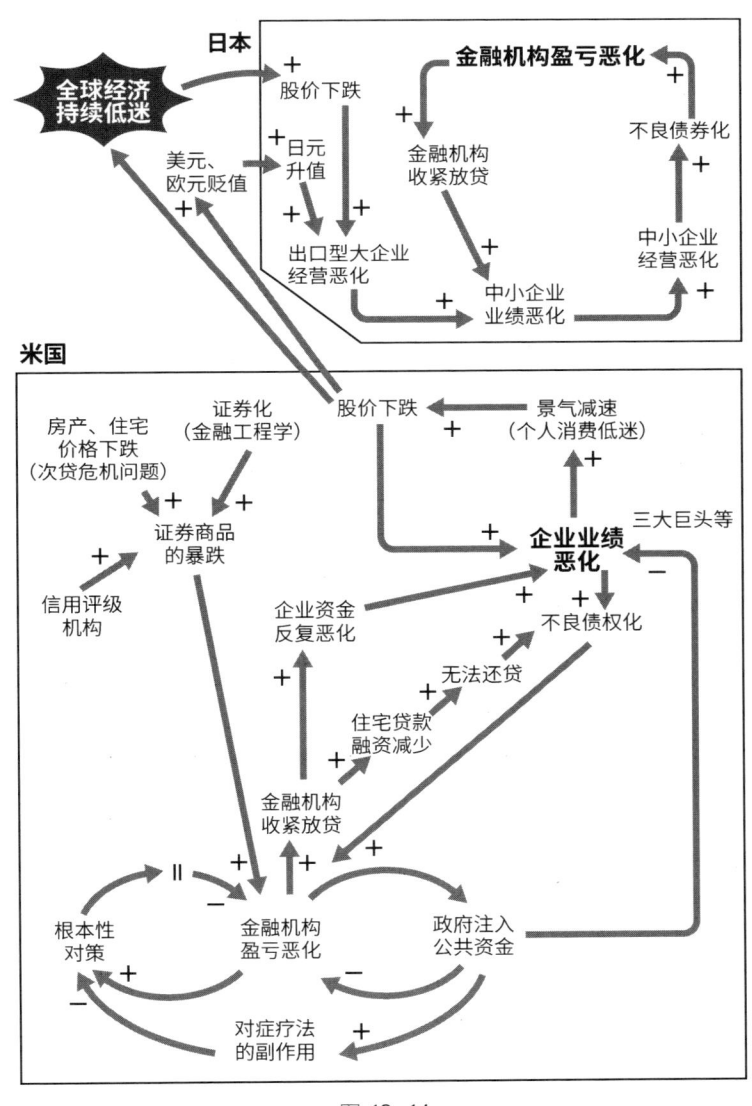

结合定性分析的"3种思维"解决问题

日本

全球经济持续低迷

- 股价下跌 (+)
- 美元、欧元贬值 → 日元升值 (+)
- 日元升值 → 出口型大企业经营恶化 (+)
- 股价下跌 → 金融机构收紧放贷 (+)
- 金融机构收紧放贷 → 中小企业业绩恶化 (+)
- 中小企业业绩恶化 → 中小企业经营恶化 (+)
- 中小企业经营恶化 → 不良债券化 (+)
- 不良债券化 → **金融机构盈亏恶化** (+)

米国

- 房产、住宅价格下跌（次贷危机问题）
- 证券化（金融工程学）
- 信用评级机构 (+) → 证券商品的暴跌
- 股价下跌 ← 景气减速（个人消费低迷）(+)
- **企业业绩恶化** ← 三大巨头等 (−)
- 企业资金反复恶化 (+)
- 不良债权化 (+)
- 无法还贷
- 住宅贷款融资减少
- 金融机构收紧放贷
- 根本性对策 (=) 金融机构盈亏恶化 (−)
- 金融机构盈亏恶化 → 政府注入公共资金 (+)
- 政府注入公共资金 → 企业业绩恶化 (−)
- 对症疗法的副作用 (−/+)

图 12-14

从图 12-14 中可以推测出引发金融机构盈亏失衡的直接原因有以下两个。

① **由美国的次贷危机引发证券价格暴跌。结果导致金融机构承受了巨额损失。**

证券价格的暴跌与使用了高度先进的金融工程学有着莫大的关系。通过金融工程学,证券的结构变得复杂,会由于不知所起的风险转嫁到其他商品的头上而在世界中引发混乱。

另外,由于给信用评级机构的疏忽,也被认为是引发这次金融危机的原因之一。

② 由于金融机构的盈亏恶化,导致他们不得不实施保护自有资本比率的 BIS 政策,限制面向普通企业的放贷。结果就是,企业资金周转不灵,企业无法向金融机构及时还贷,导致不良证券化,这无非是金融机构的自杀行为。

另外,由于金融机构收紧放贷,导致美国国民难以偿还放贷,于是也出现了一大批不良证券,纯属金融机构自食苦果。

根据以上这两个主要原因可以考虑以下的对策。

① 如果不采取对策阻止房价下跌,就无法叫停金融机构的盈亏恶化。如果金融系统能够稳定下来,那么问题自然就会解决——这种天真的想法若在金融专家中蔓延,那将会是非常危险的状况。

② 负面的连锁反应会把事情带向更加复杂的深渊。金融机构

的盈亏恶化，个人消费低迷，这种负面连环效应会一环接一环。只依靠投入资金，难道就可以解决问题吗？

世界性的危机会向欧洲、日本等更多地方蔓延。受日元升值和全球股价暴跌的影响，日本国内的一般企业和金融机构受到了不小的影响。

不知道有多少人还在盼着美国政府向金融机构源源不断地注入公共资金来挽救局势，希望通过这种办法让经济恢复到以前的状态。但是由于难以计算不良债权等损失，所以现在的情况是无法确定损失的金额且持续注入公共资金。这简直就是把国民的税金倒入一个深不见底的黑洞里。

在这种状况下，只依靠注入公共资金的方法是无法解决世界金融危机的。**系统思维的因果循环图告诉我们，如果不找出根本上的解决对策，就不可能从根本上平息这场全球性金融海啸。**

显而易见，在3种思维方式中，系统思维是分析极其复杂的全球金融危机问题的最好方法。虽然单纯依靠系统思维无法看清世界金融危机的全貌，但是足以供你参考，至于解决方案，就交给那些专家来做吧。

案 例 启 示

▶ 在世界金融危机的案例中，通过"系统思维"掌握现状、分析原因和未来的对策。另外，在系统思维中，本案例被归类为"拖延问题"的模式。

▶ 对于系统思维，希望大家注意以下两点。

① 单纯依靠注入资金的这种短期对症疗法恐怕无法平息全球金融危机。

② 必须要明确根本性的解决对策,趁早做出行动。

创造性思维与系统思维组合使用的案例①
【某拉面店复兴计划的案例】

最近的拉面行业形势大好。在这一小节我举一个身边的例子——拉面店的案例,说明如何将"创造性思维"和"系统思维"结合起来进行分析。**我们选取了一个拉面店,分析拉面店的人气晴雨表,也就是"来店客数的变化"。**

拉面馆"拉面堂"开在JR沿线的Q站的商店街里,已经开了好几个月了。这条商店街附近高楼林立,还有一家大型电机制造公司的员工宿舍,是一条非常有活力的商业街。

"拉面堂"的店主之前在离Q站3站路的地方经营一家制面店,虽然是抱着玩玩的心态做生意,但是意外地受到了好评,于是他决定认认真真在Q站的商店街开一家拉面店。

"拉面堂"不仅有一般拉面店都有的固定菜品,为了健康饮食,店主还准备了丰富的浇头,杀手锏是将运用了特殊制作方法制成的熟面加入使用了中草药的药膳汤里的"每日限定50份,卖完为止!"的宣传方法。于是,开业以来,这种健康拉面的人气那是相当高。

自"拉面堂"开业的半年以来,来店客数不断增长,销售额也增加了,店里的装饰和兼职店员也增加了,店内设施和服务逐渐完善。

通过大众点评以及网络上的美食博主宣传,来店人数越来越多,销售额也越来越高。

这个时候人们都认为"拉面堂"旗开得胜,之后也会一路顺风地经营下去。

但是,才过了半年,来店的客人就开始有减少的倾向,销售额也下降了。

"拉面堂"的老板通过顾客在店里填写的调查问卷,以及从熟客那里了解到的各种情况,明确了以下几个事实。

- 排队的队伍太长,有时甚至要排一个小时。
- 店里环境太拥挤嘈杂,都不能安安静静慢一点吃完。
- 最近,总觉得拉面的味道不如以前了。
- 最近发现附近有一家拉面店翻桌速度特别快,味道也不错,所以就改去那家店吃拉面了。

听到顾客说拉面味道不如从前,拉面店老板感到很吃惊。

此外,受到经济不景气的影响,大型电机制造公司开始裁员,"拉面堂"附近的员工宿舍也将被拆除,一年后这些员工宿舍里的居民也会搬走。这些人非常喜欢"拉面堂"的拉面,经常来店里光顾。

系统思维分析方法

首先,这个案例的特征是来店客数在时间上的变化非常大。

另外,其中包含了非常复杂的因果关系。什么和什么的要因是互为因果关系呢？由于是案例，所以因果关系比较简单且数量不多，但是如果不习惯这种案例分析的话，做起来还是挺难的。**在分析具备了这些特征的案例时，一个有效的方法就是运用"系统思维"。在分析时，在时间上分成 A 阶段和 B 阶段。**

A 阶段："拉面堂"开店以来的数月至半年期间
　　➡来店客数增加，销售额直线上升
B 阶段："拉面堂"开店半年之后
　　➡来店客数开始减少，销售额逐渐减少

首先，分析 A 阶段。
从"拉面堂"开店后的数个月至半年间，有以下参考信息。

- 来店客数持续增加，销售额直线上升，店内的装饰和兼职员工增加，店内设备和服务不断充实。
- 通过大众点评或美食博主的宣传，对增加销售额起到了不小的作用。

可以用图 12-15 的"因果循环图"和"来店客数的时间推移"来表现这两个信息。

来店客数增加使得销售额也增加，结果就是店内的服务越来越充实，从而吸引了更多顾客来店。在来店客数增加的同时，网络上的好评越来越多，也促进了来店顾客数的增加。这种**两重扩张型循环（R）**如图 12-15 所示。

如果这个状态持续下去，在来店客数增加的同时，"拉面堂"就

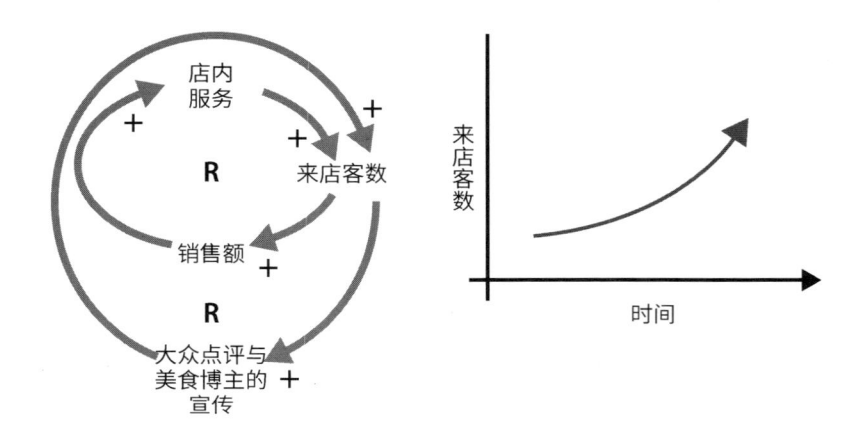

图 12-15

会赚钱赚到飞。但是,好景不长,美好的事情总会转瞬即逝。

接下来就进入了 **B 阶段**。

"拉面堂"开业半年后,因为以下几个原因,来店里吃面的客人越来越少了,销售额也下降了。

- 等待的队伍太长,有时甚至要在车水马龙的马路边排一个小时。
- 店里环境太拥挤嘈杂,都不能安安静静慢一点吃完。
- 最近发现附近有一家拉面店也不错,越来越多的人去那边吃面了。
- 最近,总觉得拉面的味道不如以前了。

一年后,

● 大型电机厂商的员工宿舍搬迁，以前的客人不会再来了。

对于有顾客反映说最近拉面的味道不如以前，"拉面堂"的老板表示：

● 最近，店里的员工，包括自己，由于疲劳，身体状况不如以前了。
● 由于太忙而且很晚还在营业，导致做面条和熬汤不如以前那么认真了。

虽然作为职业拉面人不应该说出这种理由，但是的确是大实话。无论遇到了什么问题，只要让这种事情发生，那就是你自己不专业。

把上面的信息添加到图 12-15 中，制成一张新的因果循环图 12-16。来店客数的推移变化可以如图 12-17 所示。

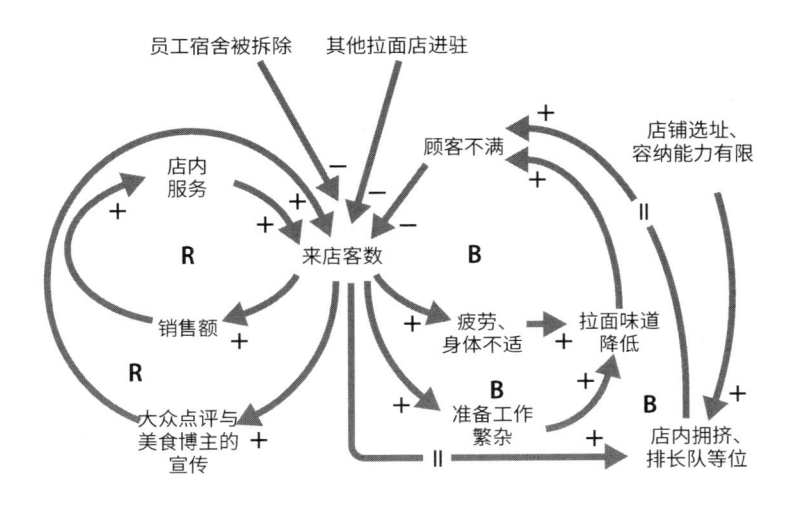

图 12-16

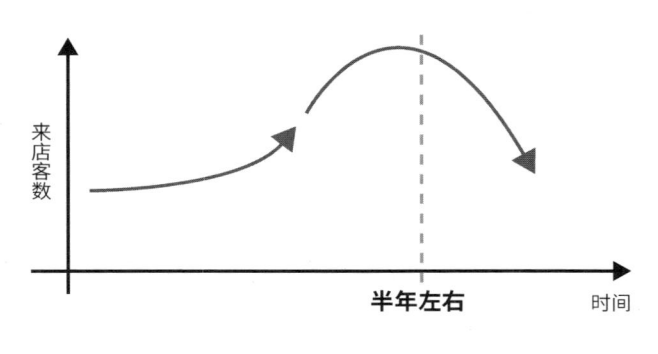

图 12-17

从图 12-16 的因果循环图中可以看出什么呢？

也就是说，随着来店客数的增加，导致"顾客不满"的因果关系有以下几种。

① 店主、店员的疲劳和身体不适 ➡ 拉面味道降低 ➡ 顾客不满 ➡ 来店客数减少
② （营业时间太长）准备工作草率 ➡ 拉面味道降低 ➡ 顾客不满 ➡ 来店客数减少
③ 等位要排长队、店内拥挤 ➡ 顾客不满 ➡ 来店客数减少

第③条表明店铺的容纳能力有限，也就是店铺受到选址和面积的制约，导致在外面要排长队进店，进店后也很挤很吵。如果在店铺附近有一块空的区域，就可以让顾客等位，不需要站在危险的路边等位了。

以上①②③在因果循环图中形成了三重平衡。这 3 个原因导致来店客数越来越少，可对应图 12-15 的双重扩张型循环（R），形

成三重平衡循环(B)。也就是说,对于扩张型循环(R)有着强大的破坏作用。

在图 12-16 中,来店客数进一步减少的要因还有以下两个。

- 其他拉面店的进驻
- 附近居民的迁出

居民虽然不是马上迁出,但是一年也是说慢不慢,而且附近又来了新店抢生意,这两个要因已经足以对"拉面堂"的生意形成冲击。

在图 12-16 的因果循环图中,结果是**系统思维的"成功的极限"模式(第 361 页)**。本以为会不断走向成功的现象竟然突然停止,优势不再明显,如果没有好的对策,很有可能会陷入失败的深渊。

接下来,再看一下图 12-16 的因果循环图,再次来店客数增减的要因。然后正式分析案例。

◎ **促成来店客数增加的要因(2 个)**
- 店内服务
- 大众点评与美食博主的宣传

◎ **导致来店客数减少的要因(3 个)**
- 顾客的不满
- 其他拉面店的进驻
- 附近居民的迁出

我们仔细看一看导致来店客数减少的 3 个要因。

其他拉面店的进驻和附近居民的迁出都属于不可抗力。只有静观其变，做一些力所能及的对策。要想阻止其他拉面店的进驻和附近居民的迁出，这种对政府行政部门指手画脚的行为是完全不现实的。

"顾客的不满"可以归结为以下 3 个深层原因，从图 12-16 也可以找到答案。

① 店主、店员的疲劳和身体不适，导致拉面味道降低
② 准备工作草率导致拉面味道降低
③ 店铺选址、容纳能力有限，导致店内拥挤，排队太长

顾客不满导致网络上的宣传也没以前那么多好评了，负面评价太多导致越来越多的客人不再光顾。

也就是说，各种要因从各个支流最终汇入了"顾客的不满"这条"主流"中，对减少来客数产生了巨大影响。

通过上述分析，针对如何解决来店客数少的根源问题——"顾客不满"，应该在力所能及的范围内尽快做出补救措施。

现在要做的就是，忘记曾经的成功体验，收拾一切重新开始，从各种角度尝试并找到新的设想和方法。为了实现这一目标，就要发挥"创造性思维"的作用，接下来我们就会讲到。

创造性思维分析方法

通过"系统思维"，这个案例的问题原因已经很明确了，接下来就是运用"创造性思维"尽快找到对策，组织一场头脑风暴的讨论。

由于原因已经明确,所以要做的就是抱着一定会回到曾经辉煌时的那种精神状态与自信心,针对原因逐一找出对策,积极参加头脑风暴的讨论。

头脑风暴得出的结果已经总结在了表 12-2a,表 12-2b,表 12-2c,表 12-2d 中了。针对不同的原因,列出了相应的对策方案。

表 12-2a

原因1	店主、店员的疲劳和身体不适,导致拉面味道降低		
对策	加强对店主、店员的疲劳与健康管理	优先度	成本
具体方案	1. 保证员工正常休假	1	2
	2. 增加员工数量,实行轮班制	3	3
	3. 暂时缩短营业时间	2	2
	4. 确保员工的休息时间	1	1
	5. 鼓励员工定期体检	3	2

表 12-2b

原因2	准备工作草率导致拉面味道降低		
对策	确保准备工作的时间(与健康管理结合起来)	优先度	成本
具体方案	1. 提前打烊,即使还有人在等也要坚持打烊(放下门帘)	2	2
	2. 增加负责准备工作的人员	2	3
	3. 贯彻执行准备作业的管理和检查体制	1	1

表 12-2c

原因3	店里拥挤		
对策	从物理和心理角度(服务)缓和店内拥挤嘈杂	优先度	成本
具体方案	1. 扩大店铺面积(改造)	3	3
	2. 为了不让客人在店里等,在店外设置一个专用的等待处	2	3
	3. 在店里放5个左右的等待座椅	1	2
	4. 在店内播放舒缓的音乐(仔细挑选流派、曲目,控制音量)	1	1

表 12-2d

原因4	在路边排长队等待		
对策	从物理和心理的角度(服务)缓和等位长队	优先度	成本
具体方案	1. 为了不给车辆通行和行人造成困扰,在路边竖一块提示牌	1	2
	2. 早点让客人点单,早让他们安心	1	1
	3. 向排队的客人派发有关"拉面堂"的宣传册,打发等待的时间	1	2

另外,为了重振"拉面堂"的威名,可以采用表 12-3 的方案。

表 12-3

对策	积极展开店铺的宣传	优先度	成本
具体方案	1. 开发健康拉面等新菜单	1	3
	2. 在店铺官方网站上刊登新菜的介绍和店主的秘诀	1	2

在表12-2a～d和表12-3中，把对策用5种优先度和3种成本来分类。数值越小说明优先度越高，成本越低。把图中的优先度和成本的数值加起来，在合计小于等于3的对策下面加灰凸显。一眼望去就知道优先实施哪些对策了。这次必须要店主发挥他的领导力，为"拉面堂"挽回局面。

案 例 启 示

▶ 拉面馆"拉面堂"在开业半年以来一直顺风顺水，但是半年后突然来店客数和销售额都减少了。这种情况可以通过"系统思维"找到背后的原因。

▶ 之后，运用"创造性思维"（头脑风暴），针对分析出的各个问题想出具体的对策。此外，还要计算各个对策的优先度和成本，讨论尽快采取怎样的挽救措施。

创造性思维与系统思维组合使用的案例②
【某游戏软件厂商克服危机的案例】

游戏软件行业最近面临以下课题。

① 由于现代人的娱乐方式越来越多样化，因此必须要迅速向市场投入有吸引力的新内容
② 除了日本国内市场，还要确立并维持在全球的市场份额
③ 在控制成本的同时，开发出最尖端的技术

家用游戏软件厂商 XY 公司已经攻克了以上课题，目前他们正在计划如何持续向市场投放更加崭新的独创人气产品。

XY 公司在开发新产品时，每个开发人员负责一条产品线，互相之间不交流，通过彻底的成本管理提升销售额与市场占有率。

但是，这种一局定胜负的开发战略在近期遇到了瓶颈，销售额的上升势头没有以前那么足了。

人事的总负责人 K 先生认为，最近工作量增加使得员工的工作量增加，加班时间也增多了，员工疲劳影响了工作的状态。

系统思维分析方法

K 先生思考情况的变化时,运用的是系统思维。在图 12-18 中可以看到,在以前,销售额增加,员工的工作积极性也会增加,形成了**一直扩张型的循环**。

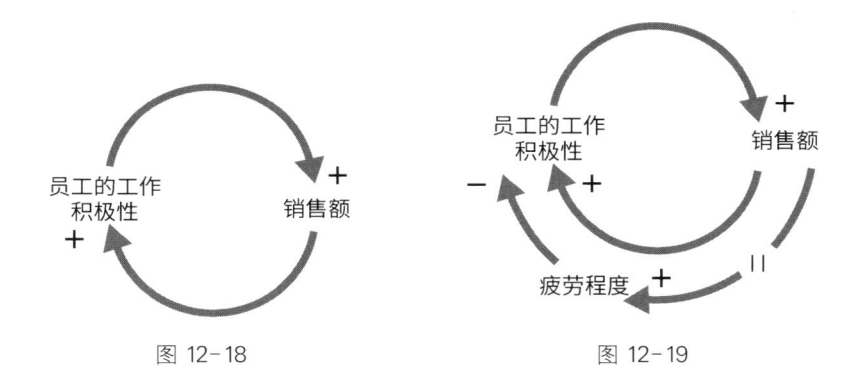

图 12-18

图 12-19

XY 公司最近发现,员工的工作量和加班时间都增加了,疲劳状态影响了工作积极性,**K 先生推测,这种情况是从图 12-18 的状态变成了图 12-19 的状态。**

如果这种情况持续下去,员工的积极性就会下降,最终导致销售额下降,对 XY 公司今后的发展非常不利。因此,K 先生对社长提出了这样的意见。

一周后,社长提议"改变开发体制"与"内部排名"两大制度。

在此之前,软件开发部门实行的是一人一软件的单独开发体制,但是今后要向"系列化"产品转型,所以更改成每组 3~4 人的共同开发体制。按照这个要求,XY 公司编出了大约 20 个小组。

此外，还会根据各个小组的业绩进行排名，决定员工的薪资。内部排名制度参考了相扑界的排名方法，每年 3 次，在公布排名的会议上按照销售成绩从高到低依次排列成横纲、大关、关胁、小结等等级。

名次靠前的横纲（1 组）、大关（2 组）、三役（关胁 1 组，小结 2 组），共计 6 组，全部组员将会受到社长的表彰，提高奖金。

另外，由于小组共同开发，可以确保员工正常休假，减轻疲劳。

通过小组共同开发体制，导入内部排名制度，提高了员工的工作积极性。同时还确保了员工能够正常休假，保障了员工的身心健康，提高了工作的积极性。

这种状况的变化可以用因果循环图来表示，如图 12-20。

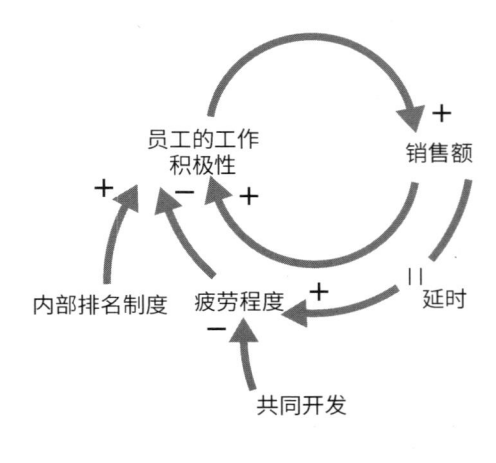

图 12-20

从图 12-20 中可以看出，通过内部排名制度，提高了员工积极性；通过编组共同开发，减轻了员工疲劳程度，最终提高员工的工作积极性。

结合定性分析的"3种思维"解决问题

在这一系列改革之后，公司的营业额和营业利润都增加了，并不断刷新纪录，在一段时间内进展顺利。

但是，在导入共同开发体制和内部排名制度之后，到了第3年，业绩又开始逐渐下滑。

人事负责人K先生看到，员工的积极性一如既往地保持很好。乍一看没有问题，但是他带着员工们去附近的小酒馆边喝酒边听员工肆无忌惮地聊最近的情况。

听到的内容是，开发出一个新游戏马上就开发下一个，但是新的创意很难涌现。可以说是创意枯竭了。有的员工苦笑着调侃自己的尴尬状态，还强调自己的身体并没有不适。

K先生认真思考了这个情况，在图 12-20 的基础上做了修改，画出了图 12-21 这样的循环图。

在图 12-21 中，由于创意枯竭，导致销售额减少。换句话说，**受到创意枯竭的影响，目前的成功已经是极限了，等于陷入了"成功的极限"状态**（第 361 页）。

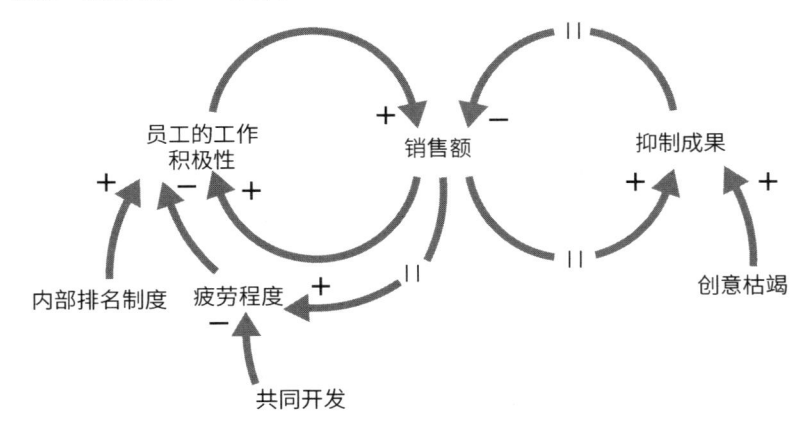

图 12-21

如何突破创意枯竭这个制约因素，哪怕只是一部分也好，但是如果最终没能突破制约的话，那么难得导入的内部排名制度和小组共同开发制度就失去了存在的意义。

K先生的思考的结论是，用"创造性思维"来解决创意枯竭的问题。这种情况如图12-22所示。

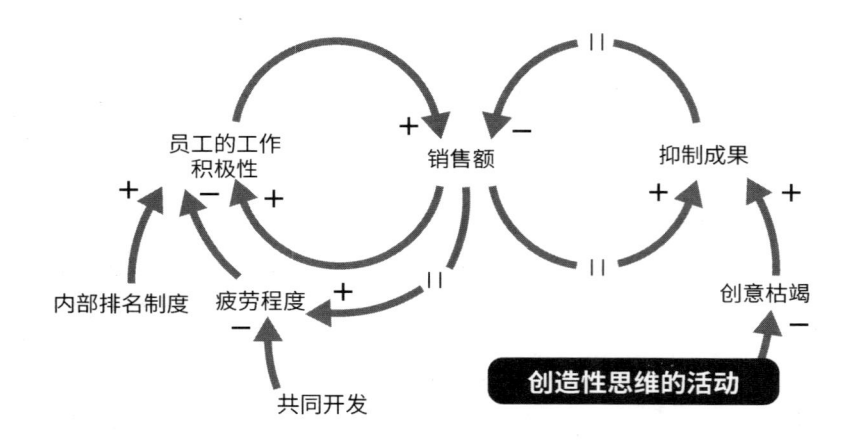

图 12-22

在图 12-22 中，通过"创造性思维"缓解创意枯竭的困境，减少对销售额的硬性要求，提高利润。那么，接下来我们就来看一下，如何进行"创造性思考"？

创造性思维分析方法

我想用下面这个事例展示一下如何通过"创造性思维"拯救创意枯竭。

一般来说，游戏软件是一种娱乐要素非常强的商品。在开发的过程中，要有新的创意，并从其中选出最喜欢的一个，然后通过不断试错将创意反映在作品中。这种工作要求创作者有很高的才能。换句话说，开发游戏软件，靠的并非小组的力量，而是各个开发人员的才能与能力，对个人才能的依赖性非常强。

但是，这个案例中，开发人员组成小组进行团队合作开发。首先，定义用户喜欢的产品概念，然后编成开发团队，在管理和调整工作的同时，根据产品概念来高效地开发有魅力的游戏，这才是理想状态。

在这个案例中，如果采用了组织化的开发体制，那么当成员有自己的独特创意时，就不会一个人独自苦闷，而是在小组内开头脑风暴讨论会或进行 SCAMPER 分析，围绕着游戏角色、故事性、音乐、影像、CG 等，想到什么就说什么，互相交换意见。这种时候就应该喝点酒，更容易激发的创意。

头脑风暴可以让人们无所顾忌畅所欲言，所以各位读者朋友请在参考本章内容的同时，自己也要多多思考。

但是，有一点务必要注意。游戏软件是一个需要互相保守机密，通过创意取胜的比赛。一定要在开发团队内部形成保密的风气，严守秘密。如果把创意泄露给了其他小组甚至其他公司，会导致团队成员之间产生信任危机。结果会导致社长提议的小组共同开发体制失去积极意义，不得不回到曾经那种单人开发的模式。这一点请各位务必牢记。

案 例 启 示

▶ 在这个案例中,通过"系统思维"分析问题的过程,找出制约或瓶颈,在寻找的过程中,可以发现应当在哪里采取怎样的整改措施。

▶ 在这个案例中,使用"系统思维"来寻找原因,最终通过与"创造性思维"的组合解决了问题。

附 录

定量分析与商务数学

什么是商务数学

通过本书的案例分析，介绍了在做决策时用到的具体的定量·定性分析方法和技巧。尤其是在定量分析时，主体是商务数字或指标的基本计算，没有涉及到微积分、矢量、矩阵等高等数学的内容。但是，还是要求要有一定的数学思考能力和基本计算的数字处理能力。

在商业活动中，**人们把必要的数学思考与数字活用处理统称为"商务数学"**。

在文科出身的商务人士当中，有很多人会说自己的数学不好。但是，在商业实务中，必然会要求数学思考和数据处理，不会因为你是文科出身就放过你，更不用说是管理层或者是经营层了，这些能力都是必须的。

即便在学生时代并不擅长学习数学，等到**毕业后进入社会，通过商务实务来锻炼数学思维和数字敏感度的也大有人在**。所以，商务数学是实用技能，与你在学校里学习的数学不是同一回事。

相反，有些人在学生时代，数学成绩很好，为了应付考试，擅长在短时间内机械性地解决数学问题，但是他未必能够真正理解这些计算的本质含义,稀里糊涂就混过去了,而且,这类人并不少。

在一般的数学中,数字计算常常没有单位,还会涉及复数、矩阵这些高度抽象化的概念,可以说,数学是一个与现实存在差距的、抽象的、虚拟的、归纳的世界。

但是,在商业世界中,数字后面往往会带上百分号、倍、日元等具体的单位。这样,比如下面这个公式是在计算什么,就可以具体地、现实地、演绎地呈现在眼前。

定价＝成本×(1＋利润)
利润＝销售额－成本
销售额＝单价×销售数量

无论你是文科出身还是理科出身,只要是活跃在商业领域最前线的商务人士,一定要擅长商务数学。在商务数学中不断磨炼数学思考和数据处理能力,**在商务场合遇到任何局面任何问题都能够凭借这种能力来解决问题、做出决策。**

下一节我们会讲到,如何测定你对商务数学的掌握程度,有一个测试叫作"商务数学检定考试"。

什么是商务数学检定考试

"商务数学检定考试"是测定在**商务中的数据运用的能力**,即对**定量分析能力进行测定的**检定考试。

通过参加"商务数学检定考试",能够客观地了解**自己对数据运用能力的强弱程度,了解今后应当提升哪方面的技能**,为学习指明方向。而且,对企业来说,可以在招聘考试、晋升考试、测定研修效果时加入相关测试问题。

"商务数学检定考试"目前已经开通了线上考试 WBT(Web Based Testing)的入口,在考生完成考试后,直接反馈给考生 **5 个能力**(**"掌握能力""分析能力""选择能力""表达能力""预测能力"**)的分析结果与综合得分。这种考试形式不受场地限制,考生可根据自己的时间安排参加考试,即使是忙碌的商务人士也可以抽出 1 小时左右的时间接受测试。由于商务数学检定考试分为个人考试和团体考试,因此可以根据不同需求进行报名。

另外,在准备同一考试的期间,还可以参加其他级别的考试,提高自己的能力。大概情况可以参考下表。

考试等级与内容

等级	考生最低要求	问题数量	测试时间	评价方法	合格线	考试费
3级	新员工、拿到offer的员工	30题（5选1）	60分钟	合格/不合格	70分（满分100）	2 000日元（税前）
2级	入社3~5年的年轻员工或管理人员	30题（5选1）	60分钟	合格/不合格	70分（满分100）	4 000日元（税前）
1级	专业数据分析入门级别	30题（5选1）	90分钟	合格/不合格	70分（满分100）	6 000日元（税前）

（详情参考 https://www.su-gaku.biz/examination/）

运用5种商务数学能力来解决问题

上一节列举了"5种商务数学能力",这一节就说明它们分别是什么样的能力。

1. 掌握能力

指的是对于事物状况或特征的理解能力。特别是对于理想状态即目标与现实之间的差距问题的认识能力,也是发现问题的能力。因此,"掌握能力"也被称作对现状的认知能力、对问题的发现能力。

2. 分析能力

在发现、认识问题后,收集必要信息。分析能力指的就是**看透信息的差异、变化、相似性(相关关系)的能力**。尤其是用数值分析信息,这正是本书所讲的**"定量分析"**。

3. 选择能力

从多个现象(选项)中设定选择基准,然排列优先顺序,或在做出选择时所需要的判断力。也就是本书中所讲的**"做出决策"**。

4. 表达能力

对于收集到的信息，不能直接就这么传达出去，而是要通过图表的形式有效地传达信息。尤其要注意的是，并非单纯罗列数据，最好能以图或表的形式把结果展示出来。"表达能力"也被称为演说能力或沟通能力。

5. 预测能力

指的是掌握过去的数据和信息，发现其中的变化，对未来进行预测并行动的能力。使用预测模型进行模拟，是一种规避风险的能力。参考现在和过去信息，制定未来的对策，也要求在数理方面有一定的理解能力。

从以上 5 种商务数学能力来看，实际上，在各个商业领域中必要的**"解决问题"**与**"做出决策"**是存在关联的。他们的关系归纳如下图所示。

也就是说，在商务数学检定考试中，测定的 5 个商务数学能力其实直接可以和"解决问题能力"连接起来，通过提高 5 个商务数学能力，"解决问题能力""决策能力"也会随之提高。

在完成商务数学检定考试后，系统自动评分，考试后马上就可以知道自己的分数。如果定期参加考试，**可以清晰地看到自己的"解决问题能力""决策能力"的得分变化，能够可视化地看清自己的水平。**

【商务数学检定考试与"解决问题""做出决策"的关系】

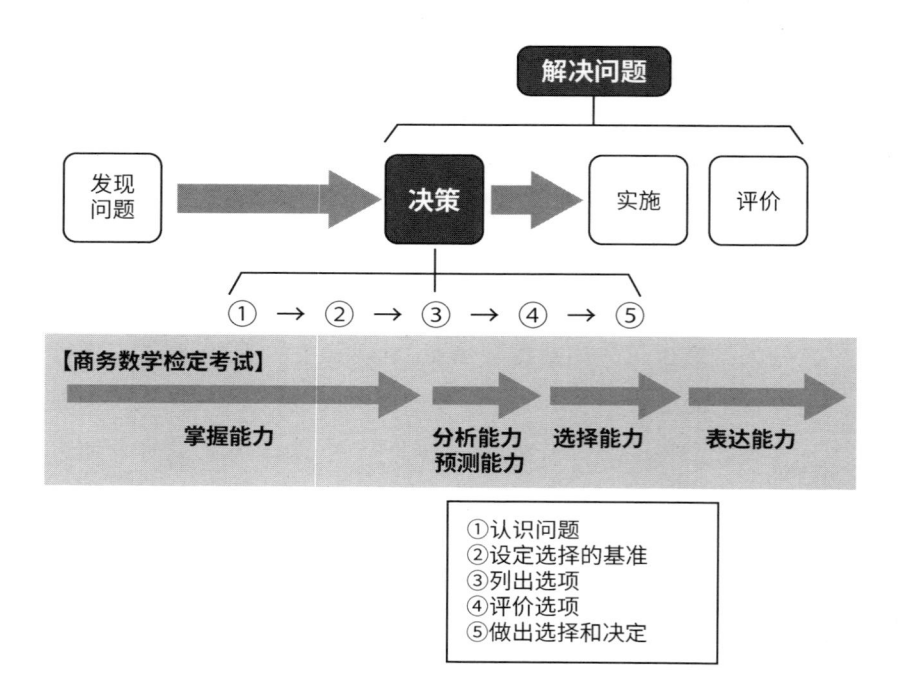

解决问题

发现问题 → 决策 → 实施 → 评价

① → ② → ③ → ④ → ⑤

【商务数学检定考试】

掌握能力 → 分析能力 预测能力 → 选择能力 → 表达能力

① 认识问题
② 设定选择的基准
③ 列出选项
④ 评价选项
⑤ 做出选择和决定

定量分析(决策)与商务数学检定考试的结合点

看了上一节的内容,大家应该都能理解,5个商务数学能力和本书所讲的定量分析与决策之间有着非常紧密的关系。**尤其是在5个商务数学能力中,"分析能力""选择能力"与它们的关系更紧密。**

在学习完书中定量分析与决策的理论知识之后,大家有兴趣的话一定要积极参加商务数学检定考试,确认一下自己的学习成果。

在各种各样的商务场景中,使用定量分析,以设定好的判断基准进行决策,这种流程非常多。通过灵活运用商务数学检定考试,希望大家能够强化已有的流程。在遇到实际的商务问题时,可以期待它能成为实践活动的理论武器。

下一节将会介绍商务数学检定考试中的样题。虽然题目只限定于分析能力与选择能力,但是通过解决问题,可以有效地进行从定量分析到完成决策的过程的实践练习。此外,如果对商务数学检定考试感兴趣的话,建议您亲身体验一下。

另外,从下一页到第466页为【出题篇】,从第467页到第471页为【解析篇】。

商务数学检定考试的样题【出题篇】

【问题 1】

为了制作一张能够客观比较和讨论企业财务状况的榜单,选取了以下 5 个评价项目:(1)规模,(2)收益性,(3)安全性,(4)成长性,(5)期待度。公司委托某调查机构,对本公司与其他 4 家公司(A,B,C,D)进行了财务情况的比较和讨论,调查结果如下表所示。5 个评价项目满分为 10 分,在这次的排名中,会对各个评价项目进行赋值(1~5 分)。

评价项目	赋值	本公司	A 公司	B 公司	C 公司	D 公司
(1) 规模	3	6	7	6	6	8
(2) 收益性	4	9	6	8	8	5
(3) 安全性	5	8	9	7	9	5
(4) 成长性	2	7	6	9	7	8
(5) 期待度	1	4	4	6	6	9

企业 IR 部的 K 先生想评估自己公司的财务状况，从结果来看，在这 5 家公司中，本公司将排在第几名呢？

① 第 1 名　② 第 2 名　③ 第 3 名　④ 第 4 名　⑤ 第 5 名

【问题 2】

某商社正在讨论目前的 5 个投资项目。各项目的初期投资额与投资后 5 年内的预测现金流如下图所示。

【单位：亿日元】

项目	初期投资额	1 年后	2 年后	3 年后	4 年后	5 年后
A	15	2	5	10	8	5
B	10	3	4	4	4	3
C	20	3	5	6	8	8
D	10	1	3	5	6	10
E	8	0.5	2	5	5	6

企划开发部的 F 先生接到公司高层指示，要求在其中选取两个净现值为正值且数额高的投资项目，那么他应该选哪两个呢？（折旧率为 20%）

① 项目 A 与项目 B　② 项目 B 与项目 C
③ 项目 A 与项目 D　④ 项目 D 与项目 E
⑤ 项目 C 与项目 E

【问题 3】

个人投资家 N 先生从 5 家公司的财务和成本分析信息中挑选了安全性最高的一家公司。5 家公司上一年度的实绩情况如下表所示。

【单位：亿日元（其中 PER，PBR 的单位是倍）】

企业名称	销售额	销售利润	固定成本	可变成本	PER	PBR
A 公司	13	1.2	7.8	4.7	10.6	0.6
B 公司	20.1	0.9	10.1	9.1	9.5	0.4
C 公司	5	0.6	3.5	1.1	13.8	1.4
D 公司	9.8	0.8	3.7	5.8	6.9	0.4
E 公司	16.5	1.2	8.2	6.9	15.9	2.6

请问，个人投资家 N 先生感兴趣的是哪家公司呢？

① A 公司　　② B 公司　　③ C 公司　　④ D 公司
⑤ E 公司

【问题 4】

现在，X 公司面临不得不从 A，B 两个投资方案中选择其一的状况。投资 A 和 B 的决策树如下图所示。

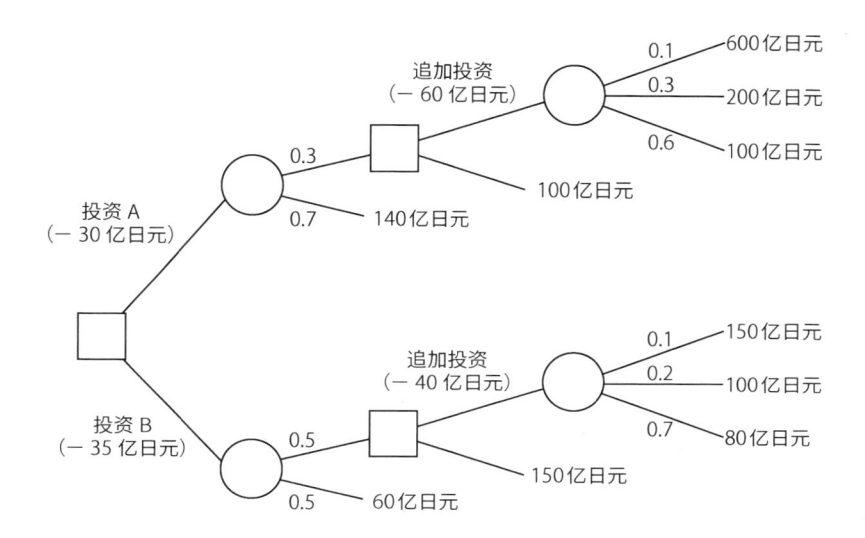

那么,应当选择 A 还是 B 呢？并算出这种情况下的期望值,在下列选项中进行选择。

① 投资 A;期望值 84 亿日元
② 投资 A;期望值 104 亿日元
③ 投资 A;期望值 134 亿日元
④ 投资 B;期望值 70 亿日元
⑤ 投资 B;期望值 114 亿日元

【问题 5】

某零售店从合作的批发商那里的 5 种商品(A,B,C,D,E)中,根据零售店目前的实绩选取其中实绩指标最高的一种商品进行采购与销售。

指标就是：

指标＝价格弹性×毛利率

商品 A,B,C,D,E 的分析信息如下表所示。

商品	价格与需求量的关系（日均）	毛利润率
A	售价 200 日元，需求 10 000 个；售价 180 日元，需求 40 000 个	30
B	售价 500 日元，需求 3 000 个；售价 450 日元，需求 10 000 个	32
C	售价 1 000 日元，需求 2 000 个；售价 980 日元，需求 3 000 个	12
D	售价 700 日元，需求 9 000 个；售价 650 日元，需求 15 000 个	45
E	售价 10 000 日元，需求 30 个；售价 9 800 日元，需求 55 个	10

那么，零售店应该选择 A,B,C,D,E 中哪种商品呢？

① 商品 A ② 商品 B ③ 商品 C ④ 商品 D ⑤ 商品 E

商务数学检定考试的样题【解析篇】

【问题1】

正确答案：②

解析：已经知道了赋值，只要计算各公司的综合得分即可。

本公司得分：6×3+9×4+8×5+7×2+4×1
　　　　　　＝18+36+40+14+4＝112 分

A 公司得分：7×3+6×4+9×5+6×2+4×1＝106 分

B 公司得分：6×3+8×4+7×5+9×2+6×1＝109 分

C 公司得分：6×3+8×4+9×5+7×2+6×1＝115 分

D 公司得分：8×3+5×4+5×5+8×2+9×1＝94 分

根据计算结果排名依次为 C 公司，本公司，B 公司，A 公司，D 公司。本公司处在第 2 位。

【问题2】

正确答案：③

解析：计算各项目的净现值（NPV）。

项目 A 的净现值是：

$$NPV = \frac{2}{1+0.2} + \frac{5}{(1+0.2)^2} + \frac{10}{(1+0.2)^3} + \frac{8}{(1+0.2)^4} + \frac{5}{(1+0.2)^5} - 15 \approx 1.79 \text{ 亿日元}$$

项目 B 的净现值是：

$$NPV = \frac{3}{1+0.2} + \frac{4}{(1+0.2)^2} + \frac{4}{(1+0.2)^3} + \frac{4}{(1+0.2)^4} + \frac{3}{(1+0.2)^5} - 10 \approx 0.73 \text{ 亿日元}$$

项目 C,项目 D,项目 E 的净现值分别约是－3.48 亿日元、2.72 亿日元、1.52 亿日元。

按照净现值(NPV)从大到小的顺序排列,最高的两名分别是项目 D(2.72 亿日元)和项目 A(1.79 亿日元)。

【问题 3】

正确答案：⑤

解析：在第 3 章学习过(第 73 页),

$$\text{损益分歧点销售额} = \frac{\text{固定成本}}{1 - \dfrac{\text{可变成本}}{\text{销售额}}} = \frac{\text{固定成本}}{\text{边际利润率}}$$

$$\text{损益分歧点比率}(\%) = \frac{\text{损益分歧点销售额}}{\text{(实际)销售额}} \times 100$$

$$\text{安全度}(\%) = 100 - \text{损益分歧点比率}(\%)$$

因此，可以计算出 A 公司的情况，

$$\text{损益分歧点销售额} = \frac{7.8}{1-\frac{4.7}{13}} \approx 12.2 \text{ 亿日元}$$

$$\text{损益分歧点比率}(\%) = \frac{12.2}{13} \times 100 \approx 93.8$$

安全度(%)＝100－93.8＝6.2

用同样方法计算出其他几家公司的情况，B 公司是 8.2％，C 公司是 10.3％，D 公司是 7.5％，E 公司是 14.6％。因此 E 公司的安全度最高。

表格内的销售利润、股价指标 PER 和 PBR，和这里的计算没有直接关系。

【问题4】

正确答案：②

解析：在各个空格里填入 1～7 的数字。

在⑥节点的期望值 600×0.1＋200×0.3＋0.6×100＝60＋60＋60＝180 亿日元。

在④节点，由于产生了追加投资 60 亿日元，因此 120 亿日元（＝180－60）与 100 亿日元相比，当然会选择更大的 120 亿日元。

在②节点的期望值 120×0.3＋140×0.7＝36＋98＝134 亿日元。由于产生了追加投资 30 亿日元，最终投资 A 的期望值等于 104 亿日元（＝134－30）。

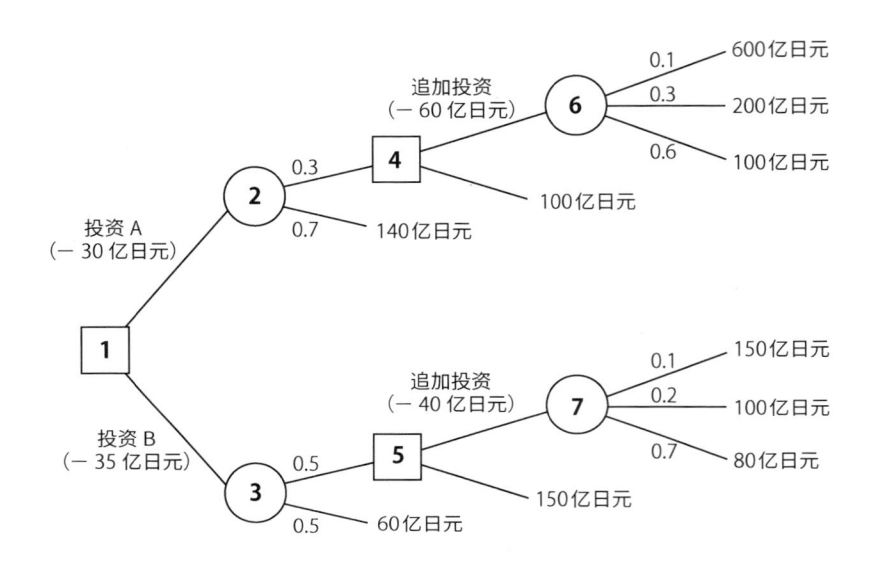

```
                                              0.1   600亿日元
                    追加投资           ┌─ 6 ──0.3   200亿日元
                   (−60亿日元)         │   0.6   100亿日元
                      ┌─ 4 ─┤
                 0.3  │     └─ 100亿日元
              ┌─ 2 ─┤
    投资A      │     0.7
  (−30亿日元) │     └─ 140亿日元
              │
       1 ─────┤
              │
    投资B      │                            0.1   150亿日元
  (−35亿日元) │     追加投资            ┌─ 7 ──0.2   100亿日元
              │    (−40亿日元)         │   0.7   80亿日元
              │      ┌─ 5 ─┤
              │  0.5 │     └─ 150亿日元
              └─ 3 ─┤
                 0.5
                    └─ 60亿日元
```

可以用同样方式计算投资 B 的期望值。

在⑦节点的期望值 $150×0.1+100×0.2+0.7×80=15+20+56=91$ 亿日元。

在⑤节点,由于产生了追加投资 40 亿日元,因此 **51 亿日元**($=91-40$)与 **150 亿日元**相比,当然会选择更大的 150 亿日元。

在③节点的期望值 $150×0.5+60×0.5=75+30=105$ 亿日元。由于产生了追加投资 35 亿日元,最终投资 B 的期望值等于 **70 亿日元**($=105-35$)。

最终,投资 A 的期望值是 104 亿日元,投资 B 的期望值是 70 亿日元,所以决定选择投资 A。

【问题 5】

正确答案:①

解析：商品 A 的价格弹性是

$$价格弹性 = -\frac{(Q_1-Q_0)\div[(Q_1+Q_0)\div 2]}{(P_1-P_0)\div[(P_1+P_0)\div 2]}$$

Q_0：价格变更前的销售数量；Q_1：价格变更后的销售数量
P_0：价格变更前的售价；P_1：价格变更后的售价

于是可以计算出：

$$价格弹性 = -\frac{(40\,000-10\,000)\div[(40\,000+10\,000)\div 2]}{(180-200)\div[(180+200)\div 2]}$$
$$= 11.4$$

价格弹性乘以毛利润率 30% 得出指标为 3.42。用同样方法可以计算出商品 B，商品 C，商品 D，商品 E 的价格弹性分别是 3.27，2.38，3.04，2.91。

可以看出，商品 A 的指标 3.42 最高。

运用财务函数计算 NPV 净现值

可以在电子表格计算软件 Excel 中使用财务函数 NPV 来计算净现值。

形式就是 NPV(折旧率, 值1, 值2, ⋯, 值254)。

也就是说,由【折旧率】和【值】表示的现金流(CF)来计算净现值。【值】指定了现金流,还可以指定变量在 254 以内。

	A	B	C	D	E	F	G	H
1	计算净现值的函数NPV							
2								
3	折旧率	初期投资	CF(1年后)	CF(2年后)	CF(3年后)		净现值	
4	0.1	1 000	300	420	550			33.058
5							【单位:亿日元】	
6								
7								

在上面的例子中,要想计算

$$-1\,000 + \frac{300}{1+0.1} + \frac{420}{(1+0.1)^2} + \frac{680}{(1+0.1)^3} \approx -1\,000 + 272.73$$

$+347.11+510.89 \approx 130.7$ 亿日元

的时候,利用

NPV(A4,C4,D4,E4)－B4,

可以马上计算出结果。

此外,从 C 列到 E 列的 CF(现金流)变长时,利用

NPV(A4,C4：E4)－B4,

就可以得到同样的结果。Excel 的财务函数除了 NPV 以外还有很多用途,希望大家可以学习并灵活运用。

有关定量分析的参考文献

① 千住镇雄、伏见多美雄 著
《経済性工学の基礎》(译者注 经济工学的基础)，日本能率协会管理中心，1994 年

② 宫川公男 著
《意思決定論》(译者注 决策论)，中央经济社，2005 年

③ 福泽英弘 著
《定量分析 実践講座》(译者注 定量分析 实践讲座)，FIRSTPRESS，Inc 出版，2007 年

④ 上田 泰 著
《文科系のための意志決定入門》(译者注 面向文科生的决策入门)，日科技连出版社，2002 年

⑤ Baruch Business Consulting, Inc. 著，内田学 编
《MBAエッセンシャル実践演習問題集》(译者注 MBA 本质实践演习问题集)，东洋经济新报社，2014 年

⑥ 山本大辅 著、刈谷武昭 监修
《入門リアル・オプション》(译者注 实物期权入门)，东洋经济新报社，2001 年

⑦ 田畑吉雄 著

《経営科学入門》(译者注 经营科学入门),牧野书店,2000 年

⑧ 中村雅章 著

《経営科学と意思決定》(译者注 经营科学与决策),税务经理协会,2006 年

⑨ 渡边隆裕 著

《ゼミナール ゲーム理論》(译者注 研讨会 博弈论),日本经济新闻出版社,2008 年

⑩ Globis Management Institute 著

《MBA 定量分析と意思決定》(译者注 MBA 定量分析与决策),钻石出版社,2003 年

⑪ 内田 治 著

《例解データマイニング入門》(译者注 例解数据挖掘入门),日本经济新闻出版社,2002 年

⑫ 细谷 功 著

《地頭力を鍛える》(译者注 锻炼"地头力"),东洋经济新报社,2007 年

⑬ 丸山 宏、山田 敦、神谷直树 著

《データサイエンティスト・ハンドブック》(译者注 数据科学家手册),近代科学社,2015 年

⑭ 铃木健一 著

《定量分析の教科書》(译者注 定量分析的教科书),东洋经济新报社,2016 年

⑮ 公益财团法人 日本数学检定协会 著

《実践 ビジネス数学検定 3 级》(译者注 实践 商务数学检定 3 级),日经 BP 社,2017 年

⑯ 公益财团法人 日本数学检定协会 著

《実践 ビジネス数学検定 2 级》(译者注 实践 商务数学检定 2 级),日经 BP 社,2017 年

⑰ 中村 力 著

《ビジネスで使いこなす　入門　定量分析》(译者注　在商务中熟练运用的定量分析入门),日本实业出版社,2008年

有关定性分析的参考文献

① 斎藤嘉则 著

《問題発見プロフェッショナル—構想力と分析力》(译者注 熟练地发现问题——构想力与分析力),钻石出版社,2001 年

② 日本综合研究所 经验战略研究会 著

《経営戦略の基本》(译者注 经营战略的基本),日本实业出版社,2008 年

③ 山嵜 红 著

《ロジカルシンキングのための「見える」化入門》(译者注 通往逻辑思维的"可视化"入门),日经 BP 社,2008 年

④ 手冢贞治 著

《戦略フレームワークの思考法》(译者注 战略框架分析的思考方法),日本实业出版社,2008 年

⑤ 永田丰志 著

《知的生産力が劇的に高まる 最強フレームワーク100》(译者注 快速提高智慧效率——100 个最强的框架分析法),SB Creative 出版,2008 年

⑥ 松林博文 著

《クリエイティブ・シンキング—創造的発想力を鍛える20のツールとヒント》(译者注 创造性思维——锻炼创造力的 20 个工具和提示),钻石出

版社,2003 年

⑦ 藤本隆宏　著

《生産マネジメント入門Ⅰ、Ⅱ》(译者注　生产管理入门Ⅰ、Ⅱ),日本经济新闻社,2001 年

⑧ Paul Slone　著

《イノベーション・シンキング》(译者注　革新性思维),Discover 21,Inc 出版,2007 年

⑨ 西村行功　著

《システム・シンキング入門》(译者注　系统性思维入门),日本经济新闻出版社,2004 年

⑩ Virginia Avenel Henderson、Lauren Keller Johnson　著

《システム・シンキング》(译者注　系统性思维),日本能率协会管理中心,2001 年

⑪ W. Chan Kim、Renee Mauborgne　著

《ブルーオーシャン戦略―競争のない世界を創造する》(译者注　蓝海战略——创造没有战争的世界),兰登书屋(Random House)讲谈社,2005 年

⑫ 安部义彦、池上重辅　著

《日本のブルー・オーシャン戦略— 10 年続く優位性を築く》(译者注　日本的蓝海战略——连续 10 年保持优势),FIRSTPRESS,Inc 出版,2008 年

⑬ 安田贵志　著

《マーケティングの基礎とキーワードがわかる》(译者注　一本书了解市场营销的基础与关键词),Asuka F Products 出版社,2007 年

⑭ AZUSA 监查法人　编

《第 7 版　有価証券報告書の見方・読み方》(译者注　第 7 版 阅读有价证券报告书的方法),清文社,2008 年

⑮ 堀 公俊　著

《問題解決フレームワーク大全》(译者注　解决问题的框架结构分析大

全),日本经济新闻出版社,2015 年
⑯ 读书猿　著
《問題解決大全》(译者注　解决问题大全),FOREST 出版社,2017 年
⑰ 中村 力　著
《ビジネスで使いこなす　入門　定性分析》(译者注　在商务中熟练运用的定性分析入门),日本实业出版社,2009 年